Hardy Krüger
WELTENBUMMLER

Hardy Krüger

WELTENBUMMLER

Reisen zu Menschen
und Göttern

Fotografiert von

Anita Krüger

Gustav Lübbe Verlag

Bildnachweis

Peter Otto, Studio Hamburg, Seiten 152/153
Bildarchiv Preußischer Kulturbesitz, Seiten 40/41, 204/205
Archiv für Kunst und Geschichte, Seite 240, 279
Suresh Parekh, Seite 206 oben

Buchgestaltung: Art & Weise Grafik Design Thomas Jahn, Köln
Satz: Kremerdruck GmbH, Lindlar
Gesetzt aus der ITC Berkeley Oldstyle der Linotype/Hell AG, Eschborn/Ts.
Reproduktion: scantrend Brümmer & Partner GmbH, Offenbach/Main
Druck: Druckerei Uhl, Radolfzell
Einband: Buchbinderei Hollmann, Darmstadt

Printed in Germany
ISBN 3-7857-0649-9

1. Auflage November 1992
2. Auflage Dezember 1992
3. Auflage Januar 1993
4. Auflage März 1993

INHALT

INDIANERSOMMER ist der Versuch, ein Porträt meines Freundes Dancing Spruce zu schreiben, der im US-Bundesstaat Neumexiko lebt. Seine Heimat ist das Pueblo von Taos, eine Autostunde von Santa Fe entfernt.

Der Besuch des Pueblo ist dem Fremden gestattet, doch ein Blick hinter die Fassaden gelingt so gut wie keinem. Die Indianer von Taos bemühen sich, das spirituelle Wesen des Stammes geheimzuhalten. Ihre religiösen Gebräuche und die Deutung ihrer Götter sind ängstlich gewahrte Tabus.

In der Erhaltung ihrer spirituellen Werte sehen die Leute von Taos den einzig noch verbleibenden Schutz vor dem Zerfall ihrer Kultur.

Es ist bekannt, daß die Brutalität der Eroberer und einzelner Siedler einen tiefwurzelnden Argwohn dem »weißen Mann« gegenüber zur Folge hatte. Bis zum heutigen Tag ist das zu spüren. Das in allen Medien immer wiederkehrende Klischee vom versoffenen, heruntergekommenen Indianer ist nicht dazu angetan, dieses Mißtrauen abzubauen.

Als ich im Herbst 1985 den Gedanken an Dancing Spruce herantrug, die Indianer von Taos zum Thema einer filmischen Erzählung zu machen, hatte ich ziemlich schlechte Karten.

Nach einer Bedenkzeit, die mir in meiner Ungeduld recht lang vorkam, ist Dancing Spruce zum Ältestenrat des Stammes gegangen. Seine Leute standen ihm mit Verblüffung und Besorgnis gegenüber. In einer Reihe von Verhören hat er Auskunft geben müssen über meine Art zu denken und zu sein. Über meine Beweggründe und meine Zuverlässigkeit als Freund. Selbst mitten in der Nacht haben sie ihn vor den Rat geholt und gewissermaßen verlangt, daß er seine Hand ins Feuer legt.

Anfang Dezember ist die Zustimmung gekommen. Gegen eine freiwillig zu bemessende Summe an die Gemeinschaftskasse des Stammes durften wir das Filmteam in das Pueblo von Taos bringen.

Der Film wurde im Sommer 1986 gedreht und am 26. Oktober 1987 erstmals unter dem Titel »Indianersommer« vom NDR ausgestrahlt.

Die Geschichte des gleichen Titels geht in die Jahre vor dem »Weltenbummler«-Film zurück und beginnt auf Seite 14.

ANTARKTISFAHRT ist ein Traum aus meiner Jugend, der in Erfüllung ging. Ich hatte alles verschlungen, was über Abenteurer und Entdecker in Nacht und Eis zu finden war. Mit zehn hätte ich jedes Fragespiel über Magellan und Cook und Smith gewonnen. Amundsen und Shackleton waren meine dicken Freunde, und als Scott im Eis erfror, bin ich beim Sterben mit dabeigewesen. Mit zwölf saß ich im Cockpit hinter Byrd, was dazu führte, daß Byrd und ich als erste Südpol-Überflieger in die Geschichte eingegangen sind. Selbst mit siebzehn noch, in einer Jolle auf der Elbe, habe ich mir zurechtgeträumt, wie ich hinter Cuxhaven eine Halse hart nach Backbord mache und durch die »brüllenden Vierziger« an Kap Hoorn vorbei bis zu diesem unbezwungenen Eis hin segle.

Manche Leute lassen ihre jungen Jahre sterben. Wenn sie die begraben, fängt für sie das

Leben an. Ich sehe diesen Leuten mit Bedauern zu. Denn Träume gehen nicht vorbei. Träume werden manchmal nur vergessen.

Es gibt einen Mann, der da genauso denkt. Jimmy Stewart ist sein Name. James Stewart, offiziell. Schauspieler. Pilot. Amerikaner. Gentleman. Das letzte Wort habe ich mit Bedacht auf mein Papier geschrieben. Gentleman. Ich kenne davon nicht mehr viele.

Jimmy hatte schon immer mal das Eis des Südens sehen wollen. Sobald er ein wenig über achtzig war, fiel ihm der Traum wieder ein. Im Winter 1987, als in der Antarktis Sommer war, hat er sich auf den Weg gemacht. Ist im Schlauchboot zwischen Eisbergen getrieben. Hat sich von Pinguinen neugierig betrachten lassen. Und als die Sonne nicht mehr im Osten aus dem Wasser kam, sondern seiner Berechnung nach im Norden, hat er sich gefreut wie der kleine Junge, der diesen Traum vor vielen Jahren einmal angefangen hat zu träumen. Jimmy Stewart hat mir im Sommer 1988 von diesen Erlebnissen erzählt.

Der Film wurde im Februar 1989 gedreht und am 29. Dezember 1989 erstmals unter dem Titel »Antarktisfahrt« vom NDR ausgestrahlt.

Auszüge aus meinem Tagebuch, das ich während der Dreharbeiten im Eis des Südens geführt habe, beginnen auf Seite 44.

MENSCHEN, GÖTTER UND VULKANE ist der Bericht einer Begegnung mit der Insel Bali und dem Leben liebenswerter Menschen dort von Tag zu Tag.

Bei früheren Bali-Reisen bin ich mit dem Motorrad ins Innere der Insel gefahren, und trotzdem ist es mir ergangen, wie es vermutlich jedem Reisenden ergeht, der für ein paar kurzbemessene Ferientage an die weißen Strände dieser Insel kommt und bewundernd vor dem Zauber seiner Menschen, der Grazie ihrer Frauen steht. Die höfliche Zurückhaltung der Balinesen läßt den Unwissenden aus Übersee zum Glück nicht ahnen, daß seine Bewunderung keineswegs erwidert wird. Im Gegenteil: Für den Balinesen sind wir von ausgesuchter Häßlichkeit. Unser Körperbau wird als grobschlächtig angesehen. Die rötlich verbrannte Helle unserer Haut wirkt abstoßend oder gar krank, und nur die runden Augen der Dämonenbilder verbreiten noch mehr Schrecken als die rundgeformten Augen von uns Europäern.

Was mir verschlossen blieb, habe ich versucht, in Büchern nachzulesen. Unter den Veröffentlichungen erscheinen zwei Werke als empfehlenswert: »Island of Bali« des mexikanischen Malers Miguel Covarrubias und »Ring of Fire«, das der englische Anthropologe Dr. Blair geschrieben hat. Letzterer heißt mit Vornamen Lawrence, und in Erinnerung an eine gemeinsame Passage nach Sulawesi an Bord des deutschen Schiffes *World Discoverer* kann ich sagen, daß wir uns recht gut kennen.

Anfang letzten Jahres, an einem Tag im März mit hochaufragenden Gewitterwolken, stand Lawrence Blair unangemeldet unter dem weit ausladenden Dach des Hotels Bali Hyatt, in dem Luv und ich Quartier genommen hatten. Lawrence Blair war mit einem Freund gekommen, Amir Rabik, einem Architekten aus der Gegend um Udud im Inneren der Insel. Der Mann war zartwüchsig. Blauschwarzes Haar fiel ihm in Wellen auf die Schultern herab. Seine Haut hatte die ebenmäßig goldbraune Farbe der Insulaner.

Amir Rabik sagte, daß er für Luv und mich ein Haus in den grünen Hügeln hätte, und wenn ich wegen meines »Weltenbummler«-Films die Menschen dieser Insel besser zu verstehen wünschte, wäre er mir dabei sehr gerne behilflich.

Der Film wurde im Juli 1991 gedreht und am 25. Februar 1992 erstmals unter dem Titel »Menschen, Götter, Bali« vom NDR ausgestrahlt.

Die Geschichte, die ich auf Bali schrieb, diente als Studie für den Film. Sie geht ziemlich weit über das hinaus, was ich in dreißig Minuten einer »Weltenbummler«-Folge erzählen kann, und beginnt auf Seite 102.

INDISCHE BLÄTTER ist die Geschichte zweier Frauen. Protima, so heißt die eine, ist Tempeltänzerin in der Tropenzone Indiens. Die andere ist Divya, eine junge Prinzessin aus dem Hause Mewar, das seit 1400 Jahren in ungebrochener Erbfolge sein Königreich in der Wüste Thar regierte, bis es 1947 seinen Landbesitz als die Bundesstaaten Radschasthan und Gujarat in die Indische Union einbrachte.

Es kann kaum gegensätzlichere Landschaften geben als die, in denen diese beiden Frauen heimisch sind. Kerala im tiefen Süden ist von grüner Üppigkeit, heiß und von Monsunen heimgesucht. Die Schönheit Radschasthans hingegen lebt in der kargen Weite seiner Wüste, in der wie Traumgebilde die Marmorpaläste früherer Maharadschas stehen.

Es kann auch kaum größere Gegensätze als diese beiden Frauen geben. Zwei unter achthundert Millionen, die sich nie begegnet sind und deren Wege sich vermutlich niemals kreuzen werden. Die Lebensart der beiden Frauen ist auf fast paradoxe Weise unterschiedlich,

und für eine Zufallsbegegnung ist dieses Indien zu groß. Ich habe der einen von der anderen erzählt und dabei erkennen können, daß beide über alle Dinge des Lebens ihres Landes eine deutlich gefaßte Meinung haben.

Beispiel Emanzipation der Frau: Übereinstimmend sagen beide, daß Fortschritte zu verzeichnen seien, doch es gebe zu viele traditionsverfangene Männer, die eine Inderin noch heute in der Unfreiheit vergangener Jahrhunderte zu halten wünschen und zu vergessen scheinen, daß die Geschichte Indiens reich ist an Königinnen, die für ihre Untertanen sogar in die Schlacht gezogen und mit dem Schwert in der Hand gefallen sind. Deshalb sei Indira Gandhis Schicksal beispielsweise nicht als ungewöhnlich zu bezeichnen, sagen Protima und Divya gleichermaßen. Weder als erste Frau aller demokratischen Länder dieser Welt, die zum Premierminister wurde, noch durch ihren dramatischen Tod, der vielen indischen Machthabern in Erbfolge beschieden sei.

Beispiel Elendsviertel: Beide Frauen zeigten sich besorgt über die einseitige Berichterstattung der meisten Journalisten aus dem Westen. Wenn gedankenfaule Fernsehleute jahrein, jahraus das Klischee der Slums von Kalkutta und Bombay als die einzige Daseinsform indischer Familien zu ihren Leuten in die Heimat trügen, entstehe nicht allein ein schiefes Bild, sondern es werde auch der Stolz der Menschen Indiens verletzt (so Protima). Indien sei anerkanntermaßen ein Land mit Armut, Mittelstand und Reichtum, einer Struktur also wie in jedem Land des Westens auch (so Divya). Das Bild der beiden Frauen, das sie von ihrem Indien malen, liest sich auf kurzgefaßte Weise so: Es gibt einen kristallklaren Himmel über Radschasthan ebenso wie einen verschmutzten Ganges, dessen Wasser heilig sind. Wer als Fanatiker seinen eigenen Gott anderen Menschen aufzubürden sucht, verursacht immer wieder Blutvergießen. Die Götter senden Sturmfluten und Trockenheit, und den Menschen Indiens ist geläufig, daß nur mühsame Arbeit sie am Leben hält. Wer dem gottgewollten Zyklus der Natur entflieht und sein Heil in der Stadt zu finden sucht, verschuldet oft sein Elend selbst, doch daran hindern darf der Staat den Menschen nicht. Indien ist eine Demokratie, die niemandem verwehrt, sein Heil dort zu suchen, wo er es zu finden meint. Aus diesen und mannigfaltigen anderen Gründen sind die Sorgen Indiens groß. Doch die Slums, so sagen beide Frauen gleichermaßen, seien nicht ein Spiegelbild der Indischen Union. Meine Kenntnis ihres Landes ist nur lückenhaft, auch wenn ich viele Male dort gewesen bin. Doch was die Slums angeht, so teile ich die Meinung dieser beiden Frauen und füge ein eigenes Erlebnis an: Nach Ausstrahlung unserer ersten »Weltenbummler«-Folge über Indien hat mir ein deutscher Kritiker vorgeworfen, nur Positives über die Menschen Radschasthans zu berichten, einen

Blick in die Slums von Bombay hätten meine Scheuklappen dagegen verwehrt. Er fügte den abenteuerlichen Vorschlag an, die westliche wohlhabende Welt solle mit Bulldozern die elenden Hütten niederwalzen und an gleicher Stelle Häuser bauen. Ein derart wohltätiger Gedanke liest sich ohne Zweifel gut, denn er ist nur leichtfertig hingeworfen. Doch leider hat der Kritiker das Nachdenken hintangestellt. Er weiß wohl nicht, daß in den Elendsvierteln Bombays vier Millionen Menschen leben. Wer ihre Hütten niederwalzen und Menschenwürdiges erstehen lassen will, muß in Konsequenz eine ganze Stadt errichten. Mit Wohnanlagen, Parks, Straßen, Spielplätzen, Kanalisation, Gaswerken, Schulen, Schnellbahnen, Krankenhäusern, Einkaufszentren. Und das alles in der Größenordnung einer Stadt wie Berlin.

Es läßt sich denken, daß Divya und Protima noch viel anderes zu erzählen hatten. So ist beispielweise die Geburtenexplosion ein Problem, das beide Frauen sehr beschäftigt. In den »Weltenbummler«-Filmen haben beide Frauen ausgedrückt, was sie bewegt. Doch nicht alles hat seinen Platz in den Fernsehfilmen finden können. Für Empfindungen, Besorgnisse und Ausdruck ganz persönlicher Gedanken ist die Kamera oft ein Hindernis. In einem Buch hingegen erscheinen Menschen ohne Scheu. Und auch wie es dazu kam, daß ich beiden Inderinnen überhaupt begegnet bin, läßt sich auf diesen Seiten ungefärbt erzählen. Luvs Fotos aus jenen Tagen sprechen eine Sprache für sich.

Die beiden Filme entstanden im Winter 1987/88 und wurden am 18. und 31. Oktober 1988 erstmals unter den Titeln »Indienfahrt« und »Tiefer Süden« vom NDR ausgestrahlt.

Meine Geschichte der Begegnung mit Divya und Protima, die ich als Ausdruck meiner Dankbarkeit geschrieben habe, beginnt auf Seite 156.

MAROKKANISCHES TAGEBUCH ist der Titel einer Geschichte, die aus der Sahara stammt. Nach einer langen Fahrt durch dieses Meer aus Sand hatten wir in einer Karawanserei Quartier genommen, Luv und ich, und wenn auch aus der Dusche nicht so richtig Wasser kam, war das leichte Rieseln doch wie der größte Luxus dieser Welt.

Um die gleiche Stunde machten sich in Hamburg vier Männer in ihren Geländewagen auf den langen Weg zu uns. Sie wußten nicht, was sie erwarten würde. Sie kannten nur die Oase am Nordrand der Sahara als Ort für unser Rendezvous. Wer die Männer sind und was sie tun, hat in Louisiana ein baumlanger Schwarzer uns einmal so erklärt: »Eure Familiennamen kann ich mir nicht merken, und von den Jobs gibt es nur einen, der mich interessiert. Eckhart Kameraassistent schleppt die Stative und die Lampen, und das wäre nichts für mich. Gerd Kamera ist als Job schon eher zumutbar, weil er nur in das Bild an seinem schwarzen Kasten guckt und Eckhart durch die Gegend scheucht. Carsten Toningenieur hat mehr Elektronik um die Ohren, als ich je begreifen kann,

und damit bleibt nur noch Peter Regie. Der Mann mit dem Silberkoffer. Wie'n Bankier. Zahlt alle Rechnungen für euch: Hotel. Benzin. Steaks. Auch Bier. Wenn's mit Kreditkarte nicht geht, macht er den Silberkoffer auf und fischt aus den Tausenden von Dollars lässig ein paar Scheine raus. Leute, der einzige Job bei euch, für den mein Herz ein paar Takte schneller schlägt, ist der von dem Bankier.«

Während der Tage des Wartens auf die Vier habe ich in der Karawanserei das Marokkanische Tagebuch geschrieben, das uns dann als Handlungsrahmen für die Dreharbeiten diente. Es ist ein Film um einen Marokkaner geworden, der sich aus dem Schweigen einer kargen Landschaft aufmacht, sein Glück in der großen Stadt zu suchen. Um es gleich vorwegzunehmen: Er hat sein Glück gefunden. Er hat auch eine Frau gefunden. »Glück und Frau«, so sagt der Mann, »die gehen Hand in Hand.« An einem anderen Tag hat er einmal gesagt: »Es sind die starken Bande des Islams, die uns zusammenhalten. Meine Frau und mich ebenso wie unsere zehn Kinder. Den König und sein Land. Berber und Araber. Es ist allein der Glaube, der uns zusammenhält. Ohne unseren Glauben hätten wir den Befreiungskampf gegen die Franzosen nicht gewinnen können.« Am Ende eines arbeitsamen Lebens kehrt der Mann dahin zurück, woher er einst gekommen ist. In die Stille. Auf das Land.

Der Film wurde im Sommer 1990 gedreht und am 26. September 1991 erstmals unter dem Titel »Marokkanisches Tagebuch« ausgestrahlt.

Die Geschichte des gleichen Titels fängt mit einem Rendezvous in der Sahara an und beginnt auf Seite 216.

BRIEF AUS HONGKONG ist ein Austausch von Gedanken mit dem Leser dieses Buches. Ein ungewöhnlich heftiger Südwestmonsun tobte über das Chinameer hinweg, als ich den Brief schrieb. Gleichzeitig mit dem Eintreffen des Monsuns waren auch wir über dem Flugplatz von Hongkong. Wir hatten die Landebahn 13 ungezählte Male vorher angeflogen. Diese Eins-Drei ist unter den Piloten auf der ganzen Welt berühmt. Durch das Plexiglas des Cockpits sieht sie bei schönem Wetter einzigartig aus, weil sie am Rand der Wolkenkratzer unverhofft beginnt und sich als schmales Band in der Meeresbucht verliert. So sieht die Sache, wie gesagt, bei schönem Wetter aus. In den Turbulenzen eines Südwestmonsuns jedoch geht die Landung oft mit angehaltenem Atem vor sich, und wenn das Fahrwerk dann über die gute alte Erde rumpelt, fängt ein neues Leben an.

Später an jenem Tag stand ich am Fenster des Hotels. Der Sturm warf Wassermengen wie mit einer Hand aus Blei an die Scheiben, und ich mußte an Laotse und seine Überlegung denken, daß es nichts Schwächeres als das Wasser gebe, doch so, wie es dem Harten zusetzt, komme ihm nichts gleich.

In der Zeit des großen Regens meidet der Fremde meist Hongkong. Doch die Stadt der Schotten und Chinesen ist mir seit Ewigkeiten vertraut, und Luv ist der Meinung, wer an der Landebahn Eins-Drei zu Freunden will, sollte nicht weiter nach dem Wetter fragen. Unsere Freunde in Hongkong sind an einer Hand schnell aufgezählt, und ihre Wege kreuzen sich in der Sechsmillionenstadt nicht oft, weil sie Menschen von ganz unterschiedlichem Wesen sind. Was ich über sie in diesem Buch erzählen möchte, geht den weiten Weg vom Rikschafahrer hin bis zum Taipan des berühmtesten Handelshauses am Chinameer. Müßig zu sagen, daß sie nicht viel gemeinsam haben. Was sie verbindet, ist nur ihre Heimat. Und das Schicksal, diese Heimat 1997 zu verlieren. Weil in dem Jahr Hongkong bekanntlich an die Kommunisten abgegeben wird – zu einer Zeit, da der Kommunismus auf der ganzen Welt zerbricht. Nun ist das aber nicht nur Heimat, was da in ein paar Jahren abgegeben wird. Nicht allein Häuser, die auf dieser Heimat stehen. Um es mit den Worten meines Freundes Winston Poon zu sagen: »Es ist jedermanns Recht, seine Wohnung zu verschenken, nicht aber die Menschen, die in dieser Wohnung sind.« Der Mann, der das Problem mit diesem Satz auf einen Nenner bringt, ist Chinese. In Hongkong als Flüchtlingskind geboren. Rechtsanwalt britischer Prägung. Mit Wurzeln, die chinesisch sind. Sechstausend Jahre alt. Winston ist für mich wie ein Schlüssel zu Hongkong, weshalb sich in diesem Brief auch vieles um ihn dreht.

Was ich Ihnen, liebenswerte Leser, während eines Monsuns aus Hongkong schrieb, sind meine Gedanken zurück in die Vergangenheit. In ein besonders fernes Land.

Als bei uns die Mauer fiel, drehten wir den »Weltenbummler«-Film, der in drei Folgen am 11. Oktober sowie dem 1. und 22. November 1990 unter dem Titel »Herbst in Hongkong« vom NDR ausgestrahlt wurde.

Meinen »Brief aus Hongkong« finden Sie auf Seite 270.

INDIANERSOMMER

Ein Indianer stirbt nicht. Er trocknet ein, und der Wind trägt ihn davon.

Als ich Dancing Spruce zum ersten Male sah, waren wir durch einen Fluß getrennt. Der Indianer hatte sich aus dem Schatten seines Hauses gelöst und stand vor der rotbraunen Adobe und sah uns über den Fluß hinweg an.

Luv hatte den Mann fotografieren wollen und war deshalb bis ans Ufer vorgegangen. Luv ist meine Frau. In ihrer Geburtsurkunde ist ihr Name mit Anita angegeben, aber ich nenne sie nur selten so.

Außer uns dreien und einem Rudel Hunden, das träge vor der Kirchenmauer herumstand, schien es im ganzen Pueblo keine Lebewesen zu geben.

Der Fluß ist nicht sehr breit, und trotz des ständigen Gurgelns der Stromschnellen hätten wir ungehindert miteinander reden können, aber keiner sprach den andern an. Eine gewisse Verlegenheit hatte uns befallen. Der Indianer stand neben einer Leiter und hatte die steife Pose eines Schulkindes angenommen, das abgelichtet werden soll.

Luv sah zu mir her und schüttelte den Kopf. Sie winkte dem Mann eine kleine Geste des Bedauerns zu und ging davon. Sie hatte die Schultern ein wenig hochgenommen und empfand sich wohl als Schnüfflerin, die in eine fremde Welt einbricht und durch die Fenster der Häuser den Menschen in ihr Leben sieht.

Ich ging Luv nach und sagte mir, daß die Verlegenheit für beide Seiten gelten muß, denn schließlich nehmen die Leute ja Eintrittsgeld für ihr Indianerdorf. Gleich neben der ersten Reihe von Adoben steht ein Kassenhaus mit einer alten Dame drin. Der Eintrittspreis für unser Wohnmobil war happig, ganz besonders weil wir den alten Jeep im Schlepptau hatten. Der Eintritt für den Jeep ist extra, und für ihre beiden Kameras hat Luv dann obendrauf noch was gezahlt.

ES IST NICHT ZUFALL zu nennen, daß ich Dancing Spruce am gleichen Abend wiedersah. Im Pueblo gibt es kein elektrisches Licht, und wer nach Einbruch der Dunkelheit noch Helligkeit und Leben sucht, der stiefelt ein paar Meilen die alte Landstraße hinunter zu einem Ort, der auch Taos heißt und in dem die Weißen wohnen. Es ist ein ange-

Sie tauften ihn Dancing Spruce. Der Tanz ist für den Indianer wie Gebet.

nehmer Ort aus Adobehäusern, alles im mexikanischen Stil angelegt, und die Plaza ist mit ihren alten Bäumen von einem ganz besonderen Reiz.

Taos ist ein Zufluchtsort für Künstler. Maler leben hier. Antiquitätenhändler. Kunstkritiker. Köche. Dichter. Unter ihnen weltberühmte. D. H. Lawrence beispielsweise hat hier gewohnt. Wegen einer hartnäckigen Tuberkulose war er vorübergehend in die klare Luft des Hochplateaus gekommen. Der Dichter hat an diesem Ort kaum Spuren hinterlassen. Zurückgeblieben sind nur wenige Blätter Text und eine Anzahl erotischer Skizzen, die in dem ehrwürdigen Hotel La Fonda immer noch zu finden sind.

LUV UND ICH hatten an dem Tag der ersten Begegnung mit Dancing Spruce unser Lager auf einem Hügel über der Stadt aufgeschlagen. Es war ein einsamer Platz, niemand kam zu uns herauf, auch wenn die Leute unser Lagerfeuer von weit her sehen konnten. Von dem Hügel ging der Blick scheinbar ohne Ende über eine Ebene hin, die auf den Karten als High Mesa eingetragen ist. Der Felseinschnitt des Rio Grande klaffte wie eine tiefe Narbe in dem Land, und hochaufgetürmte Wolken zogen durch einen Himmel, der im letzten Licht des Tages silbrig war.

In einer solchen Stunde war zu spüren, wie ungezähmt noch immer dieser wilde Westen ist. Ganz sicher ist Neumexiko bis hin zu unsren Tagen ungebrochen. Was wohl leicht erklärbar ist, wenn man bedenkt, daß hier auf einem Quadratkilometer allenfalls vier Menschen anzutreffen sind. In ihren Liedern geht es deshalb oft um Einsamkeit. Um Billy The Kid und Sheriff Garrett. Um die vier Jahreszeiten, die es auf der High Mesa gibt, mit einer glühenden Sonne ebenso wie mit einem vom Wind dahingewehten Schnee. Ihre Berge sind höher, als mancher Fremde glauben will. Bis zu viereinhalbtausend Metern. Die Leute leben hauptsächlich von der Landwirtschaft, halten ihre Flüsse sauber, atmen eine unverschmutzte Luft und haben es doch zugelassen, daß in der weißen Wüste ihres Alamagordo die erste Atombombe der Welt gezündet wurde.

Lange vor diesem Tag, der ein halbes Jahrhundert her ist und Angstträume mit sich brachte für alle Menschen unserer Welt, hat D.H. Lawrence noch gesagt: »Dieses Land hier ist ein Wunder. Ich nehme es als solches hin und stelle keine Fragen.«

In einem solchen Land kann es kaum als Zufall gelten, daß ich den Indianer am selben Tag noch einmal sah. Beim Lagerfeuer, auf dem Hügel oben, hatten wir den letzten roten Kalifornier ausgetrunken, und ich fuhr im Jeep nach Taos runter ein paar Flaschen Nachschub holen. Im ehrwürdigen La Fonda brannte trotz des frühen Abends kaum mehr Licht, doch bei Ogelvie's, an der Nordseite der Plaza, servierten sie noch Tacos, Cola, Wein und Bier.

Dancing Spruce saß an einem Tisch weit hinten im Lokal. Er war mir sofort aufgefallen, weil ein ungewöhnlich heller Lichtfleck von einer Deckenlampe auf ihn fiel. Er hörte einer jungen Mexikanerin zu, die ich später noch wiederholt mit ihm zusammen sah.

Ich glaube, daß auch er mich gleich wiedererkannte, jedenfalls sprach ich ihn auf unsere Begegnung am Morgen an, und ebenso wie ich war er der Meinung, daß sein Pueblo keinen Eintritt nehmen dürfe. Andererseits, so gab er zu bedenken, käme dabei ein ziemlicher Batzen in die Dorfkasse, und jedes Jahr zu Weihnachten werde der Topf unter den Bewohnern aufgeteilt. Jeder vom Stamm erhalte den gleichen Anteil,

Licht und Schatten. Unzerstörbar wie die Zeit.

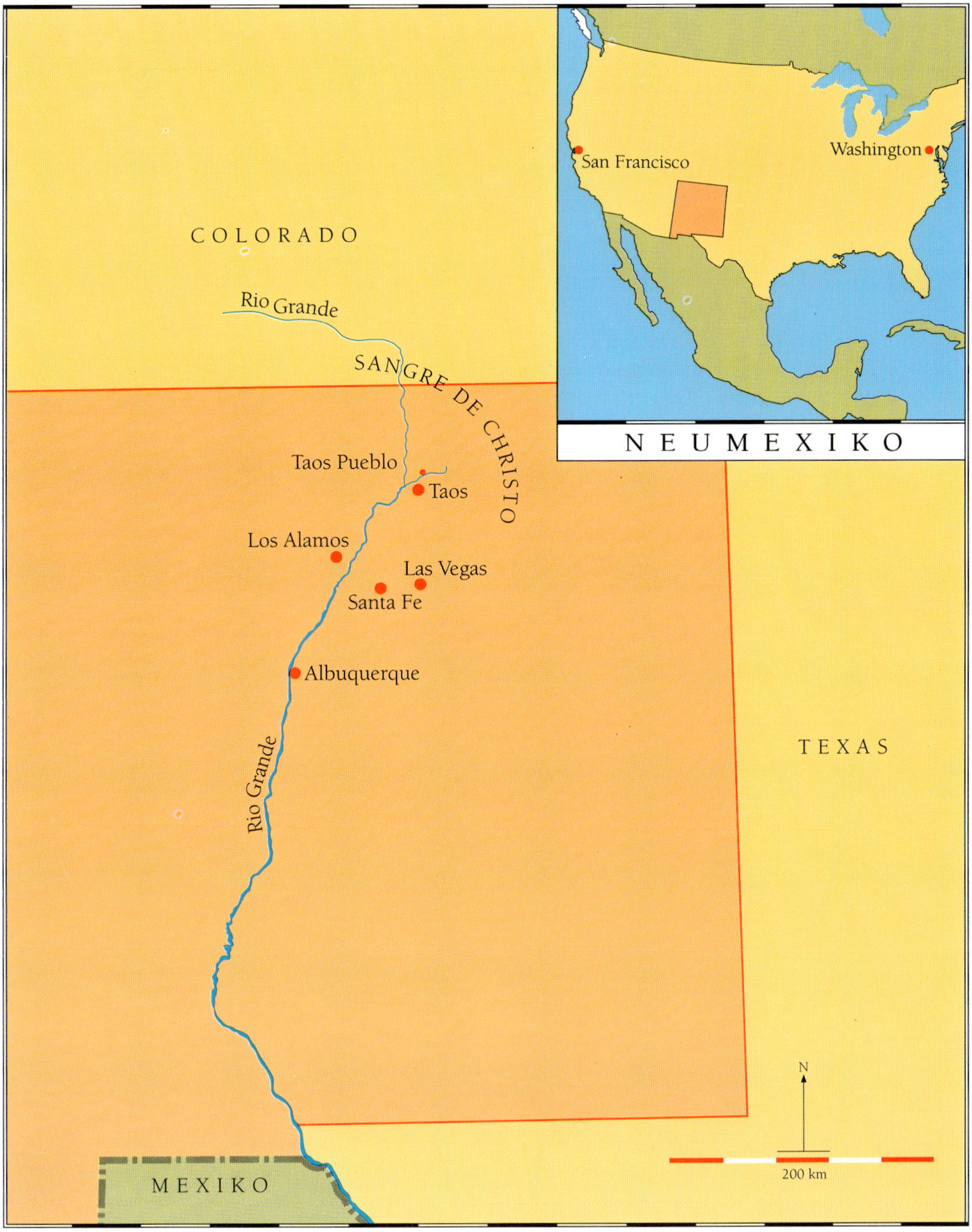
COLORADO
Rio Grande
SANGRE DE CHRISTO
Taos Pueblo
Taos
Los Alamos
Las Vegas
Santa Fe
Albuquerque
Rio Grande
TEXAS
MEXIKO
N
200 km
San Francisco
Washington
NEUMEXIKO

gleich, ob Mann, Frau oder Kind. Mit einem Lächeln, das mich für ihn einnahm, fügte er hinzu, daß weder bei Mann, Frau noch Kind die Abschaffung des Eintrittsgeldes durchzusetzen sei, denn die alljährliche Spende zur Weihnachtszeit sei für jeden recht erheblich.

BIS WEIHNACHTEN WAR ES noch gut drei Monate hin, doch als ich Dancing Spruce am nächsten Morgen wiedersah, tanzten schon ein paar Schneeflocken um ihn herum. Diese dritte Begegnung kann als der Beginn unserer Freundschaft angesehen werden. Wir hatten verabredet, daß Dancing Spruce zu uns zum Frühstück kommt. Ob er zu Fuß den weiten Weg den Hügel raufgestiegen ist, und wie er in dieser weiten Landschaft das Wohnmobil überhaupt hat finden können, ist bis heute nicht ganz klar.

Der Tag hatte fahl begonnen, trist, mit einem dunklen Himmel, und nach der ersten Stunde Warten hab' ich noch gedacht, daß so eine Verabredung am frühen Morgen einem Indianer vielleicht nichts gilt. Luv und ich hatten Kaffee getrunken und gelesen, und als er nicht kam, sagte Luv, daß sie dann eben nur für uns beide Spiegeleier in die Pfanne schlägt, und vom Fenster ihrer Pantry hat sie ihn dann da draußen stehen sehn. Weit abseits. Unbeweglich. Wie er später sagte, stand er da schon geraume Zeit.

Das Pueblo von Taos im Schatten des Heiligen Berges. Sein Fluß bringt Segen und trennt die »Leute des Sommers« von den »Wintermenschen«.

Er hatte eine bunte Jacke aus dickem Fell an, wie die Navajos sie tragen. Seine Zöpfe waren in ein Band gerollt. Hinter ihm tanzte Schnee durch einen hohen Himmel. »Warum«, hat Luv gefragt, »warum so lange draußenstehn?«

Er hat die Schultern hochgenommen wie einer, der andeuten will, so recht wisse er es selber nicht.

An dem Morgen hab' ich nicht noch weiter nachgefragt, doch Jahre später ist er dann von selbst darauf zurückgekommen. »Wenn du weißt, daß ich auf dem Weg bin, hin zu dir, brauchst du doch nicht auf mein Klopfen an der Tür zu lauschen«, hatte er gesagt. »Du spürst es schon, sobald ich draußen bin.« Danach hatte er sich umgesehen und hinzugefügt: »Das Wohnmobil bringt allerdings für mich Verwirrung. Weil es die Schwingungen nicht gibt, die von einem Haus ausgehen. Das gleiche gilt auch für ein Zelt. Ich brauche nur vor einem Zelt oder vor einem Haus zu stehn, und ich spüre, ob ich willkommen bin. Oder ob es der falsche Tag ist, zu den Leuten da hineinzugehn. Doch vor eurem Wohnmobil hab' ich nichts gespürt. Möglich, daß es zuviel Elektronik gibt, und ich habe deshalb keine Schwingung mehr gespürt.«

DER TAG UNSERER RÜCKKEHR in sein Dorf ist zu einem Bild geworden, das selbst in der Entfernung an Deutlichkeit nicht mehr ver-

Seiten 22/23:
Später Morgen im »Land des hohen Himmels«.

liert. Eine warme Septembersonne hatte die verfrühten Schneeflocken beim Tanzen durch den Himmel ausgelöscht. Die rote Erde auf dem Weg zum Pueblo hin lag wieder brüchig trocken vor abgeernteten Gemüsefeldern von der gleichen Farbe. Hinter dem Dorf wuchsen die Sangre-de-Cristo-Berge wie eine dunkle Drohung in den Himmel, und im hohen Gras beim Fluß stand eine Herde Büffel.

Jeder Tagesanbruch ist willkommen. Der Rat der Ältesten erlaubt kein elektrisches Licht.

Luv ging unbefangen neben dem Indianer zum Dorf. Sie hatte die Fotoapparate im Lager oben zurückgelassen. Vielleicht gab es deshalb keine Scheu mehr zwischen uns, und die langgestreckten Häuser, die am Tag zuvor noch feindlich wie die Mauern einer Festung schienen, standen nunmehr, in der Sonne trocknend, einladend und freundlich da.

Zwischen den Häusern entlang der Straße stand eine Kirche im mexikanischen Baustil. Mit ihrem blendendhellen Weiß nahm sie sich befremdlich aus, und hinter der halb umgestürzten Kirchhofsmauer steckten Kreuze über Gräbern schief im Sand. Der Indianer ging zu den Kreuzen hin und sagte in einem freundlich leichten Ton, daß wir den Besuch in seinem Heimatdorf mit einer Reverenz vor seinen Vorfahren beginnen sollten.

Auf den Kreuzen las ich Namen, die spanisch oder mexikanisch sind. Vasquez. Oder Varda. Ich weiß es nicht mehr so genau. Von einer Familie namens Spruce war auf den Kreuzen nichts zu finden, und als ich ihn darauf hinwies, kam ein Anflug von Verlegenheit zu ihm zurück.

»Ich bin ein Mann der vielen Namen«, sagte er mit etwas Lachen. »Beginnen wir mit jenem, den mir die Amerikaner gaben: Sonny. Sobald ich fortgehe aus dem Pueblo, um einzutauchen in die Welt der Weißen, werde ich zu einem Mann, der Sonny heißt.«

Er dachte nach. Dann zählte er am zweiten Finger seiner linken Hand den zweiten seiner Namen ab: Spruce. Dieser Name nun, so sagte er, sei indianisch, und es wäre so, daß sein Volk die Namen seiner Kinder gerne der Natur entlehne. Oftmals würden die Blicke der Eltern zu den Wäldern gehn, in denen mehr Fichten wachsen als jede andre Art von Baum. Daran müßten seine Eltern wohl gedacht haben, als sie ihm in der Stunde seiner Geburt den Namen ›Fichte‹ gaben. Oder, übersetzt in die Sprache der Amerikaner: Spruce.

Nun ist es aber so, erzählte er dann weiter, daß die Eltern in der Stunde seiner Geburt sich auch etwas von ihm gewünscht hätten. Sie wollten, daß er das Wichtigste niemals vergäße: den Tanz. Die Tradition. Weil die ja überliefert werden muß. Der Tanz muß weiterleben. Für das Pueblo. Für die Götter. Der Tanz ist für den Indianer wie ein Gebet. Also gaben die Eltern ihm den Namen ›Tanzende Fichte‹, Dancing Spruce, und haben ihm damit den Weg gewiesen.

Der Wunsch der Eltern ist erfüllt. Bei rituellen Tänzen führt Dancing Spruce die andren Männer an. Zum Tanz der Hirsche beispielsweise. Oder beim Tanz des Adlers. Und beim Erntetanz.

Er ging zwischen den Gräbern seiner Vorfahren hindurch und deutete zu den spanischen Inschriften auf den Christenkreuzen.

»Dieser mexikanische Name hier ist der unwesentliche unter meinen anderen«, sagte er. »Der Priester hat ihn mir gegeben, aber ich benutze ihn schon längst nicht mehr. Denn schließlich bin ich ja nicht Mexikaner. Und ich wandle auch nicht auf der Jesus-Straße.«

Er unterbrach sich und sah zur Kirche hin.

»Es gibt viele im Pueblo, die auf der Jesus-Straße sind. Diese Glokken da rufen uns sonntags früh herbei. Seit Jahrhunderten holt der Priester die Indianer in seine Kirche. Und er versucht die Augen davor zu

Dancing Spruce sagt, daß es viele im Pueblo gibt, die auf der »Jesus-Straße« sind.

verschließen, daß wir doch zu unseren eigenen Schöpfern beten. Zu unserem Vater Sonne. Und zu unserer Mutter Erde. Bevor wir einen Baum fällen, reden wir mit ihm. Wir bitten, daß er uns verzeihen möge, aber ein neues Kind ist im Bauch der Frau, und wir müssen sein Holz haben, als Balken für den Anbau der Adobe.

Wir sind die Ureinwohner von Nordamerika. Keiner hätte das je vergessen dürfen. Auch die katholischen Missionare nicht, die mit den Eroberern gekommen sind. Es sind die Spanier gewesen, im Jahr 1598, und sie haben das sagenumwobene Gold der Indianer finden wollen, aber als es das in unsrem kargen Leben hier nicht gab, haben sie uns ein paar Soldaten zurückgelassen und auch ihre Priester und sind weitergeritten.«

Er brachte das alles sehr sachlich vor, ganz ohne Pathos, und es kam mir auch nicht so vor, als seien seine Worte gegen die Christen gerichtet gewesen. Wenn überhaupt etwas herauszuhören war, dann allenfalls der Stolz auf seine eigene Kultur. Bei einer anderen Gelegenheit hat er einmal gesagt: »Unser Dorf ist sehr alt. Unsere Häuser haben hier schon ein paar hundert Jahre gestanden, bevor die Spanier kamen. Dieselben Häuser, die da noch immer stehen. Allerdings hat es damals keine Türen gegeben in den Mauern. Auch keine Fenster. Nur Leitern, um auf die

Im Dorf der geraden Linien hat nur der Backofen eine runde Form.

Dächer zu gelangen. Oben auf den Dächern gab es Löcher. Für das Tageslicht. Zum Einsteigen in die Häuser. Und zur Verteidigung, wie leicht zu erraten ist.«

Es kam vor, daß er verwirrt wurde und seine Zöpfe über die Schultern nach hinten warf. In solchen Momenten wollte er wissen, ob er sich etwa anhöre wie der Lehrer in der Schule, aber sobald Luv sagte, »alles andere als das, erzählen Sie doch bitte weiter«, lachte er und gab sein Wissen an uns weiter.

»Eine für unsere heutige Gesellschaft äußerst wichtige Frage hat sich für meinen Stamm hier nie gestellt: die Frage nach dem Besitz. Die soziale Aufteilung in Hausherr und Mieter hat es bei uns nie gegeben. Besitzer aller Häuser war immer die Gemeinschaft. Und so glauben wir auch, daß diese hier die ersten Eigentumswohnungen auf der Welt gewesen sind. Zwar nur Adobe, also aus Lehm, mit Stroh und Wasser gut vermengt und von der Sonne hartgebacken. Neunhundert Jahre lang gebacken. Schnee und Regen machen diesen Häusern nichts mehr aus.«

Wir gingen an den roten Adobewänden entlang, und Luv sagte: »Ich denke, die Conquistadores haben nicht schlecht gestaunt, weil sie mal wieder primitive Eingeborene erwartet hatten und ganz im Gegenteil auf eine eigenständige Zivilisation gestoßen sind.«

Als die spanischen Eroberer kamen, waren die Häuser von Taos schon ein paar hundert Jahre alt.

Seiten 28/29: Hardys Kommentar zu diesem Bild: Winnetou und sein Old Shatterhand am Rio Grande.

»Genau so ist es gewesen«, sagte Dancing Spruce. »In der Prärie waren sie den Navajos und den Hopis und Zuni und anderen Stämmen begegnet, die in Zelten lebten, oder auch in Höhlen. Bei uns hingegen haben sie eine Dorfgemeinschaft vorgefunden. Deshalb haben die Spanier uns auch den Namen gegeben, der in ihrer Sprache ›Dorf‹ bedeutet: Pueblo. Bis heute ist das so geblieben, und bis heute gehen wir auch in ihre Kirche, in der die Priester noch immer Spanisch sprechen, aber unsere wahre Kirche ist der Berg da oben über unserm Dorf.«

Er deutete zu dem Massiv der Sangre de Cristo hin. Es wurde nicht erkennbar, welchen der Berge er damit meinte, aber ich vermutete, daß es jener war, der in einer fast geraden Linie über dem Fluß stand, der das Pueblo in zwei fast gleiche Hälften trennte.

»Der Berg da oben«, sagte er dann in einem anderen Ton, »das ist unsere Kirche. Ebenso wie dieser Fluß, der heilig ist. Er kommt aus dem Blauen See, und der ist unsre Kirche. Wir gehen in euer Gotteshaus und verehren auch den großen Lehrmeister aus Nazareth, aber wir lassen nicht zu, daß er uns von den Kräften trennt, die uns umgeben. Denn es sind unsre eigenen Götter, die uns lenken.«

DANCING SPRUCE SAGT, das Doppelleben mit dem einen Gott des Priesters und den vielen Göttern seines Vaters habe ihn als Kind verwirrt. Aber das eigentlich nur sonntags, auf dem Weg zur Kirche hin. An den anderen sechs Tagen, die dazwischenlagen, habe er an den weißen Gott nicht mehr gedacht.

Dieser Gedanke eines doppelten Lebens kehrte in den nächsten Jahren immer wieder in unsere Gespräche zurück, und nachdem er oft von seiner amerikanischen Erziehung gesprochen hatte, die sein Berufsleben an das der weißen Amerikaner band und damit auch zu weiten Reisen führte, mit einem Paß der Vereinigten Staaten in der Tasche, ist er einmal sogar so weit gegangen, mich zu fragen, ob er denn meiner Meinung nach tatsächlich Amerikaner sei oder noch immer Indianer. Ich habe ihm gesagt, daß ich mit der Antwort noch ein bißchen warte, aber ich halte jetzt schon jede Wette, daß er von ganz allein darauf kommt.

Nun, die Antwort auf seine brennende Frage hat er sich tatsächlich selbst gegeben, und da ich dabeigewesen bin, als das geschah, werde ich davon noch erzählen, aber ich glaube, es ist besser, wenn ich im folgenden erst einmal die Steinchen beschreibe, die zu dem Mosaik seines Wesens und damit zur Erhellung der grüblerischen Stunden meines Freundes führten.

Nehmen wir einmal die Tage seiner Kindheit. Er sagt, sie scheinen ihm auch noch in der Erinnerung erregend schön, und Indianer sein zu dürfen, das ist ihm seit einem ganz bestimmten Tag als ein wahres Glück erschienen. Seit dem Tag nämlich, als er einen weißen Farmer sah, der seine kleine Tochter schlug. Nichts anderes in seiner Kindheit hat ihn mehr entsetzt als dieses Bild, denn er selbst war nie geschlagen worden. Im Pueblo wird der Körper eines Kindes als etwas Schützenswertes angesehen. Einem Kind in erzieherischer Absicht Schmerzen zuzufügen, sagt er, das käme einem Indianer niemals in den Sinn.

Und dann ist da das Haus des Dancing Spruce. Das Doppellebige, von dem er häufig spricht, ist ganz deutlich auch in seinem Haus zu sehen. So ist mir beispielsweise an einem seiner Wände das vergilbte Foto einer Gruppe verhutzelter Indianermänner nur deshalb in Erinnerung, weil deren Rahmen fast den Trauerrand am Bildnis der toten Brüder Kennedy berührte.

An dem Tag, als wir uns, durch einen Fluß getrennt, begegneten, war sein Zuhause noch das Dorf. Später hat er sich eine eigene Adobe hingestellt, und zwar außerhalb der Mauern des Pueblo, an dem Weg zum Ort der Weißen hin. Sein bester Freund, mit Namen Drei Falken, hat ihm bei dem Bau geholfen. Das letzte Mal, als ich das Haus gesehen habe, lebte die junge Mexikanerin mit ihm darin, doch gab es nirgends einen Gegenstand, der an sie hätte denken lassen. Das Haus des Dancing Spruce ist wie die bunte Jacke der Navajos, die er in kalten Nächten trägt.

Es ist immer eine Freude für mich, und Luv geht es da ebenso, wenn wir in seinem geräumigen Arbeitszimmer sitzen dürfen und zusehen, wie er ein neues Federkleid für seine Tänze näht. Einmal hat er dabei gesagt: »Ein Indianer ist ein Esel. Erst wenn er sich seine Federkleidung näht, spürt er die Bedeutung seines Stammes, womit er auch den Sinn des Lebens spürt.«

Nun darf aber nicht der Eindruck entstehen, der Mann sei von Beruf Tänzer. Keineswegs. Tanz ist für ihn wie Religion. Sein täglich Brot verdient er sich als Silberschmied. Nach Art seiner Vorfahren formt er Armbänder und Ringe aus Sterlingsilber, in die er häufig ungeschliffene Türkise setzt. Seine Arbeiten liefert er an Kaufhäuser in San Francisco und Los Angeles. Im Pueblo selbst besteht seine Kundschaft in erster Linie aus Touristen, und an der Landstraße, vor seinem Haus, steht auf einem Reklameschild geschrieben, daß Sonny Spruce im Pueblo von Taos seinen Silberschmuck verkauft.

Die Jahre seiner Wandlung zum Amerikaner, so sagte er, haben in einem Internat begonnen, was übrigens in der Sprache der Indianer ›Weit-Entfernt-Schule‹ heißt. Es ist tatsächlich so, daß seine Schule weit entfernt gewesen ist. In Oklahoma City. Also viel zu weit entfernt. Für einen Indianerjungen und sein Pony unzählige Tagesritte zu weit entfernt.

Das Haus aus Stein in Oklahoma hatte Gitter vor den Fenstern, sagte Dancing Spruce, und bei den Grübeleien über seine Doppellebigkeit, wie er es nennt, stellte er die Überlegung an, ob das damals wohl der Tod des Indianers in ihm war und die Geburt eines amerikanischen

Geschäftsmannes, der in glücklicher Vorzeit einmal aus Neumexiko gekommen war.

LÜCKENLOS LÄSST SICH DAS MOSAIK des Dancing Spruce nicht legen. Die Welten zwischen uns sind zu verschieden, auch wenn er den Schritt in unsere Welt viel leichter schafft. Meinem Schritt in seine Welt stand viele Jahre lang die Scheu im Weg. Es war die Scheu des Indianers, seine Mythen mit einem Mann zu teilen, der in einem weit entfernten Land zu Hause ist.

Außerdem stand das Verbot im Weg. Es gab Dinge, die Luv und ich nicht sehen durften. So hatten wir beispielsweise gleich beim ersten Rundgang durch sein Pueblo einen Wall aus schlanken Aspen entdeckt, der eine Adobe abschirmen sollte, die sich in Form und Höhe von den anderen Gebäuden unterschied. Das Staket aus Aspen ließ vom Norden her einen Blick auf ein niedrig gehaltenes Flachdach zu, das eine runde Öffnung aufwies, durch die eine steile Leiter nach unten führte. Als Luv darauf zugehen wollte, hielt Dancing Spruce sie erschreckt zurück und sagte, ein Tabu des Stammes lasse es nicht zu, daß wir uns dem Gebäude näherten.

Im Lauf der Zeit erfuhren wir, daß dieses geheimnisumwobene Gebäude von den Indianern »Kiwa« genannt wird. An manchen Abenden konnten wir einen kleinen Jungen beobachten, der die Leiter hochgestiegen kam und eine Zeitlang regungslos zu der untergehenden Sonne hinsah.

Jeden Abend stieg der kleine Junge hoch zum Dach, und ich sagte zu Luv, daß der Satz »Wer viel fragt, kriegt viel Antwort« bei der Begegnung mit einer anderen Kultur zum Unsinn wird und im Gegenteil wohl eher lauten sollte: »Stell keine Fragen, und die Antwort kommt von ganz allein.«

Und genau so ist es auch gekommen. Luv hat nicht gefragt, und an den Anlaß kann ich mich nicht mehr erinnern, aber jedenfalls sagte Dancing Spruce an einem Tag ganz unverhofft: »Eine Kiwa ist eine unterirdische Kammer, zu der kein Stammesfremder jemals Zutritt hat.« Sein Blick folgte dem Fluß, der in einer graden Linie auf den heiligen Berg zu deuten schien. »Die Kiwa ist ein Ort der Sammlung«, fuhr er fort, »und ein Symbol weiblicher Fruchtbarkeit, weil sie eingebettet ist in unsere Mutter Erde. Wenn ein Indianerjunge zwölf wird, bringt sein Vater ihn da hinein, und der Junge bleibt sich selbst überlassen. Der einzige, der täglich einmal zu ihm hinuntersteigt, ist der Vater, der ihm zu

Seite 34: Einstieg zu einer Kiwa. Der unterirdische Versammlungsort ist für Weiße tabu.

essen und zu trinken bringt. Ein ganzes Jahr bleibt der Kleine da unten in der Erde. In der Einsamkeit. Umgeben von Stimmen, die seine Gedanken lenken. Wenn er wieder nach oben steigt, wird er zum zweitenmal geboren, mit der Erkenntnis eines größeren, bedeutenderen Lebens: als ein Teil des Kosmos. Unser Glaube kommt aus dieser Erde hier und aus den Wassern, die darin eingebettet sind. Er kommt aus der Wolke. Und dem Regen. Und dem Blitz. Wir lernen vom Reh, vom Kojoten und vom Adler. Ebenso, wie wir von der Sonne lernen. Vom Mond. Und von den wandelnden Planeten.«

Das Land einer Kindheit. Die High Mesa am Rio Grande.

ES WAR AN EINEM ANDEREN TAG, als Dancing Spruce mit uns über die High Mesa wanderte, die in ihrer Endlosigkeit nur von dem scharfen Einschnitt des Rio Grande unterbrochen wird, und er noch einmal anfing, von dem kleinen Jungen zu erzählen, der auf seinem Pony über diese weite Fläche hier gestromert war, bis sie ihn »wie mit einem großen Lasso eingefangen und in die Stadt verschleppt haben, in die Weit-Entfernt-Schule, eben nach Oklahoma City«.

»Erzähl mal, wie das auf der Schule war«, habe ich gesagt, und er hat den Kopf geschüttelt. »Traurige Jahre sind das gewesen. Sieh einmal, da bist du nun als Kind in dieser Lebensart der Weißen drin, und du lernst von dieser Lebensart und lernst und lernst, und gleichzeitig sagt dein Gewissen dir, daß du versprochen hast, eines niemals abzulegen: deine Tradition. Und du erinnerst dich an die Warnung, die sie dir im Pueblo mit auf den Weg gegeben haben: An dem Tag, an dem du unsere Tradition aufgibst, kommt die Welt des Stammes zu ihrem Ende.«

Das sei die Verantwortung gewesen, sagte Dancing Spruce, und die Angst, mit der er lange hat leben müssen. Denn die Prophezeiung der Alten im Pueblo sei gewesen: »Wenn unsere Welt zu Ende geht, kochen die heißen Quellen über und spülen uns davon.« Seine Augen wanderten nach unten, zu den Stromschnellen des Rio Grande hin. »Das sagen sie dir, wenn du ein kleiner Junge bist. Und du vergißt es nicht dein Leben lang.«

Später an dem Tag habe ich ihn gefragt, wie das wohl war, als die Jahre in der Weit-Entfernt-Schule zu Ende waren und er ins Pueblo zurückdurfte.

»Weißt du«, gab er zur Antwort, »das ist mehr gewesen als nur Zurückgehndürfen zu den Eltern.« Und gleich danach überraschte er mich mit dem Satz: »Denn es ist hier, wo mein Blut getrocknet ist.«

An meinen Augen hat er wohl sehen können, daß ich ihn nicht verstand, und da sagte er mit einer Geduld, die so alt ist wie die Zeit: »Ich spreche vom Blut am Körper eines Neugeborenen.« Er sah mich mit diesem Lächeln an, das ihn so gewinnend macht. »Bei mir ist es hier gewesen, zwischen diesen Bergen, auf dieser Mesa«, sagte er dann. »Es ist hier gewesen, wo mein Blut getrocknet ist.«

DIE HEIMAT DES DANCING SPRUCE gleicht einer Insel, auf der Indianer leben, mitten in den USA, doch die Ufer dieser Insel bröckeln immer weiter ab.

Mit diesen Worten hat er sein Pueblo selbst einmal beschrieben und auch gleich erläutert, wie das zu verstehen sei: »Das Taos Pueblo ist laut Vertrag ein souveräner Staat. Selbstredend unterliegen wir den Gesetzen der USA, doch im Inneren verwalten wir uns selbst. An der Spitze steht bei uns der Gouverneur. Er ist der oberste Häuptling. Wir wählen ihn jedes Jahr neu, ebenso wie den Richter, denn wenn es nicht gerade um Mord geht, werden Vergehen unter Indianern vor unserem eigenen Gericht verhandelt. Auch den Rat der Alten wählen wir ständig neu. Ein wichtiger Posten im Rat ist der des Kriegshäuptlings, doch da wir Kriege neuerdings nur noch mit Papier und Schreibmaschine führen, ist seine Aufgabe beschränkt auf die Verbindung mit der Außenwelt, also in erster Linie wohl mit Washington, und wenn das Weiße Haus beispielsweise etwas vorzuschlagen hat, dann hört unser Rat der Alten sehr wohl hin, diskutiert die Sache und beschließt auch irgendwann, was da wohl zu machen ist.«

Er lächelte zu Luv hinüber und kam dann zum Kern der Sache: »Diese alten Männer regieren aus der Tradition heraus, wie es schon ihre Väter taten, und damit beginnt das Abbröckeln der Ufer unserer Insel, denn inzwischen gibt es eine neue Generation im Pueblo, die mit der Erwartung lebt, daß bald auch mal ein Indianer zum Mond raufflіegt, und da muß es als Anachronismus gelten, wenn der Rat der Alten bis zum heutigen Tag keinen elektrischen Strom und kein fließendes Wasser in das Pueblo legen lassen will. Die Häuptlinge wehren die Forderung der Jungen ab, weil mit der Neuerung auch alles andere zu erwarten sei: Waschmaschine. Radio. Eisschrank. Farbfernseher. Und zwar auf Abzahlung, was mit Verschuldung gleichzusetzen ist. Es sei verheerend, so warnt der Rat der Alten, wenn ein Indianer Schulden mache. Der Schritt von Schulden hin zum Alkohol sei dann nicht weit.

Hingegen sei das Leben im Pueblo ohne Strom und Leitungswasser billig, sagt der Rat der Alten. Die Häuser werden mietfrei abgegeben. Und das Wasser holt sich jeder mit dem Eimer aus dem Fluß. Ganz genau so, wie es schon die Väter taten. Und die jungen Leute sollen sich das zu eigen machen, denn es ist gutes Wasser. Sauber. Es ist unser Wasser aus dem Blauen See.«

Das spirituelle Oberhaupt des Stammes. Sein größtes Indianer-Abenteuer: Im Zweiten Weltkrieg Feindberührung im Pazifik. Er hatte bis dahin nie ein Schiff gesehen.

DAS HEILIGTUM DER TAOS-INDIANER, ihren Blauen See, hat Dancing Spruce mir nie gezeigt. Den einzigen Versuch, zum Berg hinaufzureiten, hat er abgebrochen. Stunde um Stunde war er vor mir durch einen Fichtenwald geritten, eingesponnen in ein Schweigen, in das ich hineinzuhören hoffte. Doch dann, bei einem Weg, der häßlich zwischen Bäumen klafft, hatte er unverhofft die Zügel hart zurückgenommen.

»Es tut mir leid, mein Freund«, hatte er gesagt, »aber du mußt dein Pferd hier wenden. Es geht nicht an, daß ich dich da oben hingeleite. Ich hatte es mir vorgenommen, aber ich bringe es nicht über mich. Das Gesetz sagt, daß der Blaue See von fremden Augen nie betrachtet werden darf.«

Ich muß wohl eingewendet haben, daß es Flugzeuge gibt, und vermutlich würden schon deshalb fremde Augen auf den Blauen See gefallen sein, denn er sagte nun mit einem Anflug von Düsternis, ich hätte ohne Frage recht und außerdem sei der See vor Jahren schon geschändet worden.

Es ist klar, daß ich ihn fragte, wie das zu verstehen sei, aber er wollte keine Auskunft geben und meinte nur, daß er Old Pete bitten werde, alles zu erklären. Ich kannte Old Pete. Über die Jahre hinweg war ein Anflug von Vertrauen in unsere Gespräche gekommen.

Old Pete ist das spirituelle Oberhaupt des Stammes. Ich glaube, daß er der Älteste im Dorf ist. Manche unter den Bewohnern sagen, er habe die Jahresrinde Neunzig schon seit langer Zeit in seinem Lebensbaum, weshalb er ja auch nur Haut und Knochen sei, und das Wort treffe auf ihn mehr als auf jeden anderen zu: ›Ein Indianer stirbt nicht so, wie andre Menschen sterben. Ein Indianer trocknet ein, und der Wind trägt ihn davon.‹

Als ich Old Pete nach der Schändung jenes Sees fragte, war nichts Geheimnisvolles mehr an dieser ganzen Sache, und er kam mit der Geschichte gleich heraus.

»Vor vielen Jahren hat die Regierung unverhofft den Blauen See beschlagnahmt und das ganze Land ringsum, und weil wir gesagt haben, daß der See unsere Kirche ist, haben sie uns Geld geboten für eine neue Kirche, für eine Kirche mit einer Glocke drin, aber wir haben gesagt: Gebt uns unseren See zurück. Es ist der See des ganzen Lebens. Er ist unser Glaube. Von ihm fließt der Segen auf unsere Felder. Er läßt unsere Quellen aus dem Boden sprudeln und hält das Reh am Leben und die Forelle. Unser See macht die Berge grün. Er ist unsere einzige Wahrheit.

Fehlgeschlagener Versuch, den Blauen See zu erreichen. Dancing Spruce ist in die traditionelle Decke seines Stammes gehüllt.

Jedes Jahr steigen wir einmal zu ihm hinauf und kampieren für drei Tage an seinen Ufern. Wir tanzen, singen, beten. Wir beten auch für den Mann im Weißen Haus von Washington. Aber keiner hat an uns gedacht, und der Regierung ist es auch gar nicht darum gegangen, uns unsere Kirche zu nehmen. Was sie haben wollten, das waren unsere Bäume. Das Holz. Sie sind mit ihren Motorsägen gekommen und haben alles kahlgeschnitten, und dann haben sie ein Sägewerk da oben hingestellt, und der Fluß ist schlammig geworden und voller Öl, und wir hatten nichts mehr, was wir trinken konnten.

Ich bin nach Washington gegangen, und der Kongreß hat mich angehört. Ich bin zu den Senatoren gegangen und habe gefragt: Kennt ihr mein Land? Kennt ihr das Dorf, aus dem ich komme? Sie haben gesagt, daß sie es nicht kennen. Also dann, hab' ich gefragt, warum kämpft ihr dann gegen mich? Warum wollt ihr mir mein Recht wegnehmen? Sie haben nichts zurückgesagt. Überhaupt nichts haben sie gesagt, und da habe ich mich hingestellt und hab' gesagt: Ich bleib' jetzt hier. Von dieser Stelle geh' ich nicht mehr weg, bis ich Antwort habe. Und ich bin auch nicht mehr weggegangen. Zwei Tage später haben sie mir auf die Schulter geklopft: ›Mister Kuncha, eine gute Neuigkeit!‹ ›Was für eine Neuigkeit?‹ hab' ich gefragt, und da hat der Senator ein Papier unter-

Blauer See. Für die Indianer ist der »See allen Lebens« Ort des Gebets.

Seiten 40/41: Religiöse Tänze der Indianer sind selbst für gute weiße Freunde auch heute noch ein Tabu. Darum zeigen wir statt eines Fotos hier einen Holzstich des Büffeltanzes aus der Mitte des vergangenen Jahrhunderts.

H.HENDRICKX. DEL

CATLIN. PINX
F. VERMORCKEN. SC

Dancing Spruce zu Hardy: »Amerikaner werden ist leicht. Indianer werden kannst du nie.«

schrieben, ein Dokument: ›Von jetzt an ist es auf ewig euer Land.‹ Und da haben wir ein großes Fest gefeiert, im Pueblo, hier am Fluß. Wir haben einen Büffel am Spieß gebraten, und alle haben zu essen gehabt, und wir haben getanzt und sind glücklich gewesen, und wir hatten unser Land zurück. Wir hatten unsren Blauen See zurück.«

DAS GESICHT DES DANCING SPRUCE blieb während der langen Erzählung von Old Pete unbewegt. Wie eine Statue saß er da, und ich sagte mir, daß es wohl kaum einen indianischeren Indianer geben kann, und wenn er mich noch einmal fragt, ob er wohl in erster Linie Amerikaner sei, dann lege ich ihm mein Mosaik aus Worten vor und sage ihm: »Sieh mal in den Spiegel, alte Fichte, sieh dich doch selber nur mal an.«

Er hat die Frage niemals mehr gestellt, und die Art, wie er am Ende selbst zu seiner Antwort fand, hat den stillen Humor erkennen lassen, von dem er kaum was weiß.

Wir waren nach Santa Fe gefahren und hatten den ganzen Morgen in einer Galerie verbracht, weil es da Gemälde gab, die Indianer bei rituellen Tänzen zeigten. Es sind eindrucksvolle Bilder gewesen von Hopis beim Bohnentanz und Zumi mit ihrem Shalako, und in den zwanziger Jahren hatte ein Künstler eine Gruppe Taos-Indianer beim Tanz der Hirsche festgehalten. »Ich darf dir ja leider nicht zeigen, wie ich den Hirsch im Pueblo tanze«, hatte Dancing Spruce gesagt, »aber ich unterstelle mal, die alten Bilder hier durchbrechen kein Tabu.«

Überhaupt ist das eine wunderbare Ausstellung gewesen, unter anderem mit Werken von Oskar Berninghaus und Ernst Blumenschein, und selbst zwei Bronzen von Frederic Remington hatten sie da ausgestellt. Zwei Fenster in der Galerie ließen dabei den Blick auf die alte Plaza zu. Was im grellen Licht des Tages da draußen vorüberzog, stand zu den alten Meistern in hartem Kontrast: Autos, Motorräder, Busse. Männer, Frauen, Kinder. Menschen. Weiße Menschen, schwarze Menschen, Mexikaner, Asiaten.

Dancing Spruce sah eine Zeitlang auf das Straßentreiben draußen. »Nun sieh dir das da nur mal an«, sagte er. »Diese Leute da. Alles Amerikaner. Und falls sie es nicht sind, dann können sie es werden.«

Nur durch die Scheibe von Dancing Spruce getrennt, ging eine modisch hübsche Frau an der Galerie vorüber. Mit ihrem weißblonden Haar sah sie wie eine Schwedin aus. Dancing Spruce blickte ihr nach. »Wie ist das eigentlich mit dir?« wollte er wissen. »Bist du inzwischen auch schon Amerikaner?«

»Nein«, sagte ich, »wüßte nicht, warum ich das wollen sollte.«

»Aber du brauchst der Regierung nur zu sagen, daß du das willst«, meinte er, »und du könntest einer so wie die da draußen sein.«

»Na gut«, sagte ich, »aber worauf willst du bloß hinaus?«

»Auf den Unterschied.« Er sah mich mit diesem Gesicht an, das immer alles ernst zu nehmen scheint. »Amerikaner werden, das ist leicht, aber ...«

»Aber?«

Er lachte. »Indianer werden kannst du nie.«

SEIN LACHEN ist in meiner Erinnerung noch immer deutlich, wenn jetzt auch lange Zeit zurück. Wir haben nach jenem Tag noch oft Reisen zueinander hin gemacht und jedesmal gespürt, daß wir Trennungslinien überschreiten. Es gibt darüber endlos viel zu sagen. Doch habe ich gelernt, daß es Geschichten gibt, die ihr Ende ganz von selber finden. Als Dancing Spruce in der Galerie von Santa Fe mir auf seine Weise zu verstehen gab, daß er die Welt der anderen Amerikaner nunmehr durch seine eigene Fensterscheibe sieht, da hatte meine Geschichte von dem Indianer sich ihr Ende ganz von selbst erzählt.

ANTARKTISFAHRT

Im Gondwana-land tickt sich die Zeit nur ganz allmählich aus dem Tag.

ORT: PUERTO WILLIAMS. CHILE.
SÜDLICHSTE STADT DER WELT.
BREITENGRAD: 55 SÜD
LÄNGENGRAD: 68 WEST
DATUM: 22. FEBRUAR 1989

VORHIN HABE ICH MEINE UHR WEGGESTECKT und mir vorgenommen, sie nie wieder anzusehen. Ich war unten am Hafen gewesen und hatte nichts zu tun gehabt, weshalb ich einem Mann im Overall zusah, der auf einem grauen Schiff eine Fahne hochzog. Es war eine chilenische Flagge, und als der Mann sie obenhatte, gab es für ihn auch nichts mehr zu tun, und er begann nun seinerseits, mir zuzusehen, was damit endete, daß wir ins Gespräch gekommen sind.

Er wollte wissen, warum ich fortgesetzt auf meine Armbanduhr sehe, und als ich sagte, daß ich auf das Linienflugzeug von Punta Arenas wartete, winkte er nur ab. »So ein Flugzeug«, meinte er, »das kommt, oder es kommt auch nicht, und wenn es kommt, dann hört man es in dieser Stille hier schon lange vor der Zeit.«

Er wischte mit der Hand von Ost nach West, was wohl sagen sollte: Sehen Sie sich doch mal um. Unser Hafen ist der letzte vor dem Eis. Eine Bucht in einem Fjord. Von den Gletschern kommt nur Schweigen. Außer dem Wrack da drüben und meinem Kanonenboot liegen noch zwei Kutter hier im Hafen. In den Häusern hinter dem Stück Straße leben Menschen, die so wenig reden wie die Felsen vor dem Fjord. Außer unserer Stille kann also in diesem Hafen nichts zu hören sein.

Ich nickte, weil ich ihn verstanden hatte.

Puerto Williams. In unsere Sprache übersetzt käme Wilhelmshaven dabei raus. Komisch: Wilhelmshaven, Feuerland. In meinen Kopf stieg Schläfrigkeit. Nach einem Nachtflug ist das immer so. Der von gestern ist mir wie Ewigkeiten vorgekommen. Die Anden entlang. Tag und Nacht ein Flug an diesen Felsen hin. 7500 Kilometer lang. Den ganzen Weg durch Südamerika hindurch. Mit Wüsten unter einem frühen Morgen. Und im Osten Regenwälder. Mittags dann die Gletscher. Und an Steuerbord die ganze Zeit das Meer. Manchmal denke ich, der Pazifik wurde nur gemacht, damit die Sonne darin untergehen kann. Weil sie nirgends schöner untergeht.

Puerto Williams. Feuerland. Südlichste Stadt der Welt.

Die ganze Nacht lang leuchten dann Vulkane. Viele. Selbst harter Regen, der an mein Flugzeugfenster peitscht, löscht diese Feuer in der Nacht nicht aus. Wenn sie Ewigkeiten später doch mal aufhören mit ihrem Leuchten, sieht das wie Augenschließen vor dem Schlafen, nicht aber wie Verglühen aus. Das wird die Stunde mit des Himmels heller Blässe: Die Morgensonne über Felsen hin, die breit und tot vor Dörfern stehn. Die Äcker bei den Häusern sind noch fett und schwer vom Kordilleren-Regen dieser letzten Nacht. Ich sehe auf die Uhr und sage mir, noch ein halber Tag und du bist bei den Fjorden. Laß nochmal fünf Stunden fünfzehn rumgehn auf dem Ziffernblatt, und du bist in Feuerland.

»Ich hab' mal eine Frage«, sagte der Seemann auf dem grauen Schiff, »auch wenn Sie aussehen, als ob Sie eingeschlafen wären.« Ich sagte ihm, daß es ein langer Weg gewesen sei aus meinem Norden zu seinem Süden hin, aber er solle nur mal fragen.

»Wenn Sie an Süden denken, dann meinen Sie wohl eher Palmen, Neger, heiße Sonne und viel warmes Meer zum Schwimmen.«

Ich nickte. »Wenn wir in den tiefen Süden wollen, denken wir in den meisten Fällen kaum an Eis.«

»Da sehen Sie mal wieder, wie auf den Kopf gestellt das alles ist.« Er lachte. »Wenn meine Frau zum Schwimmen unter Palmen will, muß ich sie nach Norden segeln. Aber das ist es nicht, was ich habe fragen wollen.«

Ich ertappte meine Hand dabei, den Jackenärmel von der Uhr zu schieben, was den Matrosen lachen machte. Meine Leute mit dem Flugzeug aus Punta Arenas waren gut zwei Stunden überfällig. Ich überlegte, ob ich dem Seemann das erklären sollte. Aber der würde zu bedenken geben, ich hätte ja nur das bißchen Böschung hochzusteigen, sobald ich die Maschine vom Fjord her kommen sah. Die Runway lag gleich über dem Hafen am Ende einer bröckeligen Halde. Die Piste war

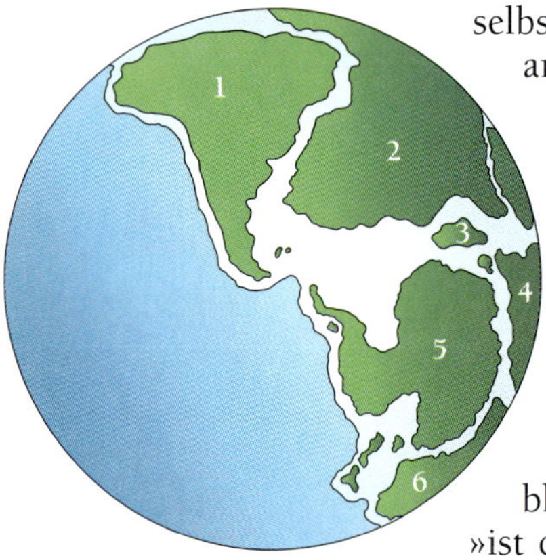

selbst für Piloten mit kalten Nerven kurz. Sie fing bei Felsen an, die ausreichend Raum für einen steilen Anflug ließen, doch beim Aufsetzen mußtest du sofort voll auf die Bremsen, wenn das Stück schwarzer Asphalt bis zum vollen Stillstand der Maschine reichen sollte.

»Was ich Sie habe fragen wollen«, hörte ich den Matrosen über meine Schläfrigkeit hinweg, »glauben Sie, wir leben hier am Ende der Welt?«

Das war eine Frage, die mich die Schultern heben ließ, denn auf allen Karten sah das immerhin so aus. Der Mann auf seinem grauen Schiff jedoch sah das Problem auf umgekehrte Weise an. »Wo wir sind«, sagte er, »ist der Mittelpunkt der Welt. Keinesfalls der letzte Zipfel ganz im Süden. Auch nicht ›unten drunter‹, wie die Australier es nennen. Für uns gehören diese Fjorde im weiten Sinne der Antarktis an, und die ist ja schon immer Mittelpunkt der Welt gewesen. Seit Anbeginn der Schöpfung, als wir noch ein Teil vom Ganzen waren.« Er legte einen Finger an die Nase. »Die Antarktis ist in früher Zeit einmal der zentrale Block eines gewaltigen Superkontinents gewesen, mit dem andere Kontinente oder Teile von ihnen verbunden waren: Südamerika ebenso wie Afrika, Indien, Australien und die Inseln von Neuseeland. Sie alle bildeten den Superkontinent im Süden, der auch einen Namen hat: Gondwanaland.« Er sann dem Namen nach, bevor er ihn noch einmal nannte. Ich sagte ihm, daß das ein schöner Name sei, und sah über das Stück dunkles Wasser zu einer Hütte hin, die neben Funkantennen stand.

Vor 140 Millionen Jahren soll die Antarktis (5) der Mittelpunkt der Welt gewesen sein. Der Superkontinent wird von den Wissenschaftlern Gondwanaland genannt. Afrika (2), Madagaskar (3), Amerika (1), Indien (4) und Australien (6) sind wie riesige Eisschollen von ihm fortgetrieben.

»Die Menschen von Gondwanaland haben auf den höchsten Erhebungen unserer Weltkugel gestanden«, sagte der Mann. »Sie haben zum Norden hinuntergesehen und sich Sorgen um euch gemacht, weil ihr da ›unten drunter‹ leben müßt, und besonders einsam mußten sich die Schotten fühlen, ganz am Ende der Welt.«

Ich mußte lachen. Der Mann war gut, und ich sagte ihm das auch, was ihm Freude zu bereiten schien. Drüben konnte ich Luv sehen, wie sie aus der Hütte mit den Funkantennen kam. Ich fragte den Seemann, was aus diesem glücklichen Gondwanaland geworden sei. »Eine rätselhafte Kraft hat die Kontinente auseinandergetrieben«, gab er zur Antwort, »aber Sie brauchen nur in einem Lexikon die Kontinente einmal nachzuschlagen, um an ihren Konturen zu erkennen, wo der Mittelpunkt der Welt zu suchen ist.«

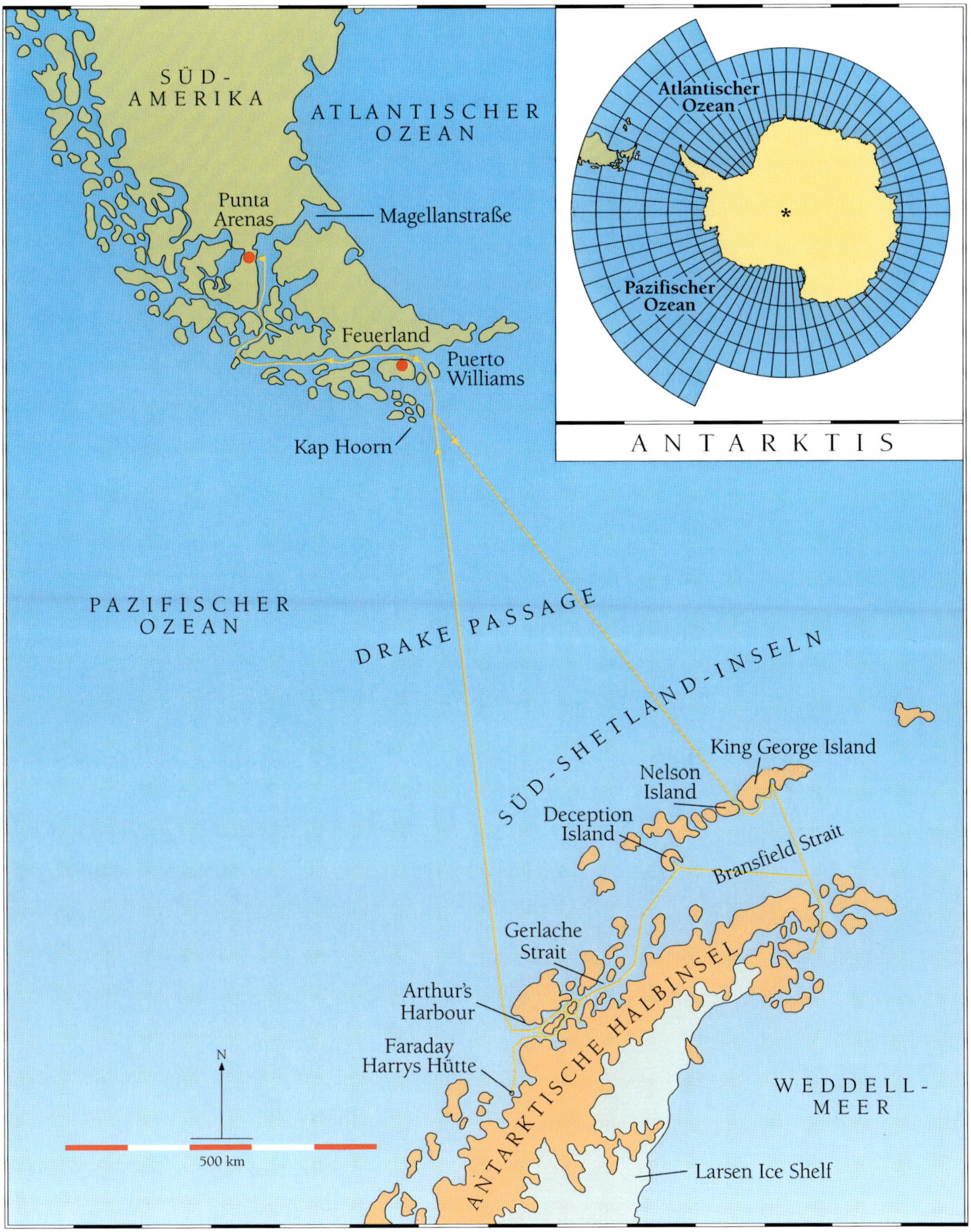
SÜD-
AMERIKA
ATLANTISCHER
OZEAN
Punta
Arenas
Magellanstraße
Feuerland
Puerto
Williams
Kap Hoorn
PAZIFISCHER
OZEAN
DRAKE PASSAGE
SÜD-SHETLAND-INSELN
King George Island
Nelson
Island
Deception
Island
Bransfield Strait
Gerlache
Strait
Arthur's
Harbour
Faraday
Harrys Hütte
ANTARKTISCHE HALBINSEL
WEDDELL-
MEER
Larsen Ice Shelf
N
500 km
Atlantischer
Ozean
Pazifischer
Ozean
ANTARKTIS

Luv stand noch immer bei der Hütte mit den Antennen. Sie sah sich suchend um. Als sie mich ausgemacht hatte, hob sie eine Hand hoch und spreizte ihre Finger. Ich sagte mir, sie hat Funkverbindung zu dem Flugzeug, und mit den Fingern zeigt sie fünf, was ganz ohne Frage eine Zeitangabe für die Landung ist. Dann sagte ich mir, was für eine Zeitangabe? Sollen das fünf Minuten sein? Oder gar fünf Stunden? Oder kommt das Flugzeug erst um fünf?

Das war dann der Augenblick vorhin, als ich die Uhr vom Handgelenk nahm. Denn der Begriff von Stunden und von Tagen geht auf diesem Kontinent verloren. Ebenso wie der von Nord und Süd. In Gondwanaland tickt sich die Zeit nur ganz gemächlich aus dem Tag.

AN BORD MV SOCIETY EXPLORER
PUERTO WILLIAMS. CHILE.
BREITENGRAD: 55 SÜD
LÄNGENGRAD: 68 WEST
DATUM: 23. FEBRUAR 1989

DAS SCHIFF LIEGT NOCH AN DICKEN TAMPEN festgemacht. Ein schönes Schiff. 72 Meter lang, mit wenig Tiefgang und für Fahrten in das Eis gebaut. Alle Passagiere sind an Bord. Alle zweiundachtzig. Fast ausnahmslos Amerikaner und Australier. Schon auf der Gangway haben sie einander Witze zugerufen, weil jede Gruppe sich über den Akzent der anderen lustig macht.

Am Achterdeck geht eine Frau auf Krücken. Sie will zu einem Stapel festgezurrter Zodiacs. Ein junges Mädchen sieht ihr dabei zu. »Meine Mutter«, sagte sie und lehnt sich an die Reling neben mir. »Man hat ihr künstliche Hüften eingesetzt. Erst vor einem halben Jahr. Trotzdem will sie mit diesen Schlauchbooten ins Eis.«

Ein Tankwagen pumpt Öl durch dicke Schläuche in das Schiff. Sechsmal ist er schon leer gewesen und mußte in den Ort zurück. Zöllner stehen zwischen Öllachen am Kai. Sie sehen Koffern zu, die mit fremden Leuten aus fremden Ländern hergekommen sind. Die fremdesten von allen Koffern stehen wie ein Silberberg am Kai. Weltenbummlerkoffer. Groß. Schwer. Alle zusammen sind sie so an die 400 Kilo schwer. Lampen, Kameras, Tausende von Metern Film und ein paar Mikrofone. Mein Freund, der Seemann, kommt vom Kanonenboot herüber und staunt die metallenen Kisten an, die auf den Schultern meiner Jungs die Gangway hoch in der Mittagssonne blitzen.

Meine Jungs. Das gilt natürlich nur eingeschränkt. Denn »meine« sind sie im Sinne von Besitzverhältnissen auf keinen Fall, und »Jungs« trifft angesichts ihrer Lebensjahre auch schon lange nicht mehr zu. Der Jüngste wird so an die fünfunddreißig sein, und das graue Haar beim Ältesten läßt darauf schließen, daß er seit vielen Jahren Filme macht. In früheren Notizen für die Presse habe ich diese Männer in Kurzform so skizziert:

Peter Otto, Regie. Kommt vom Studio Hamburg. Gehört dem Weltenbummler-Team von der ersten Stunde an.

Gerd Wange, Kamera. Ein Deutscher, der aus Liebe zu Land und Menschen seit vielen Jahren schon in Chile wohnt.

Eckhart Gudd-Wirth, Assistent der Kamera. Ein Hamburger, der sich in der Welt auskennt.

Carsten Schumacher, Ton. Stammt aus Holstein. Unser Jüngster. Unser Größter. Ein Meter vierundneunzig. Steht er beim Drehen hinter mir, sieht er aus wie mein Bodyguard.

Der Fotograf im Team ist eine Frau. Meine Frau. Anita Krüger. Stammt aus Chicago, USA. Von ihr habe ich bereits erzählt.

Exotische Rotjackenvögel, auch »Weltenbummler« genannt. V.r.n.l.: Peter »Bankier« Otto, Regie. Carsten Schumacher, Ton. Hardy. Gerd Wange, Kamera. Eckhart Gudd-Wirth, Kameraassistent.

FEUERLAND.
BREITENGRAD: 55 SÜD
LÄNGENGRAD: 68 WEST
DATUM: 23. FEBRUAR 1989
FRÜHER NACHMITTAG.

AUF DEM WEG ZUM KAP HOORN. Die *Explorer* macht langsame Fahrt zwischen steilen Felsen in einem engen Wasserweg, der auf der Karte als Beagle Kanal eingetragen ist. Die *Beagle* war das Schiff, mit dem Charles Darwin von 1831 bis 1836 dieses Gebiet erforschte. Der Name Feuerland ist zu Darwins Zeiten schon mehr als dreihundert Jahre alt gewesen und stammt von dem Portugiesen Magellan, der den felsgeschützten Wasserweg zum Kap entdeckte. Damals brannten Tausende von Feuern der Indianer auf den Felsen.

Wir drehen erste Fahrten mit den Zodiacs. Die Schlauchboote sind kräftig und von der gleichen Art, wie Jacques Cousteau sie auf seinen Expeditionen ausprobiert hat.

Die Luft täuscht Frühling vor. Von den Gletschern Feuerlands stürzen gewaltige Kaskaden und machen einen Hexenkessel aus dem dunklen Wasser und zeigen mir, was für eine Winzigkeit von Mensch ich bin in meinem Boot.

KAP HOORN.
56 GRAD SÜD, 67 GRAD WEST
DATUM: 24. FEBRUAR 1989

FRÜHER MORGEN UND ENTTÄUSCHUNG: Das Hoorn ist überhaupt kein Kap. Nicht, wie ich es in meinen Knabenträumen immer sah: Ein Kontinent starb da als steiles Kliff im Meer, und Wellen zweier Ozeane stiegen wütend an ihm hoch. In Wahrheit ist Kap Hoorn nur eine Insel. Klein und schön. Mit saftiggrünem Gras bewachsen. Auch das Heulen des Orkans ist ausgeblieben. Ich will den Wind nicht unbedingt als Flaute hier notieren, aber alles, was er an diesem Tag zuwege bringt, sind sanfte Wellen auf dem Weg zu einem grauen Strand.

Kap Hoorn. Felsstück zwischen anderen Felsen. Schlußpunkt einer schroffen Welt. Ich geh' zum Bug, der wie eine Kompaßnadel nach Südosten zeigt. Vor uns: endlos weiter Ozean. Am Himmel: eine Sonne wie aus Blei. In dem Blei: ein Albatros. Steht da, als wäre er bestellt. Steht schon dreizehnhundert Jahre da. Stand da schon, als Pythagoras erkannte, daß unsere Welt nicht eine Scheibe, sondern eine Sphäre ist, und es demnach tief im Süden auch einen Kontinent geben müsse, dessen Gewicht die Landmassen des Nordens in der Waage hält. Sogar einen Namen fanden die Griechen für den so rätselhaft entfernten Kontinent. Den Norden hatten sie der Konstellation des Bären zugeordnet, der in ihrer Sprache »Arktos« heißt. Ein diametral entgegengesetztes Land konnte demnach nichts anderes sein als der »Antibär«, also »Antarktos«. Ein Mythos ist daraus geworden, denn seine unwirtlichen Gefilde haben so gut wie jeden abgeschreckt. Immerhin, die Geister waren wachgerüttelt, und Ptolemäus, der Ägypter, hat den Begriff vom »Unbekannten Land des Südens« in die Wissenschaft gebracht: »Terra Australis Incognita«. Die Verbreitung seiner These stieß im Mittelalter auf den Widerstand der Christenkirche. Die Existenz des Gegenkontinents im Süden hätte ja die Geschichte von Adam und Eva in einem sonderbaren Licht erscheinen lassen und auch bewiesen, daß unsere Erde eine Kugel ist. Eine solche Behauptung jedoch galt als Ketzerei. In der geistigen Finsternis des Mittelalters galt die Erde wiedermal als eine Scheibe. Wer dem widersprechen wollte, wurde mit Folter und mit Tod bestraft. Diese schlimmen Jahre haben lange angehalten. Wenn ich nicht irre, war die Vorstellung von der Kugelgestalt der Erde bis zu der Zeit tabuisiert, als die Araber nach Spanien kamen. Bei ihnen hatten die Lehren des Aristoteles und des Ptolemäus überlebt, und die alte Suche ging von neuem

Unsere Winzigkeit am gewaltigen Antarktikos.

los. Spanier und Portugiesen segelten zum Kap der Guten Hoffnung. Als Magellan 1520 den sturmgeschützten Wasserweg am Kap Hoorn gefunden hatte, wurde er bald danach auf einer Pazifikinsel umgebracht, doch seine *Victoria* ist heimgekehrt. Sie hatte als erstes Schiff unserer Geschichte den Weg rund um die Welt gefunden. Die Besatzung brachte die Erkenntnis mit, daß wir tatsächlich auf einer Kugel lebten und die »Terra Australis Incognita« auf keinen Fall mit Südamerika verbunden war. Jener geheimnisumwobene Kontinent mußte hinter dem 60. Breitengrad, also noch endlos weiter südlich in furchterregend kalten, sturmgepeitschten Wassern liegen.

Vierhundertfünfzig Jahre später stehe ich am Bug der *Society Explorer.* Gewaltige Maschinen fahren uns dem »Antarktos« entgegen. Der Rumpf des Schiffes ist gegen Eis verstärkt und ausgerüstet mit Navigationshilfen, Echolot und Radar. Ich nehme Abschied von Kap Hoorn, sehe dem Horizont entgegen und sage mir: Die Leistung der frühen Entdecker ist übermenschlich gewesen. Denn einmal haben sie ja nicht wissen können, ob die Welt nicht doch da hinten in dem Wasser irgendwo ins Nichts abstürzt. Und zum anderen mußten sie nach den Sternen navigieren und fuhren mit vereisten Segeln und auf winzig kleinen Booten durch aufgebrachte Meere auf die Ungewißheit zu.

DRAKE PASSAGE.
POSITION: 59 Grad 15 Min. SÜD
64 Grad 29 Min. WEST
DATUM: 24. FEBRUAR 1989.

VOR UNS LIEGEN ZWANZIG BREITENGRADE OFFENE SEE, die der Brite Francis Drake 1577 als erster Mensch durchsegelt hat. Ein berüchtigter Seeheld ist der Mann gewesen. In vielen Schlachten für die Krone Englands kampferprobt. Von Zeit zu Zeit ist er aber auch Pirat gewesen, der Handelsschiffe aller Länder überfiel. Ungeachtet seiner Klauereien hat ihn die Königin der Briten in den Adelsstand versetzt. Wie es heißt, hat er seine Beute von Fall zu Fall mit dem Herrscherhaus geteilt.

Ebenso wie am Kap Hoorn geht der Sturm in dieser Drake Passage mit den Seeleuten ganz schön zukehr. So heißt es in Berichten immer wieder. Heute aber ist auch hier nichts los. 25 Knoten Wind aus West. Das schafft eine lange Dünung, die schräg von achtern kommt und schiebt. Der Dampfer stampft. Nimmt Brecher über. Es geht rauf und runter wie bei der Achterbahn. Kaum bist du unten, gehst du wieder hoch. Langsam. Immer im gleichen Rhythmus. Wie ein endlos wiegendes Adagio. Stundenlang. Ich vermute, an die achtzehn Stunden lang. So eine monotone Schiffsbewegung steht nicht jeder Magen durch. Meine Jungs liegen in den Kojen. Jeder einsam. 13000 Kilometer von daheim entfernt. Einer sagt, wenn das noch lange weiterginge, dann wär' er lieber tot. Der andre sieht die Fotos seiner Kinder an. Ich sitz' dabei und weiß nicht, was ich machen soll. Und ich sehe Orson vor mir, Orson Welles, wie der mal sagt: »Seekrankheit ist ganz genau wie Eifersucht. Du denkst, du mußt sterben, und deine Freunde lachen über dich.«

So gut wie alle Tische bleiben im Speisesaal leer. Wie ich nach oben komme, sind Luv und Gerd an dem gewohnten Platz. Im Fenster hinter ihnen füllt abwechselnd das Meer den Rahmen, und gleich danach eine regenschwere Wolkenbank. Gerd sagt, der Räucherlachs sei ausgezeichnet, und er sei auch schon unten bei den Jungs gewesen und habe sich dafür entschuldigt, daß er nicht seekrank wird.

Der französische Dreimaster ›Astrolabe‹ auf der Suche nach dem Südpol, um 1838.

In der Absicht, die bevorstehenden Tage im Eis besser einordnen zu können, skizziere ich eine Zeittafel der entscheidenden Ereignisse, die aus der »Terra Australis Incognita« den sechsten Kontinent mit Namen »Antarktis« machten.

ZEITTAFEL

1775: Captain James Cook scheint die Antarktis umsegelt zu haben, ohne sie zu sichten.
1819: Entdeckung der Süd-Shetland-Inseln durch den britischen Kapitän William Smith.
1820: Erste Sichtung der Antarktischen Halbinsel durch William Smith und Edward Bransfield.
1820: Erste Sichtung und Teilumsegelung der Antarktis durch den Admiral des Zaren, Thaddäus von Bellingshausen.
1821: Der amerikanische Walfänger John Davis gilt als der erste Mensch, der den antarktischen Kontinent betreten hat. Landungsstelle: die jetzige Hughes Bay im Graham Land.
1831: Erste Sichtung der Antarktis vom Indischen Ozean aus durch den Briten John Biscoe.
1840: Der amerikanische Leutnant Charles Wilkes segelt Hunderte von Kilometern am Packeis entlang und unterstützt seither die These von einem Antarktischen Kontinent, der noch immer für eine Ansammlung von Eisfeldern und Inseln gehalten wird.
1841: Auf der Suche nach dem magnetischen Südpol dringen die britischen Segelschiffe *Erebus* und *Terror* unter dem Kommando von Sir James Clark Ross in das Packeis ein.
1873: Das deutsche Walfangschiff *Grönland* unter Eduard Dallmann ist das erste Dampfschiff in der Antarktis und erreicht den 65. Breitengrad.
1898: Das Expeditionsschiff *Belgica* friert im Eis fest. Die Besatzung durchlebt den arktischen Winter. Zwei ihrer Männer verfallen dem Wahnsinn.
1899: Leutnant Robert Scott begegnet rein zufällig auf der Buckingham Palace Road in London dem Präsidenten der Königlich Geographischen Gesellschaft und bewirbt sich erfolgreich um die Leitung der ersten Antarktis-Expedition.
1902: Robert Scott versucht vergeblich, den Südpol mit Hundeschlitten zu erreichen.

1908: Ernest Shackleton erreicht das Polar-Plateau und kommt bis auf 180 Kilometer an den Südpol heran.

1909: Als erste Menschen stehen David, Mawson und McKay nach dreimonatiger Schlittenfahrt auf dem magnetischen Südpol.

1912: Scott erreicht mit seiner Mannschaft den Südpol und findet eine norwegische Fahne vor. Roald Amundsen hatte den Pol einen Monat vor ihm erreicht. Amundsen kehrt unversehrt heim. Scott und seine Männer erfrieren auf dem Weg zurück, 18 Kilometer von ihrem Depot entfernt.

1915: Ernest Shackletons Schiff *Endurance* friert fest und wird vom Eis zerquetscht. Die Männer überwintern fünf Monate lang in Dunkelheit. Drei von ihnen überleben nicht. Nach unsäglichen Mühen gelingt es Shackleton, seine Leute in die Zivilisation zurückzubringen.

Die ›Resolution‹ von Captain Cook im maßstabgerechten Vergleich zu unserer ›Explorer‹.

AUF DEM WEG ZU DEN SÜD-SHETLAND-INSELN.
KURS: SÜDOST
DATUM: 24./25. FEBRUAR 1989.

EISBERGE IN DER NACHT. Hellgrün steigen sie, Gespenstern gleich, neben unserer Bordwand auf. Sie wirken zeitlos wie auf alten Bildern. Schwimmende Giganten, die das Meer nach Norden trägt.

NELSON ISLAND. SÜD-SHETLAND-INSELN.
POSITION: 62 Grad 19 Min. SÜD
59 Grad 11 Min. WEST
DATUM: 25. FEBRUAR 1989.

IM SCHUTZ DER INSEL STIRBT DIE DÜNUNG. Die *Explorer* hat mit dem Stampfen aufgehört. Jetzt rollt sie mit den Wellen.

Meine Jungs gehn beim Frühstück auf die Spiegeleier los, als wäre nichts geschehen. In Gedanken sage ich zu Orson: Eifersucht hält 'ne ganze Menge länger an.

Das Wetter: hohe Wolkendecke. Gerd findet, das Licht sei silbrig. Hell genug. Wir können drehn. Die Luft hat Biß: zwischen 2 und 3 Grad plus. Wind aus Nord-Ost mit 20 Knoten. Der Kapitän sagt, der Seegang sei für die Zodiacs an der Grenze des Erlaubten, und das Einsteigen in die Boote wird nicht gerade ein Pappenstiel.

Ein Wort zum Kapitän. Name: Karl-Ulrich Lampe. Ein kluger, stiller Mann. Schlank. Fit. Alter: so an die fünfzig. Fährt schon dreißig Jahre lang zur See. Kommt aus Oldenburg. Seine Frau wohnt dort. Und die beiden Töchter. Sein Leben: ungefähr ein halbes Jahr auf See, danach drei Monate zu Haus.

Seite 59 oben: Kapitän Lampe gibt Navigationshilfen für unsere Schlauchbootfahrten.

Seite 59 unten: Plötzlicher Temperatursturz. Wer in diesen Wassern einfriert, bleibt den ganzen Winter hier.

Wir sind gut verpackt in wasserfestes Zeug. Die Wellen gehen hoch. Der Sprung von der untersten Plattform der Gangway in den Zodiac hinein ist ein Sprung mit Augenmaß. Ein philippinischer Matrose hat den Zodiac am Tampen. Das schwarze Gummiding ist unter mir in einem Wellental. Dann rauscht es wie ein Fahrstuhl wieder hoch und tanzt drei Meter über mir nur flüchtig auf dem Wellenkamm, bevor es wieder runterkommt. Der Kapitän Lampe sitzt schon drin. Nickt mir aufmunternd zu. Der Filipino mit dem Tampen sagt, ich darf erst springen, wenn der Zodiac auf gleicher Höhe ist. Als ich das mache, wird das Boot zum Trampolin. Kuddel Lampe reißt mich auf seinen Sitz, bevor ich über Bord gehen kann.

Der andere Zodiac wartet schon auf uns. Das Weltenbummler-Team sitzt wie zwei Reihen roter Heinzelmänner am Außenbord entlang. Luv sieht winzig zwischen ihnen aus. Ihre Fotoapparate hat sie unter dem Parka vor den Brechern weggesteckt. Das sind viele Brecher, die das Schlauchboot übernehmen muß, denn der Wind frischt auf, und das Boot liegt tief im Wasser. Jede Welle trifft es schwer. Die Männer und das Material sind zuviel Gewicht für diese See. Carsten sitzt schützend über sein Tongerät gebeugt. Gerd versucht, aufrecht mit seiner Kamera zu stehen. Eckhart und Peter können ihn kaum halten. Sie binden ihn mit einem Tampen fest. Wenn ich ihn hoch über mir gegen den Himmel auf einer Welle stehend reiten sehe, sieht er wie ein Walfänger des vorigen Jahrhunderts aus. Seine Kamera wird auf dem Bild dann zur Harpune. Gleich danach ist nur der Silberhimmel über mir. Das ist der Moment, in dem der andere Zodiac tief in einem Wellental versinkt. Einmal scheinen Ewigkeiten hinzugehen, bis er wiederkommt. Ich zähle die Sekunden, doch keine Welle trägt ihn in den Himmel über mir zurück. Der Wind heult durch meinen Kopf. Es ist ein kalter Wind, aber unter meinem Parka bin ich naß von Schweiß. Als aus den Sekunden eine Minute wird, rufe ich das andere Boot mit Funk. Peters Stimme antwortet erst beim zweiten Ruf. Auch sie sind in einem Wellental. Und zwar

schon länger. Das Wasser tobt, sagt er, wie Hexenkessel. Und er empfiehlt, die Arbeit abzubrechen.

Käpt'n Lampe manövriert den Zodiac zu seinem großen Schiff zurück. Das liegt so freundlich da, als wäre es in einer anderen Welt. Mit uns zwei Mann an Bord ist die Fahrt zurück nichts anderes als ein Spiel mit Wellen, doch der überladene Zodiac kämpft sich noch eine gute Stunde durch. Vom Deck kann ich die roten Heinzelmänner mit meinem Glas genau verfolgen. Das Manöver kommt mir endlos vor.

NACHMITTAG. DIE EXPLORER ERREICHT DEN WINDSCHATTEN der Felsküste von Nelson Island. Wir ziehen die Schlauchboote über steiniges Geröll an einen Strand, der voller Pinguine ist. Tausende. Sie gehen kaum zur Seite, als wir kommen. Albatrosjunge sitzen in den Nestern. Auch sie sind zahm und lassen uns beim Filmen nah heran. Öffnen ihre Schnäbel. Warten auf die Fütterung durch die Eltern. Zwischen Felsen liegen Robben. Sie drehen sich nur träge um, nehmen uns zur Kenntnis und dösen weiter. Immer nur zu zweit liegen diese Robben

Dreharbeiten in einem tiefgefrorenen Paradies.

da. Hatte Noah seine Tiere nicht paarweise an Land gelassen? Sieht fast so aus, als wär' er grade eben hiergewesen.

DER GLEICHE NACHMITTAG. Kurs auf King George Island. Wir haben den Regen wieder. Und vierzig Knoten Wind. Der Erste Offizier brummelt vor sich hin: »In diesen Breitengraden ist das immer so. Von einer Stunde auf die nächste fegt hier ein anderes Wetter durch.« Der Mann heißt Uli Demel. Er sagt, er stamme aus der Lüneburger Heide.

ABENDS. KING GEORGE ISLAND. Ankerung im Nebel. Position: die Maxwell-Bucht. Antarktisstation der Chilenen. Sobald der Nebel aufreißt, ist die Ansiedlung zu sehen. Wie Fliegendreck auf Schnee. Rot gestrichene Häuser. Funkantennen. Containerhütten. Sogar ein Hotel soll es da geben. Neben den Chilenen liegt die Station der Polen. Und die der Sowjets. Sogar Landsleute aus der DDR sind mit dabei. Auch die Chinesen haben sich hier aufgebaut. Ihre Station heißt »Große Mauer«. Eindruck beim Rundgang durch die Ansiedlungen im Eis: Wo der Mensch sich Hütten baut, bringt er Häßlichkeit in die Natur.

Junger Albatros.

Ein paar Buchten abseits steht die Basis der Argentinier, die eine neue Art der Landnahme erfunden haben: 1978 hat ihre Luftwaffe eine schwangere Frau zur Entbindung hergeflogen. Ihr Sohn Emilio Marcos Palma ist der erste geborene Antarktiker geworden. Viele andere sind gefolgt. In dem Gedanken, daß der Geburtsort Heimat ist und ein Mensch im allgemeinen aus seiner Heimat nicht vertrieben wird, fliegen die Argentinier noch immer schwangere Frauen eigens zur Entbindung in die Hütten der Station. Sie haben ein neues Kolonialzeitalter angefangen. Dieses Mal am Pol, weil es unter dessen kilometerdickem Eis Mineralien gibt. Eine Karte der Aufteilung des Südpols gibt es schon seit langem. Sie läßt an einen Kuchen denken, aus dem sich Nationen

Seite 63 oben: Die erste Eisscholle in Hardys Leben. Und meine Angst, daß er in eine Spalte stürzt.

Seite 63 unten: Alle Kinder unserer Welt sollten diese kleinen Kerle mal besuchen dürfen.

eigenmächtig Scheiben schneiden. So gut wie niemand fragt sich, ob das rechtens ist. Ebenso wie seinerzeit die Königin Victoria von England weder sich noch jemand anderen fragte, ob sie den Kilimandscharo dem deutschen Kaiser Wilhelm zum Geburtstag schenken durfte.

Die Rechtsverhältnisse am Pol gelten nach wie vor als ungeklärt. Seit 1961 gibt es einen Antarktisvertrag, der die Zukunft dieses Fünftels unserer Erdoberfläche regeln soll. Staatsrechtler halten das Dokument für ungenügend, da es in den wichtigsten Passagen keine Klarheit schafft. So bleibt es beispielsweise offen, ob die Antarktis »Terra Communis« ist, also allen Menschen dieser Welt gehört, oder »Terra Nullius«, was bedeutet: Niemandsland. Auch die Ausbeutung von Rohstoffen ist weder verboten noch erlaubt. Glücklicherweise ist die Verschandelung durch Industrie bisher vermieden worden. Die Vertragsdauer wurde auf 30 Jahre festgelegt, läuft also 1991 aus. Wir sollten uns nicht mit der Erneuerung des Status quo zufriedengeben. Was wir brauchen, ist ein Naturschutzpark »Antarktikos«, der unsere Welt in der Balance hält.

BRANSFIELD STRAIT. SÜD-SHETLAND-INSELN.
POSITION: 63 Grad 48 Min. SÜD
56 Grad 19 Min. WEST
DATUM: 26. FEBRUAR 1989.

DAS IST EIN TAG WIE AUS DEM BILDERBUCH. Blauer Himmel. Tiefdunkel ist das Blau. Ruhige See. Weiße Tafelberge wie Kristall. Dazwischen mal ein kleiner Berg aus Eis. Einmal kehrt einer von den kleinen

Der Antarktis-Vertrag

Am 1. Dezember 1959 unterzeichneten zwölf Nationen den Antarktisvertrag, der am 23. Juni 1961 in Kraft trat. Diese »Konsultativstaaten« waren: Argentinien, Australien, Belgien, Chile, Frankreich, Großbritannien, Japan, Neuseeland, Norwegen, Südafrika, die Sowjetunion und die Vereinigten Staaten. Später wurden zehn weitere Nationen, die »substantielle wissenschaftliche Aktivitäten« in der Antarktis entfalten, in den Bund der Konsultativrunde aufgenommen: Polen, die Bundesrepublik Deutschland, Brasilien, Indien, Uruguay, die DDR, Italien, die Volksrepublik China, Schweden und Spanien. Beigetreten sind ebenfalls: die Tschechoslowakei, Dänemark, die Niederlande, Rumänien, Bulgarien, Papua-Neuguinea, Peru, Ungarn, Finnland, Kuba, Südkorea, Nordkorea, Griechenland, Österreich, Ekuador, Kanada, Kolumbien und die Schweiz.

Die wichtigsten Punkte des Vertrags:

Artikel I erklärt die Antarktis zur friedlichen, nichtmilitärischen Zone, Mänover und Waffen sind verboten. Personal und Logistik des Militärs sind jedoch erlaubt, wenn es zu wissenschaftlichen Unternehmungen notwendig ist.

Artikel II fordert, daß die Forschung nach den Prinzipien des »Internationalen Geophysikalischen Jahres« von 1957/58 weiterläuft.

Artikel III regelt den offenen Austausch der wissenschaftlichen Ergebnisse.

Artikel IV soll – auf etwas absurde Weise – die Gebietsansprüche einzelner Vertragspartner regeln: Er erkennt diese Ansprüche nicht an, streitet sie aber auch nicht ab. Es bleibt deshalb ungeklärt, ob die Antarktis *terra communis* ist, also allen Unterzeichnern gehört, oder *terra nullius*, also keines Herren Land, ist, mit einem Rechtsstatus, wie ihn der küstenferne Meeresgrund besitzt.

Artikel V verbietet Kernexplosionen und die Lagerung radioaktiver Abfälle auf dem Gebiet der Antarktis.

Artikel VI erklärt das gesamte Land und die Eisbänke südlich des 60. Breitengrades zum Vertragsgebiet. Das antarktische Meer ist dabei ausgeklammert.

Artikel VII erlaubt jedem Partner zu jeder Zeit, jeden Ort, jede Station und jede Ausrüstung eines anderen Staates zu inspizieren.

Artikel VIII unterwirft jede Person in der Antarktis der Gerichtsbarkeit ihres Heimatlandes.

Artikel IX verpflichtet die Unterzeichner zu regelmäßigen Beratungstreffen. Dabei kam es im Laufe der Zeit zu einigen Ergänzungsabkommen: zum Schutze der antarktischen Flora und Fauna; zum Schutze der Robben; zur Nutzung der lebenden Meeresrohstoffe; zur Nutzung der mineralischen Rohstoffe und anderer Ressourcen.

Artikel X verpflichtet jedes Land in Übereinstimmung mit der Charta der Vereinten Nationen, darauf zu achten, daß niemand gegen Geist und Zweck des Vertrages handelt.

Artikel XI verpflichtet die Vertragsparteien, Differenzen untereinander durch Verhandlung und mit anderen friedlichen Mitteln beizulegen, selbst dann, wenn ein Konflikt nicht durch den internationalen Gerichtshof beigelegt werden kann.

Artikel XII legt die Vertragsdauer fest: Nach dreißig Jahren Gültigkeit – also seit Mitte des Jahres 1991 – kann jeder Partner neue Vertragsverhandlungen beantragen. Der Vertrag ist nach wie vor in Kraft.

das Unterste nach oben. Im Lauf der langen Zeit hat das Meer ihn unter der Wasserlinie aufgetaut. Über seiner Krone aber sind Regen und Schnee zu einem hohen Berg von Eis erstarrt. Da ist er auf einmal kopflastig geworden und hat mit Lärm und Plantschen im Wasser langsam einen Purzelbaum gedreht.

Die Sonne brennt sich ins Gesicht. Manchmal, in meiner Zeit vor der Begegnung mit »Antarktikos«, habe ich das auf sommerlichen Gletschern erlebt.

Es ist unmöglich, uns aus den Zodiacs herauszukriegen. Wir treiben zwischen Eisbergen herum. Drehen Film auf Film, als würde es keinen nächsten Morgen geben. Einmal gehen wir an Land. Das Land ist eine mittelgroße Scholle Eis. Die Sonne macht aus der Oberfläche Firn. Zwei Leopardenrobben strecken sich in dem Firn gemächlich aus. Die Stille ist fast berührbar. Carsten nimmt mit seinem Mikrofon das Schweigen auf. Keiner fragt, was er mit einem Stückchen Stille will. Ich seh' ihm zu und denke mir: Wenn jetzt eine Schneeflocke vom Himmel käme, du würdest hören, wie sie sich auf das Eis hinlegt.

Die rotweiße *Explorer* ist lange Zeit nicht mehr zu sehen. Im Packeis, zwischen einem engen Fjord, wartet sie auf uns. Käpt'n Lampe sagt mir

So mancher Eisberg ist gut eine Million Jahre alt.

über Funk, die Kanten der kleinen Schollen, die sich hier zusammenschieben, seien wie Messer, viel zu scharf für das Gummi unsrer Zodiac-Schlauchboote.

DOCH DAS WIRD NICHT DAS ENDE UNSERES TAGES in dem tiefgefrorenen Paradies sein. Von der Nock aus, oben bei der Brücke der *Explorer*, ist gut zu filmen, wie sich ihr Bug durchs Packeis schiebt. Bis es plötzlich nicht mehr weitergeht. Bis das Meer unter unserm Kiel einzufrieren scheint.

Auf der Brücke fällt kein Sterbenswort. Die Maschinen gehn auf volle Kraft zurück. Wie ein Beben läuft das Manöver durch das Schiff. Ich stehe an der Reling neben einem Mann, der mir schon seit Tagen aufgefallen ist. Er trägt eine Antarktiskleidung wie auf Bildern einer längst vergangenen Zeit. Wenn Passagiere am Bug zusammenlaufen und auf Wale warten, seh' ich ihn allein zu einer anderen Stelle gehen, und genau da kommen sie dann auch heraus.

»Es ist ein Temperatursturz, den wir grad erleben«, sagt der Mann zu mir. »Wenn wir nicht schleunigst machen, daß wir hier verschwinden, frieren wir fest wie seinerzeit der gute Shackleton. In dem Fall bleiben

Auf einem dieser Urzeitberge. Hardy sagt, die Oberfläche sei so weich wie Firn.

wir den ganzen Winter hier.« Seine Augen hinter den dicken Brillengläsern lächeln. »Wenn uns nicht gerade eine Rettungsmannschaft holt, was ja heutzutage möglich ist.«

ABENDS. NORDKURS. AUS DEM EIS HERAUS. Ich treffe mich mit dem Mann von vorhin auf ein Bier. Harry Heywood ist sein Name. Er hat nichts dagegen, daß die Jungs ihr Licht einrichten und wir seine Erlebnisse für unseren Film aufnehmen.

Zögernd erst, doch auch mit Stolz erzählt, kommt das Ungewöhnliche heraus: Als junger Mann hat er in selbstgewählter Abgeschiedenheit auf diesem Kontinent von Nacht und Eis gelebt. Nahezu zwei Jahre lang. In einer Hütte. Am 65. Breitengrad. Seit damals ist er nicht mehr hiergewesen. Hat von der Eiswüste seiner Jugend immer nur geträumt. Jetzt geht er auf die fünfundsechzig zu. Wenn er es in diesem Jahr nicht packt, hat er zu seiner Frau gesagt, wird er seine alte Hütte nicht mehr wiedersehen.

Ohne seine Erzählung zu unterbrechen, stellt er ein Kinderspielzeug auf den Tisch: zwei kleine blaue Plastikschuhe mit Federwerk. Er zieht es auf und läßt die Schuhe zu mir rüberlaufen.

Die britische Krone hatte ihn nach Faraday geschickt, erzählt er dann. Und wiederholt den Namen noch einmal. Far-a-day. So hat die Station geheißen. Ein Wetterposten. Jedenfalls war das die Bezeichnung, offiziell. Drei andere junge Männer haben mit ihm da gehaust. Sie haben Ballons in den Himmel steigen lassen. Einen morgens. Den anderen abends. Und dazwischen Wetterdaten funken. Das ist es gewesen. Mehr zu tun gab es da nicht. Im Grunde ist es nur um die Präsenz gegangen. Denn über seiner Hütte hat der Union Jack geweht. Im Hellen und in Finsternis. Bei Sonnenschein. Bei Dauerschnee. Wie einen langen Schatten hat sich Großbritannien über unsere Erdkugel geworfen. Bis in die Antarktis hin.

Ich frage ihn, ob er die Plastikschuhe wiederhaben will. Ja, nickt er. Ich bräuchte sie nur aufzuziehen. Sie kämen dann allein zu ihm zurück. Es sieht den kleinen Schuhen zu und spricht davon, wie seine Glückseligkeit abhängig gewesen sei von dem Versorgungsschiff. In jedem Australfrühling ist es vorbeigekommen. Mit Steinkohle, Konserven, Whisky, Post. Auch mit Informationen der Antarktisforscher. Diese Mitteilungen, sagt er, sind für ihn der Lebensnerv gewesen. Die neuen Erkenntnisse der Wissenschaftler waren für Harry Heywood Nummer Eins. Wichtiger als Briefe aus England oder Corned beef. Er gebraucht

Seite 68 oben: Wenn so ein Eisberg von dem Gletscher bricht, fällt ein Stöhnen in die Stille.

Seite 68 unten: Packeis trennt uns von einem Tafeleisberg. Eine solche schwimmende Insel kann mehr als 100 Kilometer lang sein.

sogar das Wort »Entgegenfiebern«: Warten auf die Fortsetzung von einem Kriminalroman. Obgleich er viele Bücher vorgefunden hatte in dieser Hütte unter einer Gletscherwand. Von William Thackeray bis Tolstoi sei so manches dagewesen. Doch auf der Suche nach den Überlebenschancen unserer angeschlagenen Welt wurde selbst ein Werk wie »Krieg und Frieden« zu einem Unterhaltungsstück aus der Vergangenheit. Die Studie zum Thema Trinkwasser hingegen hatte ihn erregt. Als er sie gelesen hatte, ist er mit dem Hundeschlitten zu den großen Gletschern gefahren und hat den Eismassen zugesehen, wie sie von Gletschern brachen und stöhnend in das Meereswasser stürzten. Das Stöhnen ist wie die Stunde der Geburt gewesen. Auch wenn der neue Eisberg, der mit der Strömung nun im Atlantik trieb, doch recht alt gewesen ist. Millionen Jahre alt. Gefrorener Schnee. Zu einer Polareiswüste hochgewachsen. Lange bevor es Menschen gab.

Die Suche nach der Hütte des Harry Heywood wird für Hardy zum Ziel unserer Antarktisfahrt.

Wie Harry nun so vor dem Geburtsstöhnen der Eisberge stand, hat er sich eine Stimme zurechtgeträumt, die von der Studie in der Tasche seines Anoraks gekommen ist: »Jedes Jahr treiben 1450 Kubikkilometer Eisberge von der Antarktis fort«, hat die Studie ihm gesagt. »Das stellt halbsoviel Volumen an Frischwasser dar, wie es die Welt in jedem Jahr verbraucht. Wenn es dir gelingt, die Eisberge zu ernten, kannst du aus der Sahara einen großen Garten machen. Die Saudis werden dir Öl für Wasser geben. Bugsierer sind heutzutage stark genug, um Eisberge in fremde Regionen zu schleppen. Auch wenn das drei, vier Monate in Anspruch nimmt und die Hälfte währenddessen schmilzt. Doch es gibt ein Hauptproblem, Harry, das du überwinden mußt: Nur ein Fünftel Eis schwimmt oberhalb der Wasserlinie. Die anderen vier nimmst du nicht wahr. Was bedeutet: Du läufst mit deinem Eisberg 30 Kilometer vor der Küste unrettbar auf Sand.«

Die Stimme aus den Forschungsblättern ist für Harry zur Stimme der Lehrerin geworden, die aus seinem Kopf ein Klassenzimmer machte. Besonders in der Finsternis des Winters war das so. »Antarktiswinter«, sagt er, »das sind sechs Monate Dunkelheit. Nicht mal ein blasser Hauch von Licht am Himmel. Vierundzwanzig Stunden. Jeden Tag.« Ob die anderen drei jungen Männer ebenfalls die Stimme hörten, vermag er jetzt nicht mehr zu sagen. Was er in den Jahren damals lernte, gibt Harry Heywood heute an mich weiter. Ich notiere in kurzer Form, was wichtig scheint:

GRÖSSE: Das antarktische Festland ist nach Asien, Amerika und Afrika mit 14 Millionen Quadratkilometern der viertgrößte unserer Kontinente. Wenn im Winter das Meer zufriert und auch die umliegenden Inseln unter einer geschlossenen Eisdecke liegen, wächst seine Fläche zu 53 Millionen Quadratkilometern an. Das ist dann größer als Gesamt-Amerika.

HÖHE: Der Durchschnitt von 2800 Metern macht die Antarktis zum höchsten Kontinent der Welt. Der höchste Berg ist das Vinson-Massiv mit 4897 Metern. Das Polar-Plateau erreicht am Südpol eine Höhe von 2835 Metern, wovon 2700 Meter Eis sind. Die größte Dicke von Eis und Schnee liegt bei 4776 Metern.

Den größten Teil des Frischwassers auf unserer Welt hält Antarktikos als Eis bei sich zu Hause fest.

FRISCHWASSER AUF DER WELT: Die Frischwasservorkommen unserer Welt sind unterirdisch. Lediglich ein Prozent davon befindet sich ungefroren in Flüssen und Seen auf der Erdoberfläche.

FRISCHWASSER IN DER ANTARKTIS: Die Eisfläche der Antarktis ist die größte Ansammlung von Frischwasser oder Eis. Sie enthält 90 Prozent des gesamten Eises auf der Welt und 68 Prozent des Frischwassers dieser Erde.

MINERALIEN: Gold, Silber, Beryllium (ein Leichtmetall) und Graphit. Die Vorkommen sind wegen der enorm starken Eisdecke nur unter großen Kosten erreichbar. Kohle von minderer Qualität ist in den Transantarktischen Bergen gefunden worden. Das Hauptinteresse der verschiedenen Nationen mit Ansprüchen auf die Antarktis gilt den erwarteten Ölvorkommen.

Seiten 72 bis 75: Im Sucher meiner Kamera habe ich heute Gondwanaland gesehen.

Seiten 76/77: Besuch bei den rechtmäßigen Besitzern des sechsten Kontinents.

KLIMA: Die nahezu runde Form des antarktischen Kontinents und die ihn umgebenden Meere mit ihren vorherrschend westlichen Winden sorgen für ein ungewöhnlich rauhes Klima. Nur wenige Tierarten und Pflanzensorten sind widerstandsfähig genug, um die besonders frostigen Winde zu überleben. Diese Winde entwickeln sich im Inneren

und stürmen dem Meer entgegen. Die sturmgeplagteste Gegend der Welt ist die Commonwealth Bay, wo Stürme bis zu 300 Stundenkilometern gemessen wurden. Die Temperaturen sind abhängig von Küstennähe und Höhenlage. Durchschnitt (als Faustregel) im Sommer: 0 Grad. Im Winter: −30 Grad. Die Jahreszeiten stehen aus unserem Blickwinkel auf dem Kopf: Der antarktische Sommer ist der europäische Winter. Notierung größter Kälte: −89,6 Grad (Vostok, Juli 1983).

EISWÜSTE: Der Schneefall im Inneren des Kontinents ist so gering wie die jährliche Regenmenge in der Sahara. Diese Tatsache steht im krassen Gegensatz zu den massiven Regenschauern, Schneefällen und vernichtenden Blizzards in den tieferen Regionen und an der Küste.

EISSCHOLLEN: Wenn das Meer an der Küste zu Eis erstarrt, wird ein gewisser Anteil der Lake (Salzwasser) von den Zellen aufgenommen, doch das meiste davon verbleibt im Meer. Eisschollen, die einen weiteren Winter in kalten Regionen treiben, verlieren den Rest der Lake und können zu Trinkwasser geschmolzen werden. Wissenschaftler sind überrascht, weil gewisse Algen in Eisschollen »überwintern« können.

EISBERGE: Bereits erwähnt. Habe von Harry nichts Neues lernen können. Möchte über sie auch gar nichts lernen. Möchte sie nur ansehen. Wenn sie gegen Mittag hellgrün sind. Oder gespensterblau am Abend.

Vulkanische Antarktis. Mitpassagiere gehen bei einer Wassertemperatur von 40° Celsius baden.

DECEPTION ISLAND.
POSITION: 62 Grad 57 Min. SÜD
60 Grad 39 Min. WEST
DATUM: 27. FEBRUAR 1989.

GEGEN VULKANE KÄMPFT SELBST DAS EIS VERGEBENS: Im ersten Licht des Tages steigt vor unserem Bug ein Krater aus dem halb vereisten Meer. Mit schwarzem Lavakranz und heißen Schwaden. Das sieht wie eine Sinnestäuschung aus. Harry Heywood sagt, der Vulkan ist sein Ferienort gewesen, wenn sie ihn nach langer Dunkelheit mal rausgeholt haben aus der Hütte. Der Weg zurück nach England war zu weit. Doch ein zerbrechliches kleines Flugzeug, einmotorig und auf Kufen, hat ihn zu den Vulkanfeuern jener Insel dort geflogen. Wie ein Geschenk der Vorgesetzten sei das jedesmal gewesen. Endlich einmal andere Gesichter sehen. Männergesichter leider nur. Frauen gabs im Eis des Südens nicht. Aber wenigstens konnte man mal wieder Fußball spielen. Über die Torlatte hatte einer geschrieben: »Sport ist besser als Sex.« Worauf ein anderer an den Pfosten malte: »Habe beides versucht. Ist ein großer Unterschied.«

Wir stehen auf der Nock. Die Luft hat einen besonders kalten Biß. Durch mein Glas mache ich den Krater deutlich aus. Wie ein Ring liegt er im Meer. Durchmesser: fünfzehn Kilometer, grob geschätzt. Nach Osten hin klafft eine Lücke in dem Kraterrand. Harry sagt, ihr Name sei »Neptuns Blasebalg«. Entstanden sei sie, als der Vulkan auf fürchterliche Weise explodierte. Das muß noch zu den Zeiten der Windjammer gewesen sein. Bei dem Ausbruch war der Krater am Ostrand eingestürzt. Das Meer ist hineingeströmt, und der beste Hafen ist entstanden, den ein Seefahrer sich wünschen kann. Doch selbst das Eiswasser hat den Vulkan nicht löschen können. Die alte Caldera, wie die Geologen den Einbruchkessel nennen, gilt immer noch als aktiv. Innendrin im Kraterring gibt es heiße Quellen, und unsere Passagiere haben schon die Badehosen unter ihrer Antarktiskleidung an, denn die Quellen erhitzen das Meerwasser an der einen Stelle dort bis auf vierzig Grad.

Bei der Einfahrt in das Kraterbecken sind querab an Steuerbord Ruinen auszumachen. Auf der Seekarte sind sie als »Whalers Bay« verzeichnet. Zu deutsch: Walfangbucht. Als der Mensch sich nicht mehr damit begnügen wollte, lediglich den einen oder anderen Wal mit der Harpune von kleinen Booten aus zu jagen, brauchte er geschützte Häfen für seine Walfangflotte. Die Bucht gleich neben Neptuns Blasebalg war

so ein Ort. Harry sagt, die Fabrik zur Ölgewinnung gehe auf das Jahr 1912 zurück, und dem Abschlachten der Wale sei in dieser Region erst ein Ende gesetzt worden, als der alte Vulkan im Jahre 1969 nochmals Feuer spuckte, und zwar auf eine Weise, als ginge der Weltuntergang los. Vulkanische Bomben von gut vier Metern Durchmesser sind in den Walfanghafen eingeschlagen. Eisblöcke schoben sich tonnenschwer vom Hang herunter in den Ort, und Lavaströme haben sich über die Hütten hinweggewälzt. Selbst der alte Friedhof der Walfänger wurde von Asche zugedeckt. Das ist der Tod der Walfangstation gewesen. Doch nicht nur die hartgesottenen Walfänger sind durch die Wut des Vulkans heimatlos geworden. Harry Heywoods Vorgesetzte wurden es am selben Tage auch, sagt er. Und fügt hinzu: »Ich war ja damals schon längst nicht mehr im Eis, aber in London haben sie es mir erzählt. Der Vulkanausbruch von 1969 hat das Hauptquartier unserer Station unbrauchbar gemacht.«

WIE WIR NUN NACH DER ANKERUNG durch die Kraterinsel laufen, und gar nicht mal so weit vom Südpol weg, da ist dieses Wunder von Natur nur noch ein Platz für Müll. Für Schrott. Gerümpel. Wo einmal

Für den einen: Herd aus jungen Jahren. Für den anderen: Paradies, das Wissenschaftler zum Schrottplatz machten.

Harry Heywoods Feriendomizil gewesen ist, stehen jetzt Ruinen. Aber das ist nicht das Werk des Vulkans gewesen. Kein Lavastrom hat diese Häuser weggeschoben. Möglich, daß die eine oder andere Hütte an den Kraterhängen von Flammen aufgefressen worden ist, doch die Häuser weiter unten vor dem Strand wurden zu Ruinen, weil ihre Bewohner sie verlassen haben. Die Männer müssen fluchtartig davongelaufen sein. Antarktisstürme haben sicherlich den Rest besorgt. Flugzeugwracks und Toilettendeckel aber, zwischen Hütten überall verstreut, sind ein Ärgernis, für das es kaum eine Erklärung gibt.

Vor jedem zerfallenen Haus bleibt Harry eine Weile stehen. Einmal überlegt er, ob es Sinn hat, eine Tür, die sich im Winde dreht, zurückzuheben in die Angeln, doch wie ich sage »nein, wozu?«, da nickt er nur und geht zu einer langgestreckten Baracke hin. Das Dach dieser Baracke ist vom Sturm zerfetzt, und an zwei Seiten fehlen Wände. Inmitten dieses Garnichts ist ein Küchenherd zurückgeblieben. Ich sage mir, das wird ein Bild von Einsamkeit, wie Harry sich den Herd ansieht, und hinter ihm steigen die Schwaden von den heißen Quellen auf. Wie ich mich nach Gerd umsehe, dreht er dieses Bild von Einsamkeit bereits. Luv und die Jungs bewegen sich nicht mehr. Halten den Atem an. Sagen sich wahrscheinlich: Bloß jetzt den Harry da nicht aufwecken aus seinem Traum.

Ich sehe Harry zu und träume mit: Um diesen alten Herd herum wachsen wieder Wände. Männerlachen, Grölen, Zoten laufen an diesem Ort noch einmal um. In der Hütte nebenan steht ein Billardtisch. Ein kleiner Cockney steigt in den Lava-Keller runter, denn da ist noch immer eine letzte Kiste Rum. Das Wrack von diesem Doppeldecker taucht aus der Lava-Asche auf und rumpelt auf schmalen Kufen über zerfurchtes Eis, bevor es in den Himmel steigt.

Harrys Zeitsprung ist das wohl. Wir warten lange, bis der Mann wieder bei uns ist in der Welt von heute. Und auf diesem Schrottplatz hier, den Männer zurückgelassen haben, die von Beruf Wissenschaftler sind. Und über die Harry beim Weitergehen sagt, daß sie sich im Antarktisvertrag verpflichtet haben, diese letzte saubere Ecke unserer Welt niemals zu veschmutzen. Er hebt die Schultern, findet keine Worte, und fängt die Geschichte mit dem Schlitten an.

HARRYS GESCHICHTE VON DEM SCHLITTEN ist eine der großen Seltsamkeiten dieser Reise. Sie beginnt damit, daß seine Augen über die Hänge des Vulkans hinwandern, die voller Lava-Asche sind. Bei seinen letzten Ferien hier auf dieser Feuerinsel, sagt er dann, seien die Hänge noch ganz weiß vom Schnee gewesen, denn der vernichtende Vulkanausbruch hatte noch nicht stattgefunden. Es ist Weihnachten gewesen, und ein wunderbarer Antarktis-Sommer ist das geworden in dem Jahr. Den meisten Spaß brachten ihre Schlittenrennen die Vulkanhänge hinunter. Die Schlitten waren selbstgemacht, aus Rohr und Holzresten und Flugzeugspanten. Mit Sitzen aus altem Segeltuch. Ganz schön Tempo hatte das gebracht, hoch vom Krater oben bis zum Rand des Wassers hin. Die Schwierigkeit dabei sei gewesen, den Schlitten vor dem Rand des Wassers anzuhalten. Die reinsten Olympiaden seien aus den Wettkämpfen geworden, und bei der letzten Olympiade, am letzten Tag, den er in seinem Leben hier verbrachte, sei es dann geschehen. Im Januar 1951 hat er aus seinem stolzen Schlitten Bruch gemacht.

Eine Weile bleibt er still. »Da oben«, sagt er dann und macht eine Handbewegung zu der höchsten Stelle hin. »Da oben ist der Start gewesen. Das Ziel war bei der Hütte mit dem Herd. Meinen Bruch hab' ich auf

Für Harry: sein geliebter Schlitten. Für Hardy: eine Story, wie sie selten ist.

halber Strecke hingelegt. Einen Bruch, der nicht zu reparieren war. Ich hab' das Wrack gelassen, wo es lag. Und hab' auch nie wieder zu ihm raufgesehen.« Er steckt die Hände unter seine Achselhöhlen wie ein Mann, der sich gleich vor Kälte schütteln wird. »Ich habe den Schlitten liegen lassen, wo er zerbrochen war«, sagt er wie zur Bestätigung noch einmal, »und Sie werden es als sonderbar empfinden, wenn ich Ihnen gestehe, daß er mir seither im Traum erschienen ist. Immer wieder. Jedes Jahr.«

Ich sage ihm, daß ich daran nichts Ungewöhnliches entdecken kann, doch er hält an dem Gedanken fest: »Ungewöhnlich daran ist, daß der Schlitten noch an der gleichen Stelle liegt, und nicht einmal die Asche der Eruption von 1969 hat ihn zugedeckt.« Er kramt einen kleinen Fotoapparat aus seinem Anorak und klappt ihn auf. »Ich habe meiner Frau ein Foto von ihm versprechen müssen. Wollen Sie mich auf dem Weg begleiten?«

Ich sehe zu den anderen hin. Luv hebt nur die Schultern hoch. Peter sagt: »Also Männer, dann klappt mal alle eure Fotoapparate auf«, und stapft hinter Harry Heywood durch die harte Lava hügelan.

Ich mache die Sache kurz: Wir müssen gar nicht mal weit laufen. Am Ende dieser schwarzen Halde steht das Ding. Im unversehrten Steingeröll der alten Caldera steht Harrys Schlitten. Hatte achtunddreißig Jahre da gestanden. Würde auch noch weitere achtunddreißig Jahre da auf Harry Heywood warten. Möglich, daß Stürme ihn ein Stück hügelab geschoben haben. Doch sonst, sagt Harry, steht er zerbrochen da wie eh und je. Eis konserviert, sagt er, in kalter Luft verrotten Schlitten nicht.

Harrys Augen strahlen. Wenn wir schon unbedingt an Wunder glauben müßten, sagt er, dann an die Wunder des »Antarktikos«.

GERLACHE STRAIT.
POSITION: 63 Grad 12 Min. SÜD
61 Grad 17 Min. WEST
DATUM: 28. FEBRUAR 1989.

DER HIMMEL IST VON EINEM BLAU, wie ich es vor dieser Fahrt noch nirgendwo gesehen habe. Sicher hab' ich das schon notiert. Trotzdem muß ich es noch einmal sagen: Ein tiefes Dunkel ist das Blau. Du glaubst, du kannst das All von hier aus sehen. Eisberge stehen wie Giganten unter diesem Blau. Endlos weiß dahingestreckt. Hohe Mauern, die das Eindringen verwehren. Das Wort Eisberg hatte ich bisher

gedankenlos benutzt. Seit heute sehe ich das Bild in seiner richtigen Bedeutung an. Weil es wahrhaftig Berge sind aus Eis. Berge, mit Wurzeln tief zum Inneren unserer Erde. Auf keinen Fall sehen sie nach Dahintreiben in einer Meeresströmung aus.

ÜBERLEGUNGEN AM SPÄTEN VORMITTAG: Leben in der Antarktis scheint auf den ersten Blick gar nicht möglich. Oder wie vor langer Zeit schon ausgestorben. Totgefroren. Oder auch: bei der Entstehung allen Lebens für Eiswüsten gar nicht erst geplant.

Was der erste Blick da sieht, betrifft mich selbst. Homo sapiens. Mensch. Ein Mensch ist in der Antarktis nur als Besucher zugelassen. Fremdkörper. Angefeindet von der Natur und den Gewalten, die sie zur Verfügung hat. Ob das nun die ersten Segler waren oder wir auf diesem Schiff. Oder selbst die Forscher mit ihren Anlagen modernster Technik auf dem Eis.

Seiten 84/85: Zwei der vielen Ureinwohner. Noch vertrauen sie den Menschen.

Mit dem zweiten Blick denke ich mir unsere Unwichtigkeit aus der Antarktis fort. In der gleichen Stunde, und als wär's eine Belohnung, kann ich den Kampf ums Überleben sehen. Es ist derselbe Überlebenskampf wie auch sonst auf unserer Welt.

BEISPIEL PFLANZEN: In allen Wüsten, die ich kenne, ist das eine magere Angelegenheit, sei die Wüste nun aus Sand oder so wie diese hier aus Eis. Andererseits sind Pflanzen, die im Wasser wachsen, eingeplant als Nahrung für alles andere, was im Wasser lebt, ganz gleich ob am Äquator oder bei einem Breitengrad am Pol. Und wichtiger als die Temperatur im Wasser ist das Licht, das in die Meerestiefen fällt. Ohne Licht kann es kein Leben geben. Und am 60. Breitengrad gibt es im Australsommer an die zwanzig Stunden Licht pro Tag.

BEISPIEL TIERE: Der Lebenskreis in unserer Welt besteht aus Fressen und Gefressenwerden. Binsenweisheit. Und auf allen Kontinenten ist das so. Auch hier im Eis. Nehmen wir den Pinguin. Sein Todfeind ist die Leopardenrobbe. Ich habe Pinguine gesehen, die putzig und aufgereiht an einer Kante standen. Die Kante war aus Eis. Und darunter schwappte dunkles Wasser. Die Pinguine schienen unentschlossen.

Weiß der Teufel, ob da unten eine Robbe war. Also mußte einer testen gehn. Und zwar einer, der ohnehin leichtsinnig nah am Wasser stand. Bevor er sich's versah, war er von der Kante runter. Wie von ungefähr hatte ihm ein Kollege einen Schubs gegeben. Dann kam eine Weile Warten. Überlebte der Versuchspinguin den ganz versehentlichen Schubs, galt das Orakel als gesprochen: keine Gefahr. Man konnte nun seinerseits andere Lebewesen fressen gehen. In den meisten Fällen Fische. Aber auch Krustentiere werden gern genommen.

BEISPIEL: KRILL. Eine Krebsart, die im Plankton lebt. Gilt als Zentrum des Ökosystems in diesem Eis. Krill ernährt sich von Mikroalgen und dient seinerseits dem Pinguin als Fraß. Auch den anderen Vögeln. Dem Seehund. Der Robbe. Dem Tintenfisch. Dem Wal. Und neuerdings: dem Menschen. Womit sich ein Ring mal wieder schließt. Oder besser gesagt: ein Teufelskreis. Wie immer, wenn der Mensch gedankenlos in einen Zyklus der Natur eingreift.

BEISPIEL: WAL UND KRILL. Ein Blauwal futtert vier Tonnen Krill pro Tag. Und zwar 120 Tage im Jahr. Wenn ich richtig rechne, frißt also

ein Blauwal 480 Tonnen jedes Jahr. Kleinere Wale fressen natürlich weniger, aber selbst so ein Buckelwal bringt es noch auf zwei Tonnen Krill als Mahlzeit jeden Tag. Und die Natur hat sich darauf eingestellt. Nach Erkenntnissen der Wissenschaft haben Lebewesen in den Meeren niemals Hunger leiden müssen. Die Natur hat immer schon gewußt, welche Unmengen Krill sie entstehen lassen muß, damit die Wale leben können. Nun hat bekanntlich der Mensch begonnen, die Wale systematisch abzuschlachten. Und tötet sie trotz der Verbote immer noch in großer Zahl. Einzelne Arten sind vom Aussterben bedroht. Vor allem dem Blauwal räumen Wissenschaftler kaum mehr Überlebenschancen ein. Und da beginnt der Teufelskreis, an den ich denke. Die Natur der Meere hat noch nicht bemerkt, daß der Homo sapiens den Bestand an Walen reduziert. Die Natur schafft weiter massenhafte Mengen Krill heran. Und weil die nicht im gleichen Umfang wie vor Hunderten von Jahren aufgefressen werden, produziert mehr Krill immer noch mehr Krill. Worauf der Mensch zurückkehrt zu dem Ort der Tat. Und Flotten losschickt, die nun massenhaft den Krill abfischen. Denn was für Wale gut war, ist auch für den Menschen gut: Eiweiß, Fett, Mineralien und selbst Vitamine stecken in den kleinen Krebsen. Krill wird neuerdings als eine bedeutende Eiweißreserve für die menschliche Ernährung angesehen.

28. FEBRUAR. MITTAGS. Wir fahren zwischen engen Felsen durch. Dichte Wolken ziehen auf. Wirbeln als Nebel über Gletscher hin. Einmal fängt es auch zu schneien an. Käpt'n Lampe kommt zur Brücke hoch: »Ob sich das zuzieht?« Der Erste Offizier gibt ihm den Barometerstand. Wenn das noch weiter fällt, friert das Wasser zwischen diesen Felsen. Wir fahren durch die letzten Tage vom Antarktis-Sommer. Ein Temperatursturz kann jetzt jede Stunde kommen. Auf der Brücke wird es still. So still, daß ich fast die Gedanken hören kann.

Als wir raus sind aus der Felsenenge, reißen auch die Wolken wieder auf. Zwischen Treibeis steigen Schwaden hoch. Das Meer ist wärmer als die Luft.

»Harry Heywood liegt auf seiner Koje«, sagt Kuddel Lampe jetzt zu mir. »Sogar das Bullauge hat er in seiner Erregung zugehängt. In einer Stunde dreißig kriegen wir die Insel zu fassen, wo früher seine Hütte war.«

Er geht zum Kartentisch nach hinten und macht eine Eintragung und sagt, daß Harry vorhin auf der Brücke gewesen ist, weil er die Verwirbelung der Nebel an den Felsen wahrgenommen hat. Er hatte das Barometer angesehen, und sein Gesicht war grau geworden. An einem Tag wie diesem geht kein Schlauchboot mehr zu Wasser. Käpt'n Lampe will mit seiner *Explorer* aus dieser engen Inselwelt so schnell wie möglich raus. Und im Vorbeifahren, vom Deck aus, kann Harry sein verlorenes Paradies nicht sehen. Zu viele Gletscher verstellen vom Wasserweg den Blick.

»Käpt'n«, hatte er gesagt, »letztes Jahr habe ich schon einmal einen Versuch gemacht. Meine Frau hatte darauf bestanden. Aber es war alles zugefroren. Das Schiff ist nicht einmal in die Nähe der Station gekommen. Und dann den ganzen langen Weg enttäuscht zurück. Und der Frau zu Hause sagen: Wir hätten das Geld für die Passage besser nicht vom Konto nehmen sollen.« Danach ist er unter Deck gegangen. Hat von Herzklopfen gesprochen. Und gesagt, daß er zu aufgewühlt sei, aber wenn er eine Weile tief durchatme, werde es schon gehen.

Wir stehen schweigend auf der Brücke. Von Zeit zu Zeit sieht Käpt'n Lampe durch sein Glas und nennt dem Rudergänger eine neue Kompaßzahl. Dann tauschen wir Gedanken aus. Setzen das Mosaik zusammen, das einmal Harrys Hütte war. Sie soll in einem engen Fjord gestanden haben. Unter einer Gletscherwand. Auf einer Insel, die nennenswerte Charakteristiken nicht aufzuweisen scheint. Nicht für uns. Doch für Harry hat sie alles aufzuweisen, was sich ein Mensch nur wünschen kann. Er hat die besten Jahre dort verlebt. In diesen Farben, wie kein anderes Land sie kennt. Mit Schlittenhunden, die ihn in einsame Wüsten zogen. Mit der Seelenlosigkeit der Dunkelheit, sechs Monate in jedem Jahr. Selbst in der Angst, aus dieser Nacht nie wieder abgeholt zu werden, ist das Leben gut gewesen. Das Lauschen auf den Motor der *DeHavilland*, die mit Beginn eines jeden Austral-Frühlings kam, ist bis heute unvergessen. Alles, was danach gekommen ist, hat sich um jene frühen Jahre wie um einen Punkt gedreht. Ein Anker ist daraus geworden: Harry hat seinen Anker ausgeworfen, und in der Art des Schiffes, das an seiner langen Kette schwoit, drehte sich sein Leben um diesen Anker in einem großen Kreis herum.

Das sind die glücklichen Jahre gewesen im Leben dieses Harry Heywood. Die wenigen. Die beiden kurzen. Die endlos langen Jahre sind danach gekommen. Im Süden Englands, bei den Kreidefelsen. Möglich, daß auch diese Jahre glücklich waren. Doch er spricht so gut wie nie davon. Nur die Frau erwähnt er oft. Und er sagt, daß sie jetzt leider gehbehindert sei. Er wird ihr deshalb seine Hütte niemals zeigen können.

Doch er hat alles für sie aufgeschrieben. Vorgelesen. Oft. Möglicherweise mehr als oft.

Ich gehe von der Brücke auf die Nock an Steuerbord und sehe ihn da unten stehn. Mit dem Rücken an ein Rettungsboot gelehnt. Vor dem Schiff steigen Wale aus dem Wasser auf. Killerwale. Schwarz und weiß. Und riesig groß. Wie ein Fieber läuft die Meldung von den Walen durch das Schiff, und alles rennt nach vorn, sich das Schauspiel anzusehen. Selbst die Frau mit den Krücken hat den Weg zum Bug noch rechtzeitig geschafft, bevor die Wale wieder wegtauchen in ihre eisigdunkle Welt.

Ich sehe zurück zu Harry bei dem Rettungsboot. Er steht noch immer unbewegt. Ich sage mir, der Mann hat achtunddreißig Jahre Warten hinter sich. In seiner Erinnerung blühn sicherlich um seine Hütte Blumen.

Käpt'n Lampe geht nochmals zum Barometer. »Sie möchten vermutlich auch, daß dieses Ding hier endlich steigt.«

»Ja«, sage ich. »Wird höchste Zeit.«

»Weil Sie das Wiedersehen mit der Hütte filmen wollen.«

Ich nicke. Ja. Weil ich das Wiedersehen mit der Hütte filmen will.

28. FEBRUAR. EIN PAAR STUNDEN SPÄTER. Harrys Hütte wird der Höhepunkt der Reise. Am Nachmittag sind wir vor den Inseln, auf denen die Hütte stehen soll. Die *Explorer* bleibt weit draußen auf dem offenen Meer. Wir halten Abstand, denn die Temperaturen sind noch immer tief. Zu tief, um sich in Gefrierzonen zu wagen, die nahe bei den Küsten sind. Ich sehe mir die Koordinaten auf der Karte an. 65 Grad, 15 Minuten. So weit im Süden war das Schiff bisher noch nicht. Wir starren durch unsere Gläser zu den Inseln hin. Über Gletschern hängen schwere Wolken. Doch in den Fjorden bildet sich in dieser Stunde noch kein Eis. Der Wind: West-Süd-West, 15 Knoten. Käpt'n Lampe sagt, daß wir es wagen sollten. Er atmet lang und zögernd durch. »Macht die Schlauchboote bereit«, meint er dann, »Harry soll nicht ein zweites Mal vergebens gekommen sein.«

Als wir in die Boote springen, stehen die Passagiere an der Reling. Winken. Jubeln. Rufen Harry Heywood gutgelaunte Wünsche zu. Doch Harry sieht nicht auf. Winkt nicht zurück. Schweigend sitzt er neben mir. Käpt'n Lampe fährt unseren Zodiac. In dem anderen Schlauchboot sitzen wieder mal die Jungs wie rote Heinzelmännchen aufgereiht. Luv hat ihre Kapuze weit nach vorn gezogen. Ihr Gesicht ist nur ein dunkler Kreis.

Wir halten auf eine vereiste Insel zu. Weit hinter uns hat die *Explorer* fast die Kimm erreicht. Erstaunlich, wie sie im silbergrauen Licht jetzt klein geworden ist. Wie ein Kinderspielzeug. Unscheinbar.

Als wir zum Strand der Insel kommen, beruhigt sich die See. Der Strand ist grau und voller runder Steine. Hinter einem kleinen Gletscher scheint das Meer zu enden. Doch Harry schüttelt nur den Kopf: »Eine Art von Bucht.« Wir halten darauf zu. Und wieder sieht es aus, als würde es da vorn nicht weitergehen, aber Harry deutet nur nach Backbord, wo ein enger Fjord beginnt.

Harrys Hütte. Die schönsten Jahre seines Lebens hat er hier verbracht.

Ich sage mir: Der Mann ist achtunddreißig Jahre lang nicht hiergewesen. Der eine Gletscher bei diesem Fjord sieht wie der andere gleich daneben aus. Als ich einmal in Berlin nach langer Zeit mein altes Gymnasium habe finden wollen, war das ein Weg wie durch ein Labyrinth. Ein ergebnisloser Weg in eine vom Bombenkrieg zerstörte Welt ist das gewesen, und unsere Schlauchbootfahrt an diesem Tag wird kaum anders enden. Denn Harrys Weg führt in Gondwanaland durch Gletscherlabyrinthe, die von den Gewalten der Natur seit Anbeginn der Zeit zerstört und weggewaschen und von der gleichen Urkraft in willkürlicher Form immer wieder neu errichtet worden sind. Und deshalb meine Frage, meine Zweifel. Die Frage: Wie kann Harry hoffen, daß so eine kleine Menschenhütte in diesem Eis-Inferno überlebt? Und die Zweifel: Wie will er den Weg zurück zu seiner Jugendzeit in diesem Labyrinth hier finden?

Ich mache die Sache kurz: Die Hütte steht. Und Harry findet seinen Weg zu ihr. Es ist wohl so, daß ihm sein »Wunder des Antarktikos« wieder mal zu Hilfe kommt.

Der Fjord endet bei einem Wall aus Eis. Über der Hütte weht der Union Jack. Vom Schornsteinrohr kommt der Geruch von etwas Rauch. Wir legen die Boote unter ein Stück dunklen Fels. Harry steigt als erster aus dem Boot. Ich sage mir: Ist besser, du siehst dem Mann nicht ins Gesicht. Kann sein, in dem Mann gibt es jetzt Tränen.

Es vergeht viel Zeit. Viel Zeit mit Schweigen. Dann sehe ich zu Peter und den Jungens hin. Sie stehen abwartend herum. Gerds Arriflex liegt auf dem Fels. Eckhart sitzt auf dem Lampenkoffer. Carsten sieht angestrengt zum Gletscher hoch, als würde es da was auszumachen geben. Luvs Kameras sind noch immer wasserdicht verpackt. Ich frage sie, ob ihr auffällt, wie ich mir jetzt die Haare raufe. »Nein«, sagt sie, »und warum willst du das auch tun?«

»Immerhin«, gebe ich zu bedenken. »Immerhin sind wir einen ziemlich langen, kalten Weg hierhergekommen, weil wir einen Mann filmen wollten, der seine Antarktis-Hütte nach vier Dekaden wiederfindet. Jetzt sind die vier Dekaden um, und keiner hat den Mut, Harry ins Gesicht zu sehen.«

»Das ist es eben«, sagt Luv. »Und du solltest gar nicht erst versuchen, sowas überhaupt zu sein.«

»Was zu sein?« frage ich, und sie sieht zu Harry hin: »So eine Art von Journalist.«

NACH EINER WEILE DES ABWARTENS gehe ich zu der Tür der Hütte. Es ist nicht leicht, eine Stelle zum Anklopfen zu finden, denn weiße Farbe blättert von der Tür, und ich sage mir, wenn einer in diesen Breitengraden nicht an die richtige Stelle klopft, dann blättert mit dem nächsten Wind der Rest der Farbe ab. Mein Klopfen ist, wie jedes andere Klopfen zuvor in meinem Leben war. Eine kleine Anfrage, wie vor jeder anderen Tür. Doch in der Stille auf dem Eis klingt das nach Eindringen: laut und unerwünscht.

Harry kommt vom anderen Ende der Hütte auf mich zu. »Ihr braucht nicht anzuklopfen«, sagt er laut. »Geht einfach rein. In der Antarktis bleiben Türen ständig unverschlossen. Wer Schutz braucht oder Wärme, ruft zwar schon von weitem, daß er kommt, aber er weiß doch schon im vorhinein, daß er da drin willkommen ist.«

Das ist das Ende der Beklommenheit. Die Jungs nehmen ihre Gerätschaft auf. Kamera. Lampe. Mikrofon. Harry steigt über einen Haufen Koks hinweg. Als er schon drüber ist, dreht er sich noch einmal zu dem schwarzen Hügel um. Schüttelt den Kopf. Sieht zu mir her. Ich bitte Gerd, ihm mal die Kamera zu geben. Wie ein Fachmann legt er sie sich auf die Schulter. Macht einen Schwenk vom Gletscher bis zur Hütte hin. »Ich verstehe, was Sie mir sagen wollen«, meint er dann. »Das Bildfenster eurer Kamera ist wie ein Vergrößerungsglas, durch das ihr meine Welt betrachtet.«

Ich sage ihm, daß es genau so ist. Das ist es, was ich ihm habe zeigen wollen.

Er nickt. »Der Haufen Koks hier«, sagt er dann, »der war früher nichts als Energie fürs Überleben. Heute hingegen liegt er als häßlicher Fleck im Schnee herum. Ist es das, was Sie mir zeigen wollen?«

»Nein, Harry«, sage ich. »Es ist Ihr Weg vom Koks zur Tür. Als junger Mann sind Sie ihn unbedacht gegangen. Auch unbemerkt. Hunderte von Malen. Tausendmal. Doch dieses letzte Mal in Ihrem Leben gehen Sie ihn nicht allein. Wir laufen Ihnen hinterher, auf Ihrem Weg zurück in die Vergangenheit. Sie sollten sich überlegen, ob Sie nicht allein da reingehn wollen.«

Wie ich das sage, lacht er nur. »Meine Eitelkeit läßt das nicht zu. Außerdem ist kaum mehr etwas, wie es früher war. Weder meine Hütte noch die Natur. Betrachten Sie einmal das Eis da oben.« Er deutet zu dem Gletscher hin. »Zu meiner Zeit hat die Wand gut ein Drittel höher dagestanden. Der Gletscher schrumpft. Überall in der Antarktis schmilzt das Eis. Ich darf annehmen, daß Sie von dem Ozonloch gelesen haben, das unsere Unvernunft geschaffen hat. Solange es das Ozonloch über dem Südpol gibt, wird das Eis hier weiterschmelzen. Sie sollten Ihr Vergrößerungsglas auf diese Sache richten.« Er sieht nochmal zum Gletscher hoch. »Sie würden mir eine Freude damit bereiten.« Mit einer gewissen Erleichterung gibt er Gerd die Kamera zurück. »Eine noch größere Freude wäre es allerdings für mich«, sagt er dann mit einem Lächeln, wenn Sie mich jetzt endlich in mein Schloß begleiten würden.«

Im Flur der Hütte ist es dunkel. Harry bückt sich unter Balken durch, als wäre er nie fort gewesen. Der Flur ist ein eiskalter Windfang, sonst wohl nichts, von ein paar Garderobenhaken abgesehen. Steifgefrorene Parkas hängen an den Haken, und aus dem einzig großen Raum scheinen ein paar Männer erst vor kurzem fort zu sein. Ein eiserner Ofen gibt noch etwas Wärme ab. Die Luft im Raum ist schal. Falls Luft schal sein kann. Jedenfalls ist sie voll mit kaltem Zigarettenrauch, und Stummel sind in allen Aschenbechern. Es ist nicht anzunehmen, daß ein Mädchen bei diesen Männern wohnt. Von einem Mädchen bleibt eine andere Art Erinnerung zurück. Und sie hätte auch die frische Luft der Gletscher in den Raum gelassen, bevor sie mit den anderen nach draußen ging.

Durch das Fenster fällt schwaches Licht. Der Himmel sieht wie altes Silber aus. Unter dem Fenster drückt sich ein Seehund an die Hütten-

wand. Links vorm Fenster steigt ein runder Hügel himmelan. Harry sagt, daß der Weg bis rauf zur Kuppe nicht so weit sei, wie es uns scheinen mag.

Im Schattenteil der langen Wand klebt ein Stück Tapete. Die anderen Wände sind aus rohem Holz. Auf einem Eisentisch liegen Fotos nackter Frauen. Einige sind aus Illustrierten ausgeschnitten. Ein paar andere sind von Männern selbst gemacht. Harry sieht die Frauen an und sagt, daß die bei Palmen aufgenommen sind, und vermutlich sind die Männer Weltumsegler, und wer die Brüllenden Vierziger durchsegelt hat, der sucht in dieser Hütte hier ein Bett, das sich ausnahmsweise einmal nicht bewegt. Am liebsten wohl ein Bett wie dieses hier. Harry hat es selbst gebaut. Und niemand hat was dran verändert. Niemand. All die vielen Jahre lang.

An der Wand neben Harrys altem Bett steht ein Regal mit Dosen. Wurstwaren sind darin, Suppen und Gemüse. Die Etiketten sind schon etwas abgeblättert. Harry sagt, es ist ganz offensichtlich so, daß die Hütte nicht mehr der Forschung dient, und wer hier Schutz sucht, dem wird Schutz gewährt, doch wenn so ein Antarktiswanderer dann weiterzieht, muß er was zum Essen hinterlassen für den Nächsten, der ja irgendwann mal kommt.

So lautet das Gesetz am Pol, sagt er, auch wenn es niemand aufgeschrieben hat.

Aufgeregt geht er seine alten Bücher suchen. Findet sie. Wo er sie findet, weiß ich nicht. Ich bin nicht hinterhergelaufen. Doch die Jungs sind ständig da, wo er grad ist. Harry nimmt Kamera und Mikrofon in dieser Stunde nicht mehr wahr. Einmal steh' ich mit ihm vor den Apparaten. Ich sehe seinem Lachen zu. Schwer zu sagen, wie sein Lachen früher war. Doch mit seinem Lachen heute steckt er alle an.

HARRY IN DER HÜTTE. Das ist jetzt ein ganz verschiedener Mann. Den anderen Harry hat er auf dem Schiff zurückgelassen. Oder bei den Kreidefelsen in der Nähe seiner Frau. Ich frage mich, ob seine Frau den Harry aus der Hütte jemals hat erleben dürfen.

Hatte ich nicht einmal notiert, in Gondwanaland würde sich die Zeit nur ganz gemächlich aus den Stunden ticken? Nun, auf Harry Heywood trifft die Feststellung nicht zu. Jedenfalls nicht an diesem Tag. Jedenfalls nicht, als er da an seinem alten Fenster steht und sich eingestehen muß, wie urplötzlich die Schatten bei dem Gletscher lang geworden sind. Jedenfalls nicht, als er uns frierend in den Booten findet, weil wir

uns gesagt hatten, der alte Harry soll jetzt mal gut 'ne halbe Stunde zwischen seinen alten Wänden mit der Erinnerung alleine sein.

Auf dem Weg hinaus aus seinem Labyrinth bleibt Harry stumm. Das wird ein langer Weg zurück zum Meer. Es streicht noch immer dieses Silberlicht über Inseln hin, die vom Eis zerrissen sind. Ganze Völkerschaften Pinguine stehen am Felsenrand Spalier. Wir navigieren uns mit der Sonne aus den Inseln raus. Und mit einer Seekarte, auf der zwei Kreuze eingetragen sind. Das erste Kreuz ist der neue Antarktis-Stützpunkt Ihrer Majestät von Großbritannien: langgestreckte Hallen, Türme, Kuppeln. Käpt'n Lampe will von Harry wissen, ob das der Ersatz ist für seine alte Vier-Mann-Hütte namens Faraday, worauf Harry nickt und endlich wieder lacht. Aber reingehn in die Station dort will er nicht. Oder gar Hände schütteln. Mit den Neuen reden. »Fahrt bitte weiter«, sagt er nur, »denn ich würde bei denen drinnen ganz verloren sein.«

Abschied vom Eis des Südens.

Das zweite Kreuz auf unserer Karte ist die Position für unser Rendezvous mit der *Explorer.* Der Treffpunkt ist auf hoher See. Ich lese die Lotungen auf der Karte ab. Untiefen. Überall an den Felseninseln entlang. Die *Explorer* hat zuviel Tiefgang für die Gegend hier. Das ist der Grund für unser Treffen so weit draußen auf dem Meer.

»Bis dahin raus haben wir noch ein ganzes Stück«, sage ich. »Und inzwischen ist es reichlich spät.«

Käpt'n Lampe nickt. Und sieht dabei zu Harry hin. Ich denke, daß er sagen will: Wir hätten von Faraday schon früher wegfahren sollen. Aber ich habe es nicht übers Herz gebracht. Harrys wegen.

Eine Stunde später verreckt der Außenborder an dem zweiten Boot. Wir nehmen die Kisten mit der Ausrüstung nach vorn. Auch Luv steigt trotz des Seegangs zu uns über. Eckhart wirft einen langen Tampen her. Wir nehmen das Boot der Jungs in Schlepp. Der Wind frischt auf. Unser Zodiac nimmt Wasser über. Die See steht jetzt von vorn.

Als es dunkel werden will, fragt Luv, wie wir es einrichten wollen, an der *Explorer* da draußen auf dem Meer nicht vorbeizufahren. Kuddel Lampe hebt die Schultern hoch und lacht.

»Du kennst den alten Satz«, sage ich zu Luv.

»Ich kenne ihn«, nickt sie ergeben. Den Satz hat sie so oft von mir gehört wie Harrys Frau die Geschichten aus der Hütte. »Wer Gott vertraut und Bretter klaut, der hat 'ne billige Laube.«

Das wird eine lange Fahrt zurück. Dann blinzeln Lichter durch ein paar dünne Nebelschwaden. Die *Explorer* hat bis über die Toppen ihre Festbeleuchtung für uns angemacht.

ARTHUR HARBOUR.
POSITION: 64 Grad 47 Min. SÜD
64 Grad 04 Min. WEST
DATUM: 1. MÄRZ 1989

HEUTE HABE ICH GESEHEN, WIE EIN SCHIFF GESTORBEN IST. Es muß ein großes Schiff gewesen sein. Als wir in der Bucht vor Anker gingen, hatte sich der Havarist von den Steinen weg zur Seite hin gedreht. Auf dem Wasser lagen Nebelschwaden. Die Sonne hinter diesem Dunst machte das Bild für mich fast blind. Die Männer an der Kamera sagten, daß es für sie nicht anders sei, und wir sind mit unserer Gerätschaft zur Nock hinaufgestiegen.

Das Schiff lag jetzt kieloben. Ein Fisch, der ganz nah am Sterben war. Ein Fisch mit einem hochgeblähten roten Bauch. Vom Heck her stiegen meterbreite Blasen auf. Ihr Bersten warf Benzingestank in unsere Winterluft. Waberige Kreise zogen Regenbogenfarben über dunkles Wasser hin. Kleine Schiffe legten Schläuche in den Abgesunkenen hinein. Wie Egel, die alles abzusaugen suchten, was aus dem geschwollenen Leib zu saugen war. Ich habe mir gesagt: Mitten aus dem Garnichts kommen Absaugtanker her. Von wo? Und: Ein Schiff sinkt in einer sturmgeschützten Bucht. Warum?

Die Antworten habe ich von Käpt'n Lampe. Andere sind über Kurzwelle gekommen. Ein Drama wird in der Antarktis nicht in Zeitungen gedruckt. In der Antarktis kommt das Drama über Funk. Ich notiere in Kurzform, was ich habe in Erfahrung bringen können.

Der Havarist ist ein Argentinier. Name: *Bahía Paraíso.* Offiziell ein Forschungsschiff. Doch gleichzeitig auch Tanker. Frachter für militärisches Gerät. Zwei fabrikneue Hubschrauber liegen mit der *Bahía* jetzt auf dem Meeresboden. Das Schiff hat auch zahlende Passagiere an Bord gehabt. Glücklicherweise sind die ausnahmslos gerettet worden. Gleiches trifft auf die Besatzung zu. Der Kapitän fährt seit gut zehn Jahren hier im Eis. Im Lauf der Zeit scheint er leichtsinnig geworden zu sein. Bei der Ausfahrt aus dieser Bucht liegt eine Untiefe im Weg. Zwei Felsen steigen wie eine diabolische Aufforderung zur Durchfahrt aus dem Meer. Andere Antarktis-Schiffe schlagen einen Haken um das Höllentor herum. Nur der Argentinier nicht. Unzählige Male ist er mit voller Kraft hindurchgefahren. Unzählige Male haben andere Kapitäne ihn gewarnt. In ihren Seekarten ist die Untiefe verzeichnet. Doch in den Karten der Argentinier nicht. Seit Jahren hat der Kapitän mehr Glück als Verstand gehabt. In des Wortes einzig wahrer Deutung. Doch bei dieser letzten Fahrt hat ihn das Glück verlassen. Der Tanker lief auf Grund. Sein Leck soll erheblich sein. Das Benzin ist sofort ausgeflossen. Die Absauger waren ziemlich bald am Unfallort. Sie kommen von einer Antarktis-Basis der Amerikaner, die Palmer Station heißt. Einiges haben sie noch absaugen können. Doch der Umweltschaden kommt einer kleinen Katastrophe gleich. Die Wissenschaftler an Bord unserer *Explorer* sagen, daß alles Lebendige in dieser Bucht dem ausgelaufenen Benzin zum Opfer fallen wird. Algen ebenso wie Krill und Fische. Und danach dann Pinguine. Robben. Möglicherweise auch Delphine. Ein einzelner Mensch hat einen Teufelsgarten aus dem gemacht, was bisher klares Wasser war, auf einem Kontinent mit dem letzten sauberen Wasser unserer Welt. Das Schiff, das ich heute sterben sah, hat den Tod in diese ganze Bucht gebracht.

EINTRAGUNG VOM SELBEN ABEND. Wir haben Harry im späten Licht der Süd-Shetland-Inseln ein letztes Mal gefilmt. Wie er an der Reling stand. Allein. Und nicht mehr sprechen wollte. Ebenso wie am Anfang unserer Antarktisfahrt. Der Kurs ist Nord-Nord-West gewesen, auf die Drake Passage zu. Im Breitengrad der Sechziger, die in den Büchern meiner Jugend »die Wütenden« gewesen sind. Doch auch an diesem Abend sind sie friedlich. Mit erstaunlich wenig Wind. Und mit der gleichen langen Dünung, die wir ja schon einmal hatten. Doch diese hier kommt eher seitlich. Läßt das Schiff dümpeln. So ein Seitwärtsrollen kann der Magen besser ab. Jedenfalls sagen meine Jungs mir das, spät am Abend, an der Bar. Peter gibt eine Runde aus, und Carsten sagt: »Heute Nacht mußt du dir für deinen Orson Welles einen anderen Spruch ausdenken.«

Auf dem Weg zur Kajüte runter steht dann Harry Heywood nochmal in der Nacht. »Sie dürfen es mir nicht verübeln«, sagt er, »aber seit unserem gemeinsamen Erlebnis gestern gebe ich keinen guten Gesprächspartner mehr ab. Ich bin zu erregt, als daß ich mich klar äußern könnte. Selbst mit meiner Frau ist mir das so ergangen. Stundenlang habe ich mit dem Anruf über Satellit gewartet, bis es bei ihr die Zeit für den Tee war. Doch als ich dann hören mußte, wie sie ›Hallo‹ und ›Ja, wer ist

Wir brauchen einen Naturschutzpark »Antarktikos«, der unsere Welt in der Balance hält.

denn da?‹ mit ihrer klaren Stimme sagte, da habe ich kaum ein Wort hervorgebracht. Schließlich habe ich gesagt, daß ich das Wiedersehen mit Faraday niederschreiben werde, damit ich es immer wieder für sie lesen kann.« Er lächelte, und eine Art von Röte stieg in sein Gesicht. »Ich nehme an, daß sie daraufhin die Augen zum Himmel hochgeschlagen hat.«

Luv hat hell aufgelacht, und da mußte auch Harry lachen. »Ohne Sie und Ihre Filmkamera hätte ich meine Hütte vermutlich niemals wiedersehen können«, sagte er dann zu ihr. »Ich werde Ihrem Mann auf ewig dankbar sein.«

»Es muß andersrum betrachtet werden, Harry«, sagte ich zu ihm. »Ohne Sie und Ihre Hütte würden wir keinen aufregenden Film nach Hause bringen.«

DRAKE PASSAGE.
POSITION: 62 Grad 34 Min. SÜD
64 Grad 17 Min. WEST
DATUM: 2. MÄRZ 1989

AM FAHLEN LICHT DES HIMMELS kann ich lesen, daß unser Kurs nach Norden geht. Aus dem Eis heraus. Noch ein paar Stunden, und der erste Albatros wird über uns am Himmel stehn. Die letzte Wache dieser Nacht hat Käpt'n Lampe. Ich sitz' dabei und seh' ihm zu. Und sage mir:

Ein Mann geht seiner Arbeit nach. Der Mann macht eine andere Art von Arbeit. Anders, als wir übrigen sie machen. Und außerdem auch noch so an die dreizehntausend Kilometer von zu Haus entfernt.

Und dann, am Ende der durchwachten Stunden, ist mein alter Freund, der Morgen, wieder da. Und ich sag' das auch zu Kuddel Lampe. »Ja«, nickt er. Und sieht zur Sonne hin. »Mir geht es ebenso. Immer wieder schön. Bei jeder Reise.«

Ein wenig später kommt Luv zur Brücke hoch. Sie bringt dampfendheißen Kaffee mit. Ich wärme mir die klammen Hände an dem Kaffeebecher. »Southern Islands Drinking Mug« steht auf dem Emaillebild, das einen bärtigen Matrosen und einen Anker zeigt.

»Luv«, sage ich zu ihr, »vorhin ist nochmal ein Eisberg an der Bordwand hier vorbeigezogen. Kann sein, daß er der letzte dieser Reise ist. Kann auch sein, er ist mein letzter Eisberg überhaupt.«

Luv nickt. »Kann sein«, sagt sie. »Denn in das Eis des Südens kommen wir in unserem Leben ganz sicher nicht ein zweites Mal.«

MENSCHEN, GÖTTER UND VULKANE

Liebe ist Schönheit. Tod ist es auch.

Hundertfünfzehn Längengrade Ost und am Äquator, direkt auf dem feuerspeienden Gürtel unserer Welt, steigen Vulkane aus dem Meer und formen ein Stück kleines grünes Land. Der Legende nach hat es einmal einen Sultan von Java gegeben, der seinen mißratenen Sohn in die entfernteste Ecke seines Königreichs verbannte. In dem Willen, die Trennung endgültig werden zu lassen, zog er mit dem Finger eine Linie durch den Sand. Die Wasser beider Meere liefen aufeinander zu, und eine Insel war geboren: Bali.

Der ungeratene Prinz hat keine Spuren hinterlassen, doch Legenden sind noch immer gegenwärtig auf dieser Insel der Geister, Dämonen, der Götter und der Mythen. Nicht nur Menschen spinnen sich auf Bali in Allegorien ein. Selbst im Wind leben ihre Mythen weiter. Wenn der Wind von den Reisfeldern her zu meinem Schreibtisch kommt und sich zwischen die Blätter mit Notizen weht, sehe ich ihm dabei zu und sage mir: Das geschieht nicht grundlos, nur so im Vorüberwehen.

ES IST MÄRZ. Der Wind ist warm. Mein Schreibtisch steht in einem Raum, der keine Wände hat. Der Wind kann ungehindert aus jeder Himmelsrichtung zu mir rein. Er muß sich allerdings vorbei an Säulen drehen, weil die ein Haus tragen, das sich wie eine Pagode über mir erhebt. Weit oben in der Pagode gibt es noch ein Zimmer. Luv arbeitet darin. Von ihren Fenstern hat sie einen weiten Blick über die Reis-Terrassen der Insel hin.

Der Mann, bei dem wir zu Gast sind für die nächsten Wochen, heißt Amir Rabik. Luv sagt, ich brauche ihn in der Geschichte hier nicht zu beschreiben, weil sie Fotos von ihm machen wird.

Das Haus stammt in Idee und Ausführung von Amir. Es gibt zwei Gründe, sagt er, warum es wie eine Pagode auf Pfosten steht. Der eine Grund sei physikalisch: »Bei jedem Erdstoß kann es mit dem Beben rollen, wie ein Baum im Wind sich wiegt.« Für den anderen Grund gibt er in abgekürzter Form Mahatma Gandhi wieder: »Mein Haus soll nach vier Seiten offenstehn, damit die Winde aller Religionen es durchwehen. Ich muß nur obacht geben, daß mich keiner dieser Winde mit von dannen trägt.«

Amir soll ein Prinz aus Java sein. Doch darüber spricht er sich nicht aus. Er sagt von sich, er sei Architekt und Möbelfabrikant, und seine Möbel verkaufe er in die ganze Welt. Seinen Erfolg erklärt er mit der Harmonie des Materials, das er benutzt. Weil das ausnahmslos auf dieser Insel wächst, also Bestandteil der umgebenden Natur ist. Und Natur, habe ich ihn sagen hören, sei die Reflexion eines unsichtbaren Netzes spiritueller Kräfte, das bei vielen Menschen viele verschiedene Namen hat.

Zu Gast auf einer Insel voller Geschichten.

ES IST ALSO MÄRZ. Ich sagte es bereits. Der Wind ist warm, und durch die freien Stellen, die in anderen Häusern Wände sind, kann ich zwei Vulkane sehen. Aus dem einen steigt ständig eine dünne Fahne Rauch. Der andere steht da, als wäre er vor den blauen Himmel hingemalt. Sein Name ist Gunung Agung. Die Balinesen sagen, daß aller Segen von ihm kommt. Was hoch aufwächst, sagen sie, ist stark, gesund und gut. In Konsequenz dieses Gedankens muß demnach in allem Niederen das Böse anzutreffen sein: An der Küste lauert magische Gefahr.

Die Welt des Balinesen ist noch immer die der Geister seiner Ahnen, die ein wenig hinduistisch und ein wenig auch buddhistisch sind. In der Denkweise seiner Vorfahren sieht er noch bis heute diese Insel dreigeteilt. Das Meer ist ein Element der Furcht, eine unbezwingbare Kraft, die den Menschen nichts als Unheil bringt. In seiner dunklen Tiefe haust die Unterwelt, und den Strand beherrschen die Dämonen. Die grünen Hügel der Mitte sind den Menschen zugeteilt, wo sie im Schutz der Vulkane fruchtbaren Boden, kristallenes Wasser, Harmonie und Frieden finden. Die Vulkane selber schließlich werden als das Reich der Götter angesehen, die von dort oben über alles wachen.

Die Balinesen sind das einzige Inselvolk, dem ich begegnet bin, das dem Meer den Rücken zuwendet. Ihre liebevollen Blicke gehen inseleinwärts, zu den Vulkanen hoch, die der Sitz der Götter sind.

AUF DEN FAHLEN SEITEN meines Manuskriptes liegen dunkelrote Blüten. Jeden Morgen, wie achtlos hingestreut. Nach einem heißen Tag sind sie meist verwelkt, doch am frühen Morgen liegen wieder neue da. An manchen Tagen sind die Blumen gelb. Ich glaube, daß es Hibiskusblüten sind. Oft liegen auch wilde Orchideen zwischen den Notizen, doch nicht als ganzes Doldenstück. Eher Blatt für Blatt von der Blüte abgerissen und auf das Manuskript gestreut. Der Wind kann sie nicht auf meinen Tisch getragen haben, weil es rings um diese offenen Wände keinen Hibiskus gibt. Und weil der Wind sonst auch das kunstvolle Besteck aus Palmenblättern bringen müßte, das jeden Morgen neben meiner Schreibmaschine steht.

Luv sagt, die Blüten und das geflochtene Gebinde seien kleine Gaben an uns Fremde, und es sei ein junges Mädchen, das sie jeden Morgen bringt. Sie habe diesen aufrechten Gang der Frauen aus dem Dorf, die

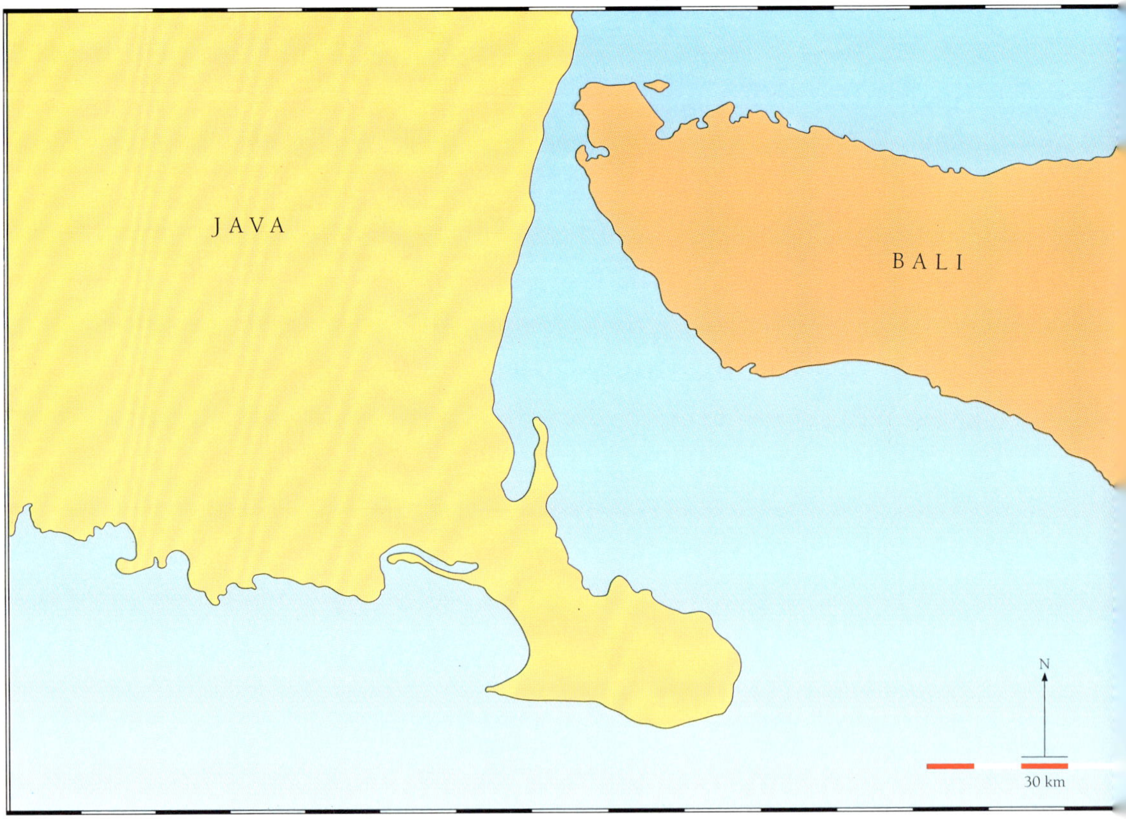

selbst schwere Lasten auf ihren Köpfen tragen. An einem Morgen habe ich die Kleine selbst gesehen. Sie ist eines dieser grazilen Mädchen, die auf den ersten Blick wie Kinder scheinen, aber dann ist das doch eine richtige Frau, die in ihrem golddurchwirkten Sarong daherkommt und die Sandalen vor der Pagode abstreift und mit der Geste einer Tänzerin Blüten über meinen Tisch hinrieselt, die an rote Schneeflocken erinnern. Ich habe ihr das auch gesagt, was sie aber nicht verstanden hat. Einmal schon wegen der anderen Sprache nicht und außerdem, weil es ja Schneeflocken in ihrem Leben gar nicht gibt.

Luv sagt, die Frauen im Haus von Amir drüben machten diese Palmenbestecke jeden Morgen neu. Erst einmal zerschneiden sie ein hellgrünes Palmenblatt, und dann machen sie ein kunstvolles Geflecht aus

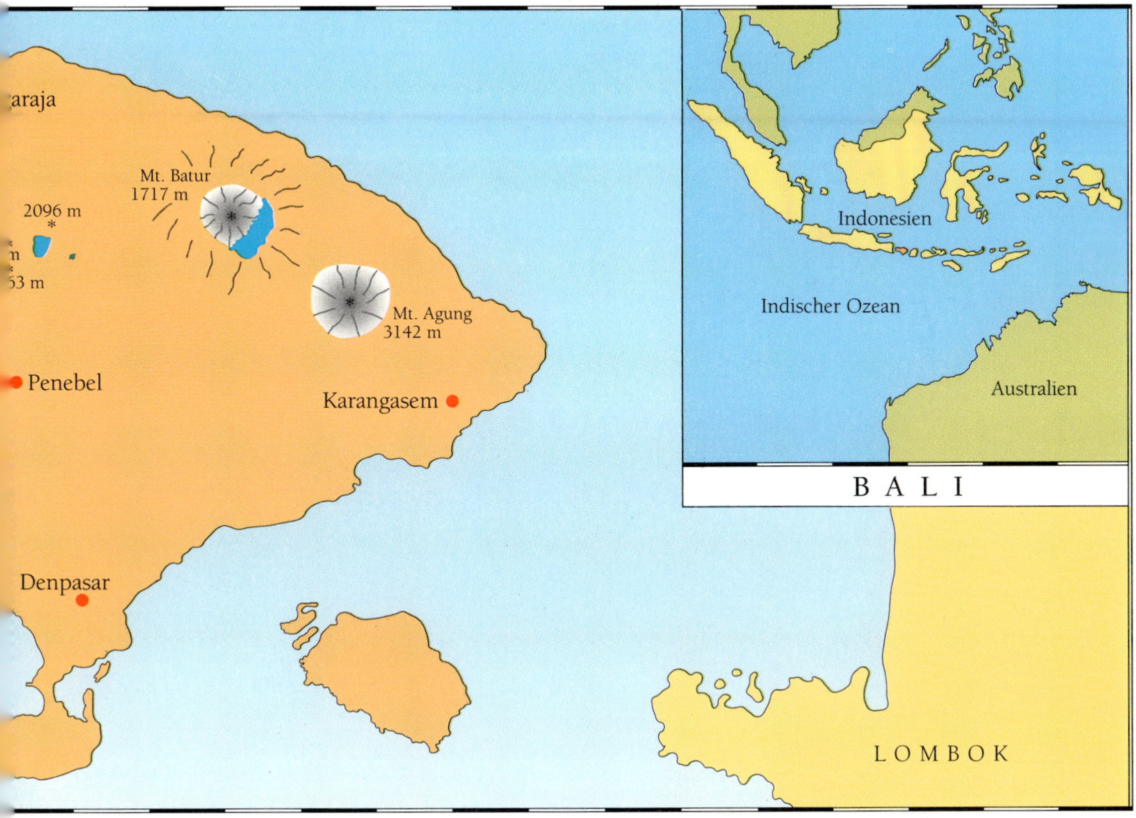

diesen Streifen, und wenn so eine Frau dann obendrein noch tiefroten Hibiskus in diese Palmenzöpfe steckt, sagt Luv, dann soll ich mir darauf bloß nichts einbilden, weil das nichts anderes sei als Dekoration, und im Grunde ja der Opfergabe gleich, wie jedes Mädchen jeden Morgen sie zu ihrem Tempel bringt.

Diese kleinen Geschenke für die Götter stehen jeden Tag vor jedem Schrein. Oft ist auch Eßbares dabei. Ein paar Körner Reis. Eine Banane. Kuchen. Oder ein Stück Schweinefleisch. Meist ist die Gabe als selbstlos anzusehen, wenn auch nicht auszuschließen ist, daß eine liebenswerte Art von Bestechung dabei eine Rolle spielt und einer geflüsterten Bitte damit etwas Nachdruck verliehen werden soll. Selbst den Teufeln unter ihren Göttern stellen die Balinesen kleine Gaben hin, wenn sie auch den Bösen andere Gaben bringen: Früchte, die verrottet sind. Speisereste von der letzten Woche. Oder sie werfen Essenswertes achtlos in den Staub. Doch geopfert wird im Tempel jedem. Selbst arme Leute, die

Thron der Götter. Vulkane, von denen aller Segen kommt.

kaum etwas entbehren können, bringen, was sie haben, hin. Und wenn sie dann, im Anschluß ans Gebet, eine Handvoll Reis für die Gottheit liegenlassen und die andere Handvoll heißhungrig verschlingen, dann drückt die Gottheit auch schon mal ein Auge zu, denn immerhin hat es zum Frühstück was gegeben, und es wurde ja auch brüderlich geteilt.

»UNTER DEN VULKANEN ist die Harmonie fast antastbar, die diese liebenswerten Menschen immer wieder neu, von Tag zu Tag, mit sich und ihren Göttern schaffen.«

Der Satz liegt mit anderen handgeschriebenen Notizen auf meinem Schreibtisch herum. Der Satz ist anfechtbar. Im stillen Lärm der Hauptstadt Den Pasar denkt einer solche Sätze nicht. Bei früheren Fahrten quer durch die Insel auf dem Motorrad habe ich nach dem dritten Tempel kaum mehr angehalten und mir gesagt: ›Nun tempel dich mal nicht zu Tode‹, und wenn faulende Opfergaben im Staub vor den Altären lagen, ist mir durch den Kopf gegangen, daß die Leute in ihrer Kirche ruhig einmal saubermachen sollten. Doch das ist Jahre her, ist noch zu einer Zeit gewesen, als ich mich eigentlich nur am Strand von Bali habe ausruhen wollen und mir der Kellner mit dem Glas Wein zusammen nicht auch gleich die Nachricht brachte, daß ich umringt sei von Dämonen, die mich in ihrer Wut vom Strand vertreiben wollen. Warum hätte er mir das auch anvertrauen sollen? Wo er doch mitangesehen hat, wie ich mit einem Boot gekommen war und an seiner Küste hier den Anker fallen ließ, und Segel hatten niemals etwas Gutes übers Meer hierhergebracht. Abgesehen von den bunten Segeln der Australier allenfalls, aber die fuhren ja auch nur, auf schmalen Borten stehend, zu dem Riff hin und zurück. Doch sonst? Nein. Segel hatten zu allen Zeiten nur Grausames gebracht. Ungewolltes. Neues, das zum Fürchten war.

Seiten 110/111: Balinesen sehen im Meer die Unterwelt, und Segel bringen niemals Gutes auf die Insel.

Seiten 112/113: Der Maler Imade Budi hat das Massaker der Holländer von 1906 dargestellt.

WENN DER BALINESE GLAUBT, daß Segel niemals Gutes bringen, dann ist meine Notiz von der Harmonie unter den Vulkanen auch aus diesem Grunde anfechtbar, und wenn ich die Geschichte seiner Insel einmal nicht mit den Augen des Westens ansehen, sondern aus seiner Sicht notieren würde, so stellte sie sich auf diese Weise dar:

Mit den ersten schlimmen Winden sind Muselmanen hergesegelt, die Angst und Schrecken brachten, und sie sprachen eindringlich von ihrem Gott. Später sind die Schiffe der Holländer gekommen. Auf ihre Segel hatten sie einen anderen Gott gemalt. Sie brachten Handelsherren mit, Soldaten und Kanonen. Die Holländer sind ein paar hundert Jahre

lang geblieben. Mit einer Herrschaft, die entsetzlich war. Mit Massakern. Mit einem Sterben, das aus Maschinengewehren über Insulaner kam, die außer ihrem Kris kaum eine andere Waffe kannten. Mit diesem heiligen Dolch konnten sich nur die Noblen unter ihnen vor der Unterdrückung retten. Maler und Chronisten aus der Zeit haben den Freitod ganzer Sippen für die Nachwelt festgehalten.

In dem Jahr, als die hohen Priester in den Tempeln sagten, auf der anderen Seite dieses Meeres stünden die Heimatinseln der Eroberer in Flammen und es sei auch schon der zweite Krieg, den die ganze Welt da draußen kämpfe, kamen neue Fremde, und die alten zogen ab. Die Neuen waren von Statur klein, und auch ihre Augen waren so geformt wie die der Balinesen, aber sie waren harsch, und selbst untereinander kannten sie keine Harmonie. Sie nannten sich Japaner und führten sich wie eine neue Oberkaste auf, und die Balinesen wurden als »Bakkaro« beschimpft, was soviel heißt wie »dummes Vieh«. Die Herrschaft dieser Unerwünschten, deren Kleidungsstücke übrigens so farblos waren wie ein dunkler Flecken Sand, haben die Insulaner jedoch nur drei Jahre lang erdulden müssen. Drei Jahre auf dem Kalender der Balinesen. Es hat damals geheißen, daß auf der Heimatinsel der Japaner eine Bombe explodiert sei, die alles unsichtbar gemacht habe, was die Leute dort bis zu dem Tag noch hatten sehen können: Menschen, Häuser, Hühner, alles. Daraufhin haben sich die Japaner schnell davongemacht, wenn auch stiller, als sie hergekommen waren.

Schiffe, die hoch aufgerichtet aus dem Hafen segeln, werden oft als Treibholz wieder an den Strand gespült. Und genauso ist es mit den Holländern gekommen. Wie Treibholz waren die mit einemmal wieder da. Doch mehr als Treibholz sind die dann nicht mehr gewesen, weil Krieger aus Java über die Meerenge hinweg nach Bali kamen. Ein Mann mit Namen Sukarno war ihr Anführer, und den Partisanenkampf haben die Holländer nicht überstehen können.

Sobald auch dieser Kampf vorüber war, hat es einen neuen Staat gegeben, einen Bund von Inseln, und General Sukarno wurde Präsident. Er war Javaner, und sein ganzes Leben hat man ihm das angemerkt. Wie ein Vater ist er gewesen, der einem Neugeborenen den Namen gibt: Indonesien. Er hat das einfach so bestimmt, was bei seinen guten Nachbarn auf der nächsten Insel nicht so recht verstanden worden ist, denn auf Bali will die Tradition es anders. Ein Neugeborenes bleibt ein ganzes Jahr lang namenlos. Am ersten Geburtstag – als wäre es ein Geschenk – schreibt der Priester eine Auswahl von Namen, die ihm die Götter

Seite 115:
Tor zum Tempel des Wassergottes Wischnu.

zugeflüstert haben, auf ein Palmenblatt, das er verbrennt. Bleibt ein Wort auf den verkohlten Überresten lesbar stehen, wird das der Name für das Kind.

Wer mit dem Wind des Meeres lebt, weiß auch mit jenem umzugehen, der aus der ungeliebten Richtung kommt. Mit Erneuerungen, mit einer unwichtigen Veränderung wie beispielsweise jener krassen Entscheidung, sich einen Namen zuzulegen, fanden die Balinesen sich ohne große Worte ab. Doch als die Regierung von Java her den Islam auf die Insel bringen wollte, entfachte sie einen Sturm, dem die sonst so sanften Balinesen sich mit aller Kaft entgegenstemmten. Ihre Hindugötter hatten sich schon einmal vor den Mohammedanern retten müssen, und zwar von Java aus nach Bali, wo sie zu ihrem Schutz die Vulkane errichteten, auf denen sie nun thronten. Eine Vertreibung der Götter von den Vulkanen war undenkbar, wie ja auch der Tod eines ganzen Inselvolkes als undenkbar anzusehen ist.

Seiten 116–119: Prozession zum Tempel aller Wasser. Männer verlegen sich aufs Bitten, Frauen bringen dem Gott Wischnu Gaben.

Sanft sein ist eine Sache, schwach sein eine andere. Der Wind aus Java hat das schließlich eingesehen. Hat in seinem Drängen lernen müssen, daß Balinesen in Harmonie mit ihren Göttern und den Seelen ihrer Ahnen leben. Das ist die Philosophie, nach der sie leben. Das ist wie die Zugehörigkeit zu einem ganz besonderen Staat. Ein Mann, der zu einem anderen Glauben übertritt, darf sich nicht mehr Balinese nennen. Einer Frau ergeht es ebenso bei ihrer Heirat mit einem Mohammedaner oder einem Christen. Denn es ist ja so, daß die Seelen ihrer Ahnen die Heimat nicht verlassen, während sie aber in das Haus des Fremden zieht.

Ein Balinese lebt in einer großen Familie aus Lebenden und aus Toten, und diese Familie geht von ihrer Insel niemals fort. Ebensowenig wie die Dämonen jemals fortgehen würden, weil ja auch sie Familiensache sind. Und so kommt es denn auch einem Balinesen niemals in den Sinn, seine Religion anderen Menschen aufzudrängen. Denn welcher Mensch drängt schon sein intimstes Leben anderen Menschen auf –

seine Ahnen, seine Götter, seine Geister und Dämonen? Und umgekehrt: Warum behalten, sagt der Balinese, diese Muselmanen ihren Gott nicht voller Liebe ganz für sich allein?

Der Wind aus Java ist am Ende klug geworden. Die Generale in Djakarta drängen sich nicht mehr zwischen Menschen, Götter und Dämonen, wie sie auf der kleinen Insel Bali miteinander leben. Es ist ein langer Kampf gewesen. Doch was ist in unserem Dasein denn schon wirklich lang? Ein Menschenleben ist auf Bali so, als würde die Zeit nur einmal mit den Augen zwinkern.

MANCHMAL BITTET MICH AMIR, meine Gedanken vorzulesen, die in diesen Notizen stehen. »Vergessen Sie den Tourismus nicht«, hat er an einem Abend mal gesagt. »Auch die Touristen sind auf gewisse Weise eine fremde Macht, die über das Meer her angeflogen kommt und zerstörend, wenn auch auf ungewollte Weise, in unsere Kultur einbricht. Die Maler von Ubud haben vor langer Zeit ihre Bilder als Geschenk an die Götter angesehen. Jetzt malen sie für die Touristen. Mit den Holzschnitzern ist es ebenso: Garudas, die sie ursprünglich einmal nur für unsere Häuser schnitzten, produzieren sie jetzt massenhaft. Wir haben schnell gelernt, daß die Fremden neuerdings in Frieden kommen und daß mit ihnen Geld zu machen ist. Ein Mädchen, das einmal mit ihrer Schönheit unbekümmert umgegangen ist, geht heute abschätzend zu den Sonnenschirmen hin, unter denen fremde Männer liegen. Doch ebensowenig wie die Eroberer von damals, seien es Muselmanen oder Christen, das Leben auf Bali entscheidend haben ändern können, werden es heute die Touristen tun. Die Eindringlinge aus einer weit entfernten Welt brechen nur in die Randbezirke unserer Gesellschaft ein.«

»FEUER, WASSER, LUFT UND ERDE sind nicht die einzigen Elemente, die uns am Leben halten.« Mit diesem Satz hat Amir an einem anderen Tag seine Gedanken fortgesetzt. »Ein weiteres Element ist von Menschenhand geschaffen: die Gemeinschaft. Die Familie. Das Dorf. An diesem Element sind Eroberer immer schon gescheitert, und auch dem Touristen dieser Tage wird ein Einblick in das intime Leben einer Dorfgemeinschaft kaum gewährt.«

Er erbat sich einen Stift und begann mit der Klarheit von Linien, die wohl einem Architekten angeboren ist, den Grundriß eines Dorfes aufzuzeichnen, wie es auf der Insel überall zu finden ist. Ich füge seine

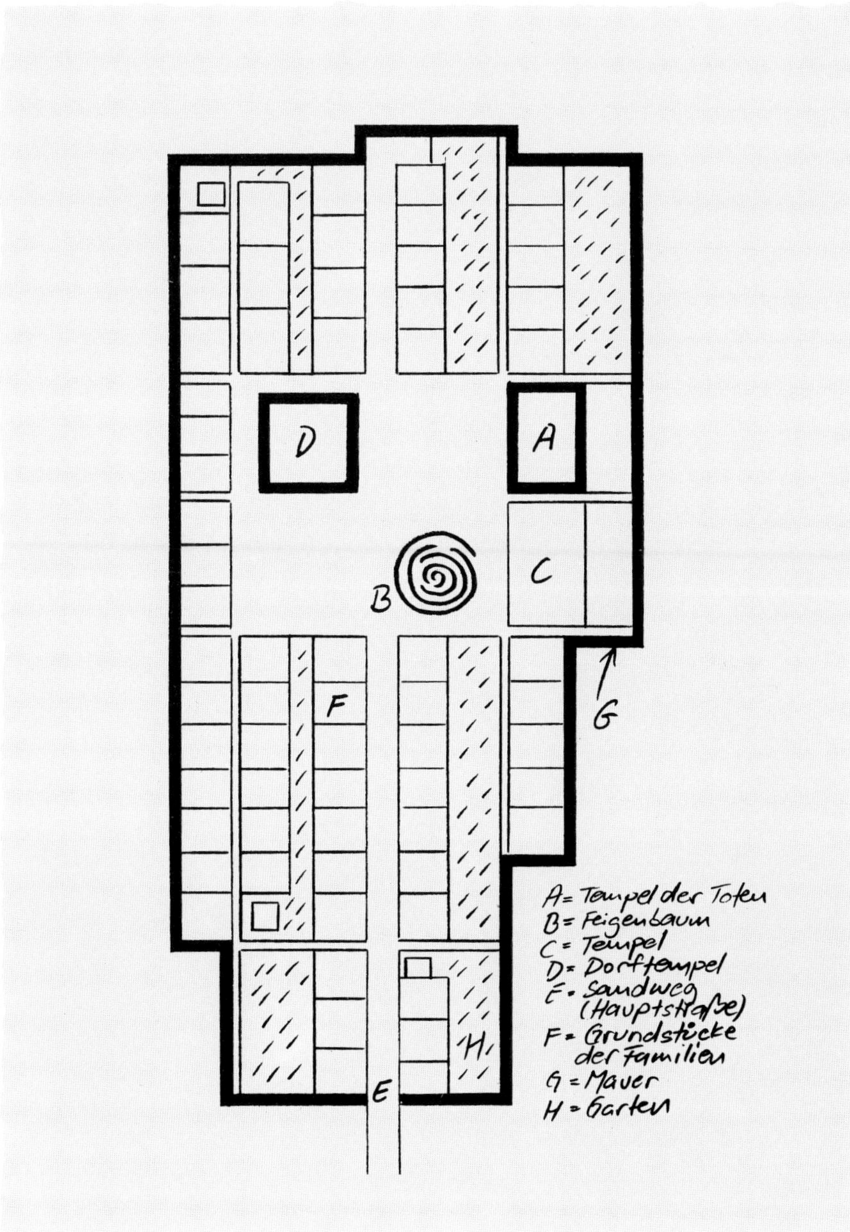
D
A
B
C
F
G
E
H
A= Tempel der Toten
B= Feigenbaum
C= Tempel
D= Dorftempel
E= Sandweg (Hauptstraße)
F= Grundstücke der Familien
G= Mauer
H= Garten

Zeichnung diesen Blättern bei und beschränke mich auf die Wiedergabe dessen, was er dazu erklärend sagte:

»So ein balinesisches Dorf ist, wenn auch in Variationen, nach einem traditionellen Schema aufgebaut. Wichtig ist die Mauer, die das Dorf umgibt. Und wichtig ist der Dorfplatz mit seinen Tempeln. Einer davon ist den Toten geweiht. Ich sagte ja bereits, daß unsere Ahnen für uns wie Götter sind, weshalb wir sie auch vor Beginn eines jeden Tages in ihrem Tempel besuchen. Wir bringen ihnen Blüten und farbige Parasols, weil Farben für den Balinesen so wichtig sind wie ein kühler Trunk. Ohne Farben wäre dies kein schönes Dasein, weder für uns noch für die Davongegangenen. Wir stellen auch Skulpturen in ihre Tempel, deren poröser Stein so schnell vergeht wie unser Leben. Ich glaube, daß Kunst auf Bali absichtlich vergänglich ist. Kunst ist eine Opfergabe, die den Beschenkten gütig stimmen soll. Wichtig ist der unsichtbare Sinn, der in der Gabe steckt, nicht die Größe, nicht die Unsterblichkeit einer Skulptur und auch nicht ihre Form.

Ebenfalls auf dem Dorfplatz – und dem Totentempel meist diagonal gegenüber – steht ein riesiger Feigenbaum. Gut dreißig Meter ist der hoch, und in allen traditionellen Dörfern auf der Insel ist er zu finden. Meist ist er Hunderte von Jahren alt. Man sollte ihn schon aus diesem Grunde den Baum des Lebens nennen. Die Seelen der Toten wandern oft von ihrem Tempel zu dem Feigenbaum hinüber, in dessen Schatten sie sich besonders gern aufhalten, weshalb wir den Baum auch täglich für sie schmücken.

Ein weiteres Gebäude auf dem Platz ist der Dorftempel. Ihm schließt sich eine Halle an, die auf der Vorderseite, zum Dorfplatz hin, geöffnet ist. Von Zeit zu Zeit trifft sich die Ratsversammlung in der Halle. An diesen Besprechungen nehmen selbstverständlich auch die Geister unserer Ahnen teil. Der Dorfälteste hält stets ein paar leere Stühle neben sich für sie bereit.

Leider wird auch bei uns der Lärm von Motoren immer schlimmer, doch in einem traditionellen Dorf ist für Autos kein Platz vorgesehen. Eine einzige Straße zieht sich vom Dorfplatz zu den Reisfeldern hinaus. Ich sollte den Weg nicht Straße nennen, denn er ist ungepflastert, mit Blumen an den Rändern und auf jeder Seite von einer langen Mauer eingerahmt.

Hinter den Straßenmauern – und durch diese gegen fremde Blicke gut geschützt – befinden sich die eingehegten Grundstücke der Familie. Steinerne Wächter stehen vor jedem Tor, die manchmal Tigern und in

Seite 122: Durch das Dorf führt nur eine Straße. Schulkinder in der Mittagspause.

Steinerne Wächter vor den Häusern halten unsichtbare Schrecken fern.

anderen Fällen Fröschen ähneln. Ein jeder von ihnen hat den Auftrag, den unsichtbaren Schrecken fernzuhalten, denn unsere Geister sind manchmal gut, manchmal böse und manchesmal auch irgendwas dazwischen.«

EINES TAGES KAM AMIR und sagte, ein Bildhauer im Dorf habe ihm Grüße an Luv und mich aufgetragen und wir seien im Haus dieser Familie willkommen.

Wie wir nun so auf dem Sandweg sind und zwischen langen Mauern zu dem Bildhauer gehen, da stehen tatsächlich vor allen Portalen große Frösche aus Stein. Luv macht ein paar Fotos von ihnen, und Amir sagt mit einem Lächeln, das im vorhinein um Vergebung bitten soll: »Selbst ein rational denkender Mensch des Westens wird beim Anblick dieser ›Wächter gegen alles Üble‹ erkennen, wer hier schutzbedürftig ist. Die Familie nämlich, die der Kern einer jeden Gemeinschaft ist, und ohne Friedfertigkeit in der Familie ist Harmonie im Dorf nicht zu erreichen.«

»Nun«, sagte ich, »auch für einen aus dem Westen ist der Gedanke nicht gerade ungewöhnlich, wenn ich auch zugeben muß, daß es mit der Harmonie bei uns neuerdings ein wenig hapert.«

»Bei uns auch«, lacht Amir. »In den Städten zerbröckeln die Traditionen immer weiter, doch in einem Dorf wird der Wert des einzelnen nach wie vor an dem gemessen, was er für die Gemeinschaft tut. Das Schlimmste, was einem Menschen hier widerfahren kann, ist, aus der Gemeinschaft ausgeschlossen zu werden.«

»Warum sollte das geschehen?« will Luv wissen, und Amir sagt: »Wegen eines Verbrechens beispielsweise. Schlimmer als der Spruch eines Richters nach indonesischem Gesetz ist eine moralische Strafe, die das Dorf verhängt.«

»Welche Art von Strafe?« frage ich.

»Ausschluß aus der Dorfgemeinschaft«, erklärt Amir. »Wer ausgestoßen wird, ist öffentlich für tot erklärt. Er muß das Dorf verlassen, und keine andere Dorfgemeinschaft nimmt ihn jemals wieder auf.«

»Und was bleibt ihm dann?«

»Das Untertauchen im seelenlosen Gewirr einer großen Stadt, wie beispielsweise Den Pasar. Oder ...«, Amir hebt die Schultern, »... oder Selbstmord. Öffentliche Schande ist für diese Menschen schlimmer als der Tod.«

DAS PORTAL ZWISCHEN DEN BEIDEN FRÖSCHEN steht weit offen, was bedeuten soll, daß wir willkommen sind, aber Amir ruft trotzdem erst noch seinen Namen und ein paar andere Worte zu den Leuten hin, bevor er uns zuwinkt, ihm zu folgen. Hinter dem Portal steht eine kurze Mauer, die wohl den Blick zum Garten hin verwehren soll. Es ist ein bezaubernder Garten, unerwartet groß, mit kleinen Häusern, die zwischen halbhohen Bäumen stehen. Büsche mit tropischen Blüten malen Farbkleckse unter das satte Grün der Bäume, und eine hohe Mauer rahmt den Garten auf allen Seiten ein.

Amir geht auf die Familie zu, legt die Handflächen aneinander und hält die Hände so hoch vor seine Stirn. Ich begrüße die Familie auf die gleiche Weise. Es ist eine vielköpfige Familie, gut zwanzig Personen

Mit Amir zu Besuch beim Holzschnitzer. Kunst auf Bali ist ein Geschenk an die Götter. Auch dann, wenn Touristen die Geschenke kaufen.

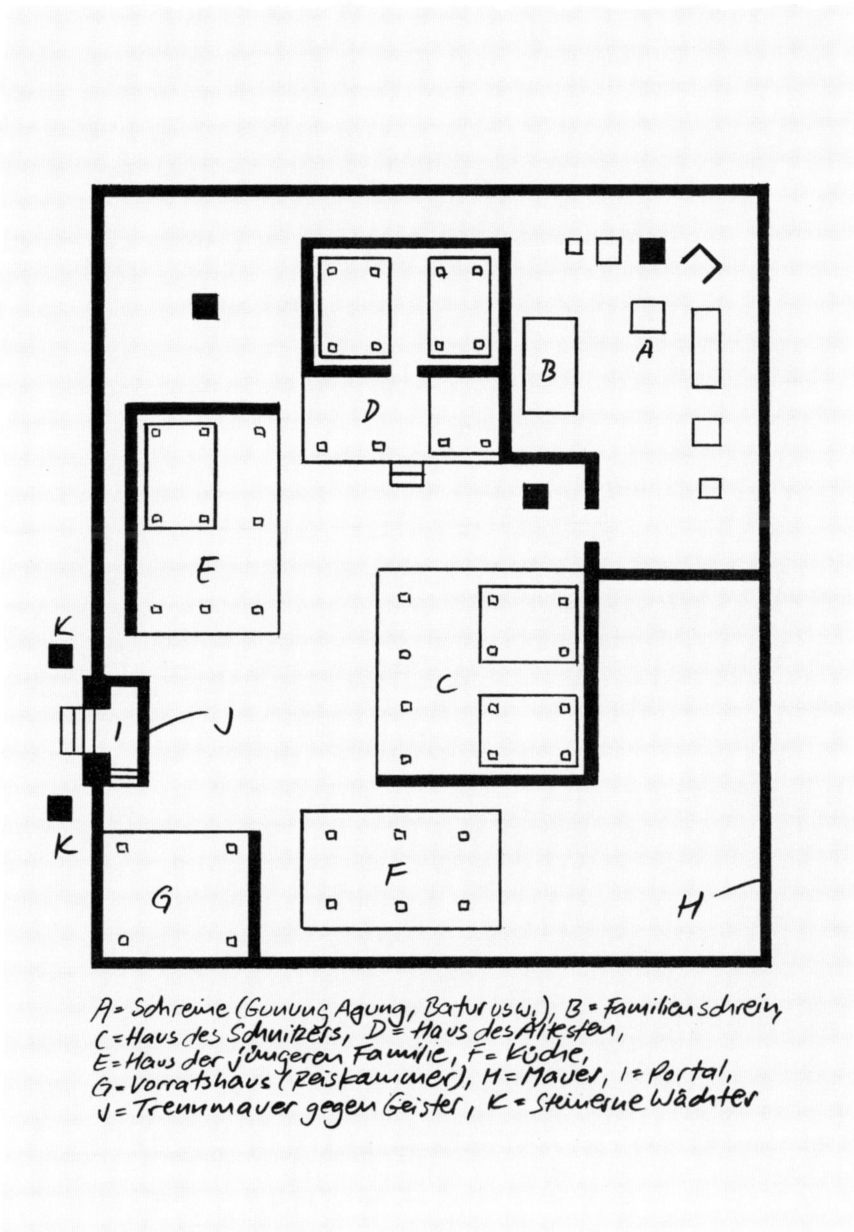
D
B
A
E
K
I
J
C
K
G
F
H
A= Schreine (Gunung Agung, Batur usw.), B = Familienschrein,
C = Haus des Schnitzers, D = Haus des Ältesten,
E = Haus der jüngeren Familie, F = Küche,
G = Vorratshaus (Reiskammer), H = Mauer, I = Portal,
J = Trennmauer gegen Geister, K = Steinerne Wächter

werden das wohl sein, die vom Urgroßvater bis zu einem Neugeborenen zwischen den kleinen Häusern da versammelt sind.

Unter einem Dach, das nach zwei Seiten offensteht, arbeitet der Holzschnitzer an einer Skulptur, die ohne Frage mal ein Frosch werden soll. Auch die Kinder sind mit Schnitzereien beschäftigt, doch bevor ich auf sie zu sprechen komme, lege ich meinen Notizen noch eine Zeichnung bei, die Amir angefertigt hat und die verdeutlicht, wie solch ein Familiengarten angelegt ist.

»Nicht nur die steinernen Wächter links und rechts von dem Portal gewähren der Familie Schutz. Die Mauer um den Familiensitz herum tut ein Gleiches. Hinter dem Portal ist eine Art von Schutzwand hochgezogen, die es unmöglich macht, von der Straße geradewegs in das Familiengehege einzutreten.« Er sieht zu Luv auf und lächelt. »Wir sind nämlich der Überzeugung, daß Geister nur gerade gehen können. Wege im Zickzack gelingen ihnen nicht.«

Als nächstes zeichnet er verschiedene Schreine in die Gartenecke. »Der Grundstruktur des Dorfes angeglichen, hat auch jeder Garten einen Tempel. Er besteht aus kleinen Schreinen, von denen mindestens einer dem Vulkan Gunung Agung geweiht ist. Ein weiterer daneben ist für den stets rauchenden Vulkan Batur. Der größte der Schreine steht auf Stelzen und dient als Opferstätte für die Geister der Ahnen, und das alles zusammen muß immer auf der Nordseite des Gartens sein, weil die zum Göttersitz Gunung Agung hinweist.«

Bevor er weiterzeichnet, läßt er ein kleines Lachen hören. »Nun stellt die Beurteilung der Himmelsrichtung ein kleines Kuriosum dar«, erklärt er dann sein Lachen und zeichnet einen Nordpfeil auf das Papier. »Nach Meinung der Leute ist jeder Tempel auf der Insel nach Norden ausgerichtet, selbst wenn er mancherorts auf der Südseite des Gartens steht. Denn nur der heilige Vulkan gibt die Himmelsrichtung an, und ganz gleich von welcher Seite man ihn sich besieht, wo der Gunung Agung steht, da ist Norden.«

Luv lacht auch und sieht zur Sonne hoch. Ich nehme an, daß sie sich sagt, der Tempel dieses Gartens wäre jedem Muselmanen recht, weil er gradewegs nach Osten weist.

Wie Amir nun weiterzeichnet, sagt er, daß wir nach den Göttern nun zum Wohnsitz dieser Menschen kommen: »In der Reihenfolge des Ansehens steht das Haus des Holzschnitzers dem Tempel am nächsten. Es gibt übrigens keine Fenster in einem solchen Haus. Die einzige Lichtquelle ist die offene Tür.

Das Küchenhaus und die Reiskammer werden stets in jenem Teil gebaut, der als minderwertig gilt. Und minderwertig ist das Stück vom Garten, das dem Meer zugewandt ist.

Je nach Anzahl der Köpfe einer Großfamilie stehen weitere Häuser auf dem Land zwischen den Trennmauern zur nächsten Großfamilie hin, und Kinder gibt es überall in großer Zahl. Kinder werden als etwas Sakrales angesehen. In den ersten Monaten ihres Lebens, um nur ein Beispiel anzuführen, werden sie ständig herumgetragen. Das Kriechen muß den Tieren überlassen bleiben. Wird es Zeit, aus dem kleinen Wesen einen Menschen zu machen, der den Boden nun berühren darf, so holen wir den Priester, kleiden das Kind in Brokat, und wenn der kleine Fuß zum erstenmal die Matte seines Elternhauses berührt, wird ein großes Fest daraus.

Der Greis in dieser Sippe wohnt in einem Haus, das neben dem des Sohnes steht. Für einen Balinesen wäre es undenkbar, ihn in ein Pflege-

Seite 129: Der Brahmane bereitet die Zeremonie vor.

Unten: »Ein Kind ist eben noch im Paradies gewesen. Ein alter Mann ist auf dem Weg dorthin.«

heim zu schicken. Alt und Jung, das sind für uns zwei Leben an der Schwelle: Ein Kind ist eben noch im Paradies gewesen, ein alter Mensch ist auf dem Weg dorthin.«

DIE REISFELDER AUF DER ANDEREN SEITE UNSERER PAGODE liegen am frühen Morgen da wie totgewordene dunkle Spiegel, doch wenn dann gegen acht die Sonne auf das Wasser der Terrassen fällt, blitzt und funkelt alles, als hätte es die Dunkelheit zuvor gar nicht gegeben. Mit der Sonne kommen Bauern in die Felder. Auf den dünnen Erdwällen sehen sie wie Scherenschnitte aus.

Reisanbau ist Kult. Der Arbeitstag beginnt mit einem kleinen Opfer für die Gottheit.

Meist geht die Frau voraus. Aufrecht. Und gemächlich. Mit einer Schale voller Blüten auf dem Kopf. Die Blüten legt sie in einen kleinen Schrein aus Bambusstangen. Dann bleibt sie eine Zeitlang davor stehen und hält ein Zwiegespräch mit ihrer Gottheit.

Der Mann, der bei ihr ist, bringt Enten mit. Hunderte. Sie watscheln hinter ihm in einer langen Reihe her. Schnatternd. Wichtig. Komisch. Oder aufgeregt. Wer kennt sich schon bei Enten aus? Kaum bleibt der Bauer stehen, halten alle inne. Warten. Der Mann hält einen Stecken hoch. Ein weißes Tuch ist an dem Stab befestigt, und aus der ganzen Sache wird ein Signal: Der Bauer rammt einen Stecken in den Schlamm, woraufhin die Enten sich in das dunkle Wasser stürzen. Zwischen hohen, grünen Halmen sind sie beim Gründeln kaum mehr auszumachen und könnten glatt verlorengehen. Könnten. Aber tun es nicht. Denn die Schnatterdinger sind dressiert. Wenn der Tag zu Ende geht, versammeln sie sich wieder unter diesem Stab mit Fahne. Der Bauer kommt zurück, zieht den Stecken aus dem Schlamm, und alle machen sich in einer langen Reihe, nach getaner Arbeit, auf den Weg zurück zum Dorf.

Seite 131: Tausend Jahre alte Reis-Terrassen.

Seiten 132/133: Ein Zyklus, der dem Leben des Menschen gleicht: Junger Reis wächst neben Feldern, die den Pflug erwarten.

»DER MENSCH LEBT NICHT NUR VOM REIS, auch alles an ihm selbst ist aus Reis gemacht, des Menschen Körper ebenso wie seine Seele.« Das hat gestern ein Bauer zu Luv gesagt, und von gestern stammt in

meinen Blättern noch eine Notiz, die der fachkundige Reisende gar nicht eingetragen hätte. Ich aber gebe zu, nicht fachkundig zu sein. Mit einer Ignoranz, die mich heute fast betrübt, bin ich beispielsweise wiederholt an Oberitaliens Reisfeldern vorbeigefahren und habe mich kaum einmal gefragt, wie das mit dem Wasser zwischen diesen Halmen ist und auf welche Weise Reisfelder bei der Ernte trocken sind. In den Tagen nun auf Bali habe ich versucht, dem Reis beim Wachsen zuzusehen. In Wahrheit ist dabei herausgekommen, daß ich den Menschen zugesehen hab'. Deshalb die Notiz. Und auch nur deshalb gebe ich weiter, was ich gestern in einem meiner Bücher über Bali las: »Amerikanische Experten erklären, daß es trotz modernerer Methoden auf der ganzen Welt niemanden gibt, der eine bessere Reisernte erzielt, als die Menschen auf Bali es mit ihrer Tradition erreichen.«

Tradition. Das Wort ist von den amerikanischen Experten gut gewählt. Können, Fleiß und Überlieferung stecken in dem Wort. Und außerdem noch Glaube.

Junger Reis.

Dem Glauben nach hat sich Wischnu der Menschen erbarmt, als sie Hunger litten. Wischnu stammt aus jenem Hindu-Dreigestirn, das er sich mit Brahma und Schiwa teilt. Auf Bali gilt Wischnu als der Gott der Fruchtbarkeit, des Wassers und der Unterwelt. Der Überlieferung nach ist er aus den Fluten gestiegen und hat sich die Göttin der Erde gefügig gemacht. Aus dieser gewaltsamen Schwängerung ist Reis entsprungen. Im Gedenken an die Qual der Göttin stehen deshalb zwischen allen Reis-Terrassen kleine Schreine. Dem Wassergott haben die Menschen Tempel errichtet. Wenn die Zeit zum Pflanzen kommt, pilgern die Menschen mit Opfergaben zu einem der Tempel Wischnus. Als Gegengabe tragen sie etwas heiliges Wasser zurück zum Dorf und tröpfeln es über die neue Saat der Felder.

Ein Balinese sagte uns beim Pflanzen: »Der Mensch ist aus Reis gemacht, sein Körper ebenso wie seine Seele.«

An einem dieser Tage sind wir mit den Leuten aus dem Dorf zum Tempel Wischnus gepilgert. Der Tempel liegt ganz nahe bei den Vulkanen. Ein Priester namens Darje hat die Gläubigen geführt. Die Frauen trugen kunstvoll getürmtes Obst als Opfergaben den weiten Weg dort-

hin. Die Bananen, Äpfel und Orangen nahmen sich auf den Frauenköpfen wie wunderschöne bunte Kronen aus. Das ist ein langer Pilgerweg gewesen, und als die Frauen ihre Kronen vor den Altar des Wischnu legten, ist mir durch den Kopf gegangen: Die Religionen unserer Welt haben ganz sicher im Ursprung mit dem Wunsch zu tun, den dunklen Zyklus der Natur endlich einmal zu verstehen und, wenn es irgend geht, in ihn auch einzugreifen. Doch wenn der Mensch dann merkt, daß die Sache mit dem Eingreifen so gut wie überhaupt nicht geht, dann setzt das Liebenswerte am Menschen ein: Er macht sich auf den langen Weg zu seiner Gottheit hin. Und spricht zu ihr. Bringt ein Geschenk. Und begnügt sich mit dem Bitten.

Reisanbau ist auf Bali mehr als Landwirtschaft. Reisanbau ist Kult. Lebensinhalt. Überlieferung. Seit gut tausend Jahren schon. Und gut tausend Jahre alt ist auch das System, mit dem die Leute das Wasser von den Vulkanen zu ihren Feldern leiten. Die Wassermenge, die jedes Feld erhält, ist gerecht verteilt. Ein sorgsam erarbeiteter Kalender wacht dar-

Bei der Ernte darf der Halm den Tod nicht kommen sehen.

über. Der Schlamm der kleinen Felder wird nach altem Ritus wiederholt gepflügt. Strohreste vom Vorjahr werden dabei zu Düngemitteln. Die Setzlinge haben die Bauern aus eigenen Reiskörnern gezogen, und Unkraut jäten sie das ganze Jahr hindurch. Wenn der Reis ›schwanger‹ ist, wie die Bauern sagen, bringen sie der Göttin in den Bambus-Schreinen saure Früchte, weil schwangere Frauen schließlich saure Sachen mögen. Das ist dann auch die Zeit, in der sie das Wasser von den Feldern laufen lassen, damit die Körner trockenreifen können. Leider ist das aber auch die Zeit, zu der die Vögel an die Körner wollen. Also werden Leinen ausgespannt, mit Palmwedeln daran, und an jedem Ende ist ein kleiner Junge, der an einer solchen Leine zieht. Die Kinder rufen sich dabei Geschichten zu, und die Palmblätter wedeln als Vogelschreck über das inzwischen goldene Reisfeld hin. Ich sollte nicht vergessen zu erwähnen, daß auf Bali nur die Männer pflanzen dürfen, doch wenn es zur Ernte kommt, dann müssen Männer, Frauen, Kinder und auch die alten Leute ran.

Reisgarben, für den Markt bereit.

Von der Ernte selbst ist etwas zu erzählen, das mich sehr berührt. Seit Urzeiten schneidet der Bauer die Reishalme mit einer Klinge, die er sorgsam in der Hand versteckt, damit der Halm den Tod nicht kommen sieht. So war es früher. Jetzt nicht mehr. Heute ist diese Sanftheit den Menschen versagt. Die Regierung, weit entfernt auf Java, hat die Verwendung einer normalen Sichel angeordnet, die schneller schneidet und eine zügigere Ernte garantiert.

DER TOD DES HALMES BEI DER ERNTE ist ein Gedanke, den Luv bei Amir anderntags zur Sprache bringt.

»Halm oder Mensch«, sagt er, »so weit sie auch entfernt sein mögen voneinander, ich glaube doch, daß sie im Denken der Balinesen durch einen gemeinsamen Zyklus verbunden sind. Wir sehen den Tod als etwas Vertrautes an.«

Luv deutet an, daß ihr das unverständlich ist, und wie ich sage, auch für mich sei das abstrakt, gibt Amir uns die Erklärung, die zwischen dem Tod des Halmes und dem Tod des Menschen eine direkte Verbindung schaffen soll und die ich hier jetzt wörtlich niederschreibe:

»Das Ende der Geburt, das ist der Tod. Und am Ende des Todes wiederum steht die Geburt. Was sagen will: Ein jedes Kind ist die ersehnte Rückkehr eines Ahnen. Das ist der Zyklus. Liebe ist Schönheit. Tod ist es auch.«

VERWIRRUNG AUF BALI ist für mich nicht neu, und vor Jahren habe ich es schon aufgegeben, allem und jedem auf den Grund kommen zu wollen. Es gibt Fragen, auf die niemand eine Antwort weiß. Und das ist gut so. Das Unerklärbare ist wundervoll. Und soll auch voller Wunder bleiben.

Während der nächsten Tage hat Amir das Thema nicht berührt. Dann stand er unerwartet bei uns in dem Haus, das keine Wände hat, und sprach von zwei Ereignissen, die sich vorbereiten würden. »Sie sind wie Bilder«, sagt er. »Bilder, die ihre eigene Sprache sprechen. Es geht um Tod und Liebe, wie gesagt, und das erste von den beiden ist ein Hochzeitsfest. Ich möchte gern, daß Sie es sehn.«

Seite 139: Ein Hochzeitsfest. Die Braut wird zu ihrem Mann getragen.

DAS WIRD EIN TAG aus einer bunten Welt, von der ich dachte, daß sie längst vergangen sei. Paradiesvögel und Glitzergötter. Baldachine. Goldbrokat und Purpur in einem weiten Innenhof. Hunderte von Menschen. Gamelan-Musik. Seidenfahnen. Wilde Farben. Puppenspieler.

Seite 140 oben:
Der Bräutigam gilt als Prinz bei diesem Fest.

Seite 140 unten:
Das Gespräch geht um die Flitterwochen, die traditionsgemäß vorweggenommen sind.

Seite 141:
Das Gelöbnis ist dem Gott geweiht.

Seiten 142/143: Hochzeit wie vor tausend Jahren. Der Brahmane feilt dem Paar die Zähne. Geheime Wünsche werden zu inbrünstigem Gebet. Verwandte bringen selbstgemachte Gaben.

Und schließlich dann: die Braut. Sie wird auf einer Sänfte über die Köpfe der anderen hinweggetragen. In Gold gehüllt. Mit einer Krone, wo sie gestern noch Hibiskusblüten trug. Und wenn ich schon bei gestern bin: Im Schlamm des Reisfeldes ist sie unscheinbar gewesen. Doch heute sieht sie aus wie eine Königin.

Der Weg der Sänfte führt durch das Portal des Tempels hin zu einem reichgeschmückten Zelt, das nach drei Seiten offen ist. Festlich gekleidete Frauen stoßen helle Schreie aus und legen das Mädchen auf ein Bett. Unter einem Baldachin steht der Priester, von dem ich glaube, daß er ein Brahmane ist. Mit der Sänfte des Bräutigams drängen sich noch mehr Frauen in das Zelt. Sie lassen den jungen Mann nicht aus den Augen, wie er sich da zu dem Mädchen legt. Auch er ist in ein Festgewand gehüllt. Die junge Königin auf ihrem Bett sieht den Mann neben sich nicht an. Ihr Blick ist starr zu dem Hohepriester hin gerichtet, voller Besorgnis, voller Furcht. Unter dem Brokat hebt und senkt sich ihre Brust, schnell und schwer.

»Warum, Amir?« fragt Luv, und er sagt: »Es steht ihr eine Läuterung bevor. Ihre Augenzähne, die scharf und spitz an Animalisches erinnern,

Ohne Unterlaß spielen Musikanten Gamelan.

müssen abgeschliffen werden. Es ist eine Zeremonie, die vom Brahmanen ausgeführt wird. Danach ist die Frau von allem Unharmonischen befreit, von animalischer Lust, von Neid, Verschwendung, Unwillen und Zwist.«

Der Brahmane beugt sich über den Mund der Frau. Mit kräftigen Bewegungen zieht er die Feile über ihre Zähne. Es ist eine Feile, wie sie bei uns zu Haus ein Schlosser nimmt.

»Warum, Amir?« fragt Luv ein zweites Mal, und er hebt nur die Schultern: »Tradition.«

Wie das Fest nun weitergeht, mit Schwein am Spieß und Coca Cola und Musik, geht Luv ihre Fotos machen. Ich werde ihre Bilder später zu diesen Notizen legen. Im Anblick der Braut begann Amir mit einer Offenheit, die mich überraschte, über das Liebesleben der Balinesen zu erzählen. Was er sagte, fasse ich im folgenden zusammen:

»Junge Leute verlieben sich bei uns vermutlich auf die gleiche Weise wie in anderen Ländern auch. Sie lernen sich bei Festlichkeiten kennen oder in der Schule, meist jedoch bei der Arbeit auf dem Feld. Oft treffen sie sich auch beim Bad in den heiligen Wassern, das Frauen und Männer zwar getrennt vornehmen, und es gilt auch als unschicklich, zu ›der anderen Seite‹ hinüberzusehen, aber unter dem Vorwand einer aus der Hand geglittenen Seife beispielsweise tun das beide Seiten doch. Die Prüderie hört übrigens im Bade auf. Wenn sich zwei junge Menschen mögen, spielen sie kein langes Spiel, sondern kommen auf unkomplizierte Weise schnell zur Sache. Ein solches Liebeserlebnis führt in den meisten Fällen schon bald zur Ehe. Es ist auch keineswegs unüblich, daß ein junges Paar erst einmal eine Ehe auf Probe führt, bevor es seine Verbindung vom Priester weihen läßt. Selbst in Ehen, die von beiden Elternpaaren arrangiert sind, wird es als schicklich angesehen, die Flitterwochen vorwegzunehmen.

Eine beliebter Brauch ist es, das Mädchen zu stehlen. In den meisten Fällen ist dieses ›kidnapping‹ nur vorgetäuscht, und die Eltern geben sich unglaublich aufgebracht. Suchtrupps werden ausgeschickt, aber der Preis für die Braut ist insgeheim längst ausgehandelt.

Der Kuß ist erst durch das Kino in unsere Dörfer gelangt. Zuvor hat es als beliebte erotische Übung gegolten, die Gesichter so nah aneinanderzubringen, daß der Hautgeruch des Partners wahrgenommen und die Wärme des anderen spürbar wird. Fälschlicherweise hat dies bei Männern aus dem Westen zu der Annahme geführt, anstelle eines Kusses würden wir ›unsere Nasen aneinanderreiben‹.

Der Liebesakt ist schlicht und ohne artistische Übungen. Dekadente Methoden, wie in anderen Kulturen üblich, sind in unseren Dörfern, wenn ich mich nicht irre, kaum bekannt.

In der Ehe wird die Frau in fast allen Dingen des Lebens als gleichberechtigt behandelt. Eine Ausnahme bildet die eheliche Treue. Dem Mann wird Polygamie zugestanden. Bei einer Frau gilt gleiches jedoch als verwerflich.

Scheidung ist möglich, falls der Rat des Dorfes zustimmt. Ein Mann kann sich scheiden lassen, wenn die Frau untreu ist, zänkisch, unfruchtbar oder faul. Die Frau wiederum hat das Recht, dem Mann davonzulaufen, wenn er impotent ist, sie quält oder nicht angemessen versorgt.«

Am Schluß hat Amir noch gesagt, daß es diese Art des Verliebens bis hin zum Eheleben nur noch in den Dörfern gebe, also unter Menschen, die in der Gemeinschaft mit ihrer Umwelt den Sinn des Lebens sähen. Im Gewirr der Städte jedoch herrsche inzwischen westlicher Einfluß vor.

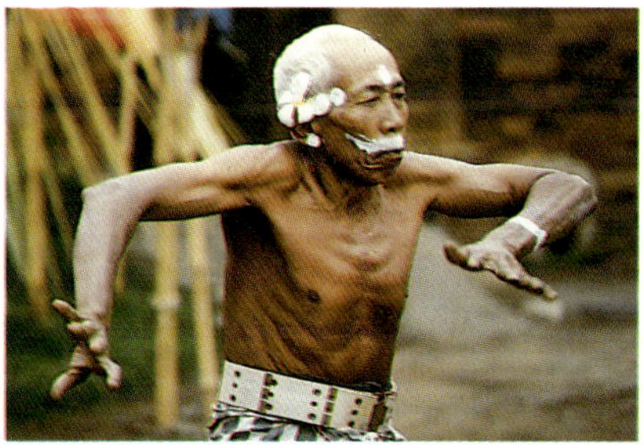

Am zweiten Tag des Hochzeitsfestes: ein Ritterspiel. Kabale, Macht und Fluch. Nicht anders als bei Shakespeare auch.

AM NACHMITTAG DES HOCHZEITSFESTES kommt Amir dann dem Gedanken näher, für den er schon seit Tagen nach den rechten Worten sucht. Die Sache beginnt mit Ritterspielen, ausgeführt von Männern aus dem Dorf: Reisbauern, wie Amir uns sagt, Tischlern oder Lehrern. Es ist ein Spiel aus einer Zeit, als es auf Bali noch Krieger gab und Könige, Narren, Prinzessinnen und Drachen.

»Da haben wir's«, meint Amir während dieser Spiele irgendwann und lacht, »wenn erwachsene Männer Stücke aus der Historie aufführen, dann geht es auch bei uns um Kabale, um Gewissen, Macht, Verwerflichkeit und Fluch.« Und als er noch hinzufügt: »Im Grunde geht es in unseren Dramen um nichts anderes als bei eurem Shakespeare«, widerspreche ich ihm nicht.

Wie nun in dem Stück die Prinzessin mit ihrem Tanz beginnt und der Bösewicht an einem Dolchstoß stirbt, sagt Amir dann weiter: »Und schließlich geht es auch bei uns um Liebe, Heldentum und Tod.«

Noch einmal macht er eine Pause, bevor er zum Ende des Gedankens kommt: »Womit wir, lieber Freund, auch unseren Zyklus wiederhätten, von dem ich sprach: Tod und Liebe. Jedoch, in unserer Welt auf Bali ist beides nicht endgültig. Weder die Liebe noch der Tod. Für uns kann nur

Dritter Tag und Abschluß des bunten Festes: Junge Männer haben sich in Trance getanzt.

der Körper sterben, und der ist lediglich ein zeitliches Gehäuse, in dem die Seele wohnt. Nur die Seele ist ewig.«

Wenige Tage nach dem Hochzeitsfest kommt es zu dem anderen Bild, von dem Amir gesprochen hat: zur Verbrennung jener ›zeitlichen Gehäuse‹, und auf dem Weg dorthin sagt Amir: »Nur durch das Feuer wird die Seele endlich frei. Nur mit dem Rauch steigt sie nach oben zu den Göttern hin, um später einmal, wiedergeboren, in den Enkelkindern zu uns zurückzukehren.«

DER TOD AUF BALI wird an dem Tag zu einem Fest mit Musik und Frauenlachen. Mit bunten Fahnen, die im Winde knattern. Mit schönen Kindern, hellen Kleidern. Genauso fröhlich, wie es die Hochzeit war.

Die Festwiese liegt zwischen hohen Palmen. Menschen strömen von weit her herbei. Sie tragen kunstvolle Türme aus Bambus und Papier auf ihren Schultern. Amir erklärt, daß dies Verbrennungstürme seien, von den Menschen hier im Dorf gemacht, und daß die Türme den Kosmos symbolisieren sollen. Priester stehen oben auf den Türmen, die beim schnellen Lauf der Menschen ganz gefährlich schwanken, und das Geschrei der Männer erscheint mir aufgeregt.

In einer weit entfernten Ecke dieser Wiese erheben sich Grabhügel, die schon seit langer Zeit von Unkraut überwuchert sind. Männer beginnen dort zu graben und legen Knochen frei. Menschenknochen. Schädel. Füße. Becken. Jedesmal, wenn Schaufeln auf ein verwestes Leintuch treffen, in das die Knochen eingewickelt sind, stoßen die Menschen Freudenschreie aus und beten und tanzen um das Grab herum.

Liebevoller Abschied von einem Verstorbenen. Sein Flammentod macht den Weg frei für das Paradies.

Amir geht zu ein paar Kindern hin, die vor einer Schüssel hocken und recht sorglos den Schädel eines ihrer Ahnen waschen. »Wenn es irgend geht«, sagt er, »dann sollten Sie das Bild hier nehmen, wie es ein Balinese nimmt. Sehen Sie, so eine Verbrennung ist äußerst aufwendig, und die Familien müssen lange darauf sparen. In manchen Fällen jahrelang. Für die Wartezeit begraben sie vorübergehend ihre Toten. Erst wenn das ganze Dorf die Mittel beisammen hat, legen die Priester den Zeitpunkt für die Totenverbrennung fest. An einem solchen Tag kommen alle zusammen und suchen auf der Wiese hier nach den Gebeinen ihrer Toten. So manches Mal sind diese schwer zu finden, denn die Gräber sind ja nicht markiert, und wenn die Überreste der Ahnen dann gefunden sind, empfinden alle Erleichterung. Ein erhabener Augenblick ist das. Als eine frohe Stunde wird das angesehen.«

Wie ich nun dabeistehe, betroffen, weil in den Kriegswirren meines Lebens der Tod nie etwas Erhabenes oder gar Frohes mit sich brachte, da sagt Amir, daß jene Seele, die vorher einmal vereint mit diesen Knochen war, jetzt auf einem der Bäume ringsum sitzt und zusieht und über diese Stunde glücklich ist.

»Euer sogenannter Tod ist für uns ein Neubeginn«, sagt er, »eine Stunde, die Anlaß gibt für ein großes Fest.«

Ja. Ein Fest. Amir hat recht. Anders als mit dem Wort ›Fest‹ läßt sich das, was nun geschieht, nicht mehr beschreiben. Buden mit Getränken werden aufgestellt. Frauen verkaufen Reis und Obst. Musiker spielen auf. Noch mehr Verbrennungstürme werden herbeigetragen, und dann beginnt die Prozession der Sarkophage. Auch sie sind aus Papier gemacht. Sie ähneln Stieren, Kühen, Fischen oder Fabelwesen. Lange Reihen buntgekleideter Frauen balancieren Opfergaben auf den Köpfen, und jeder Ankömmling wird mit freudigem Geschrei begrüßt. Das wird ein wahres Fest des Todes, von dem Amir sagt, daß ein jeder Balinese sich zu Lebzeiten ständig sorgt, seine Anverwandten könnten nach

Seiten 150–154: Auf Bali ist der Tod Anlaß für ein Freudenfest. Sarkophage sind die Weggefährten. Sterbliches wird den Flammen übergeben. Die Seele steigt mit dem Rauch zum Paradies.

Abschied von den Vulkanen.

seinem Tod die Mittel nicht beschaffen, die zu einem solchen Fest benötigt werden. Und ohne dieses Fest, so meint Amir, ohne Flammen, Asche, Rauch, kann die Seele eines Balinesen nicht zum Paradies aufsteigen.

Nun, an diesem Tag wird das für alle aus dem Dorf ein gelungenes Fest. Luv und ich sind dafür Zeugen. Die Leute schlagen die Knochenbündel ihrer Toten in neue Leinentücher ein, heben sie unter Freudenrufen zu den Sarkophagen hoch und bringen Flammen zu den Stieren.

Auf der weiten Wiese brennen alle Tiere lichterloh. Das wird ein makabrer Flammentanz mit einem Rauch, der in den Augen brennt. Mit Menschen, die erregt und freudig vor den Flammen stehen und zusehen, wie aus ihren Toten Asche wird. Die zusehen, wie der Rauch der Seelen zu den Göttern steigt.

»Liebe und Tod«, sagt Amir, »das ist ein Kreis, der sich auf Bali schließt. Liebe ist Schönheit. Tod ist es auch.«

HUNDERTFÜNFZEHN LÄNGENGRADE OST und am Äquator. Ich schließe meine Notizen ab. In Amirs Pagode. Auf Bali, Insel der Götter. Und der Menschen, die dem Meer nicht trauen und ihre Insel nie verlassen wollen. Die von einem Fremden sagen, und über mich wohl ganz besonders: »Der hat in seinem eigenen Land sicher etwas Schlimmes angestellt. Sonst wäre er doch nicht von zu Hause fortgegangen.«

INDISCHE BLÄTTER

Wer das Universum beschreiben will, sollte mit dem Blatt an einem Baum beginnen.

Divya wollte wissen, ob ich über die Tempeltänzerin ebenfalls eine Geschichte schreiben würde, und als ich sagte, daß es meine Absicht sei, nur eine einzige Geschichte zu schreiben, und in der wären sie beide gemeinsam die Hauptperson, sah sie mich verwundert an.

»Wie willst du das zuwege bringen?« fragte sie. »Dies hier ist Radschasthan. Die Wüste Thar. Der Norden Indiens. Die Tänzerin hingegen lebt in Kerala. Am Meer. Im tiefsten Süden. Dreitausend Kilometer fort von hier.«

»Ich weiß«, sagte ich. »Es ist kaum anzunehmen, daß ihr euch je begegnen werdet. Die einzige Brücke zwischen euch bin ich.«

Ich streckte mich auf dem krustigen Wüstenboden aus. Es war noch die Kälte der letzten Nacht in ihm. Hinter kargen Büschen stand ein roter Sonnenball. Divya hatte sich in einen dicken Schal gewikkelt. Sie saß an einen toten Baum gelehnt. Ich dachte mir: Wie jung sie ist. Wie unglaublich jung. Und manchmal doch so alt wie dieses ganze Indien selbst. Mit den gleichen tiefdunklen Augen, wie sie auf den Frauenbildern ihrer Ahnen zu sehen sind, die im Palast von Udaipur hängen. Die Ölfarbe der Bildnisse scheint schon seit Hunderten von Jahren brüchig, aber die Schönheit der Porträts ist unberührt. Die Augen der Maharanis längst vergangener Jahrhunderte sehen auf die gleiche Weise groß und hoch geschwungen aus, und als ich einmal zu Divya sagte, die Ähnlichkeit zwischen ihr und ihren Urgroßmüttern sei unverkennbar, hatte sie gelacht: »Es liegt an unseren Nasen. Die sind alle gleichermaßen lang.« Sie hatte es ohne Koketterie gesagt. Als sie sich zu mir drehte, war mir der Diamant aufgefallen, den sie am Nasenflügel trug.

Das war jetzt gut zwei Wochen her. An diesem Morgen sah sie wie ein Mädchen aus dem Westen aus.

»Wie meinst du das mit dir als Brücke?« fragte sie nach einer Weile, und ich sagte ihr: »Eigentlich habe ich an die Geschichte gedacht, die ich schreiben will.«

Hardy mit Divya in der Wüste Thar.

»Ach so«, meinte sie. »Und du weißt schon ganz genau, was du da schreiben wirst?«

»Mädchen«, sagte ich, »ganz genau weiß ich erst, was ich schreiben werde, wenn ich bei dem Wort ›Ende‹ angekommen bin.«

Sie lachte. »Ich finde Geschichten etwas Wunderbares, aber sie aufzuschreiben erfordert viel Geduld. Ich erzähle lieber einfach so drauf hin.«

»Wenn du erzählst, hör' ich dir gerne zu.«

»Ist das wahr?«

»Hand aufs Herz«, sagte ich, »und ich sehe dich noch immer durch diese riesigen Wanderdünen stapfen. Ich hätte nie gedacht, daß es in Radschasthan so hohe Dünen gibt. Die Thar ist ja sonst nur eine endlos scheinende Öde mit kargem Boden und flachem Gestrüpp und allenfalls ein paar niedrigen Bäumen, vor denen sich Ziegen auf die Hinterhufe stellen, weil es am Boden kaum mehr was zu fressen gibt. Doch von einem Tag zum anderen habe ich dann geglaubt, daß wir in der Sahara wären. Selbst eine Kamelkarawane ist vorbeigezogen, und auch der Wind hat an die Sahara denken lassen, weil er uns diesen feinen Sand in die Gesichter geweht hat. Ich hab mir meine Bandana vor den Mund gebunden, aber dir hat der Wind nichts ausgemacht. Ich kann noch immer deine Stimme hören, wie du gegen den Wind angegangen bist und mir die Geschichte aus der Heiligen Gita erzählt hast. Da hat es einmal einen Guru gegeben, hast du begonnen, und der sagte zu seinem Schüler: Teile diese Frucht in zwei Hälften. Was ist es, das du vor dir siehst? Zwei Hälften einer Frucht, antwortete der Schüler, und dazu noch einen Kern. Teile den Kern in zwei Hälften, sagte der Guru. Was siehst du nun? Etwas Leeres, sagte der Schüler, ein Nichts. Der Guru nickte: Es ist dieses Nichts, in dem alles seinen Ursprung hat, und zu dem alles wiederkehrt.«

Divya lachte. »Lüg mir jetzt bloß nicht vor, du hättest die Geschichte nicht gekannt.«

»Hand aufs Herz«, log ich ihr vor, »und ich wette, daß es keinen gibt, der sie besser erzählen kann.«

Sie hielt sich die Hände vors Gesicht und sah jetzt wie ein kleines Mädchen aus. »Wenn ich denke, wie viele Geschichten ich dir erzählt habe, und du hast sie dir nur höflich angehört.«

»Du irrst dich«, sagte ich. »Es ist alles verwirrend neu gewesen. Ich habe viel von dir gelernt.«

Ihre Hände blieben unbewegt auf dem Gesicht.

»Du hast mir geholfen, daß ich mich nicht verlaufe.«

Ich konnte spüren, daß sie mich nicht verstand. Es liegt mir nicht, darüber zu reden, wenn eine Geschichte in meinem Kopf entsteht, aber ich glaubte, ihr etwas schuldig zu sein. Ich war ihr mehr schuldig als nur so einen abstrakten Satz.

»Was ich damit meine, ist für dich nicht neu«, sagte ich deshalb zu ihr. »Dein Indien ist ein riesengroßes Land. Mit Menschen, die nach ihren Sitten, ihren Traditionen, Wurzeln, Religionen und sogar in ihren Sprachen auf eine fast paradoxe Weise unterschiedlich sind. Wer aus dem Westen kommt und über Indien schreiben will, kann hier sehr leicht verlorengehen.«

Es ist das Nichts, in dem alles seinen Ursprung hat und zu dem alles wiederkehrt.

»Da hast du es!« rief sie. »Da hast du einen weiteren Grund für die Reinkarnation! Ein Hindu muß ja schließlich an seine Wiedergeburt glauben! Wenn er Indien wirklich kennenlernen will, reicht *ein* Leben überhaupt nicht aus.«

Delhi
Kalkutta
Bombay
RADSCHASTHAN
PAKISTAN
WÜSTE THAR
Bikaner
Jaisalmer
Jaipur
Jodhpur
Ranakpur
Chittaurgarh
Udaipur
N
250 km

Ohne hinzusehen wußte ich, daß sie das mit einem verschmitzten Lächeln gesagt hatte. Wir waren erst vor zwei Wochen auf diese Fahrt gegangen, aber soviel wußte ich bereits von ihr: Dieses Mädchen war ein indischer Januskopf. Sie brauchte sich nur einmal umzudrehen, und es kam eine neue Stimmung auf.

»Warum hast du dich eigentlich für zwei Frauen entschieden«, wollte sie dann wissen, »wo du doch nur eine Geschichte schreiben willst?«

»Der Gedanke geht auf einen Freund zurück«, sagte ich. »Er war mal Guru, wenn auch nur eine Stunde lang.«

Divya sah mich fragend an.

»Sein Name ist Igor Šentjurc. Er schreibt Romane, aber es hat diese eine Stunde in seinem Leben gegeben, da wurde er zum Guru, der mir einen Rat gegeben hat.«

Mit der Wüstentochter auf der historischen Karawanenstraße nach Jaisalmer.

»Wie lautete der Rat?«
»Wer die Götter,
Seinen eigenen Gott,
Die Allmacht,
Die Natur,
Kurz, alles Überirdische,
Beschreiben will,
Sollte nicht mit dem Universum,
Sondern eher mit einem Blatt
An einem Baum beginnen.«

Eine Zeitlang saß sie schweigend da. »Dieser Baum, von dem dein Guru sprach«, sagte sie dann, »ist Indien. Richtig?«

»Richtig.«

»Ein Baum, von dem du dir zwei Blätter nimmst.« Sie sah jetzt wieder wie die Frauen auf den Ölgemälden aus. »Die Tänzerin und mich.«

EINE WEILE SPÄTER STAND DIE SONNE NICHT MEHR GANZ SO ROT über dieser flachen Wüste, aber es war Dezember, und in dem Monat braucht die Sonne den halben Morgen, bevor sie das Land erwärmt.

Ein reiterloses Pferd kam über die schmale Landstraße gestakst, an der wir unser Auto abgestellt hatten. Das Verdeck lag aufgerollt hinten in dem Jeep. Meine Finger waren klamm von der kalten Wüstenluft. Ich hatte keine große Lust, das Verdeck mit klammen Fingern auf das Auto zu spannen. Außerdem gab es keine Eile. Jedenfalls nicht an diesem Morgen. Und vermutlich auch nicht an den nächsten. Vermutlich war das so, daß wir auch in den nächsten Tagen keine Pläne machen würden. Es gab kaum Straßenkreuzungen in dieser Wüste, und wenn wir mal auf eine stießen, dann sagte Divya, ob wir nach links wegsollten oder nach rechts. Oft übernahm sie selbst das Steuer. Dann döste ich auf meinem Sitz. Oder ich sah den Frauen in ihren blutroten Saris nach, wie sie um einen Brunnen standen. Die Brunnen hatten meist kräftige Räder aus Holz, und wenn sich die Frauen in die Sprossen stemmten und im Kreise gingen, kamen die Eimer mit dem Wasser aus der Tiefe hoch.

Manchmal wird mir das zu eintönig in einer Wüste. Zu melancholisch. Zu nah am Tod. Es ist wohl so, daß ich ein Mann der Wälder bin. Als ich das Divya einmal sagte, hat sie mich zu dem Marmortempel Ranakpur gefahren. Weiße Säulen standen da in Gruppen. Wie Birken

Oben:
Die Prinzessin von Gujarat und ihr Chauffeur auf der Fahrt durch das alte Königreich der Mewar.

Unten:
Radschasthan war sieben Jahre ohne Regen. Die Bauern müssen tiefer bohren.

sonst in Wäldern stehen. Birken unter einem hohen Dach. Mit Stämmen voller Schnitzereien. Mit Symbolen übersät. Schönheit, von Menschenhand gemeißelt. In Marmorrinden eingeschnitzt. Vor Hunderten von Jahren.

Das reiterlose Pferd war jetzt das Stück von der Straße bis zu uns gekommen. Divya saß noch immer eingehüllt an den Baum gelehnt. Sie hatte lange nichts gesagt. Das Pferd streckte seinen Kopf zu ihr hin. Dann stakste es weiter. Es schien ein ziemlich altes Pferd zu sein.

»Nehmen wir einmal dieses eine Blatt«, sagte Divya unverhofft. »Nehmen wir einmal mich. Ich stamme aus Gujarat. Ich habe eine Kindheit gehabt. Ich habe eine Jugend gehabt. Jetzt bin ich zweiundzwanzig. Sag mir mal, was du über so wenig Leben schreiben wirst.«

»Gar nichts.«

Eigentlich war es meine Absicht gewesen, »Tradition« zu sagen, aber in meinem Mund war »gar nichts« daraus geworden, was ich nun nicht mehr ändern konnte. Das ist das Schlimme am gesprochenen Wort: Es läßt sich mit keinem Bleistift streichen. Wenn so ein Wort erst mal raus ist, dann läßt es sich ebensowenig wie die Luft zurückholen, mit der es ausgeatmet worden ist.

»Hör mal, Mädchen«, sagte ich, »du trägst zwei verschiedene Leben in dir. Der gewöhnliche Inder hat nur ein Karman, das ihn bewegt. Du mußt dich damit abfinden, daß Gott Schiva dir zwei Karmans aufgetragen hat.«

Divyas Vorfahren haben zu den gottgeschaffenen Löwen ihre eigenen gesellt.

»So etwas habe ich noch nie gehört«, sagte sie jetzt mit großem Ernst.

»Gott Schiva hat deiner Familie das Königreich Mewar übertragen«, sagte ich. »Wie lange ist das her?«

»Eintausendvierhundert Jahre.«

»Und seither hat deine Familie dieses Königreich regiert. In einer Erbfolge, die niemals unterbrochen worden ist.«

»Aber das Königreich gibt es doch schon seit 1947 nicht mehr«, sagte sie. »Wir haben es in die Indische Union eingebracht. Die Staaten Radschasthan und Gujarat sind daraus geworden. Ich habe dir das doch erzählt.«

Seiten 166/167: Divya, Tochter von Sonne, Mond und Feuer.

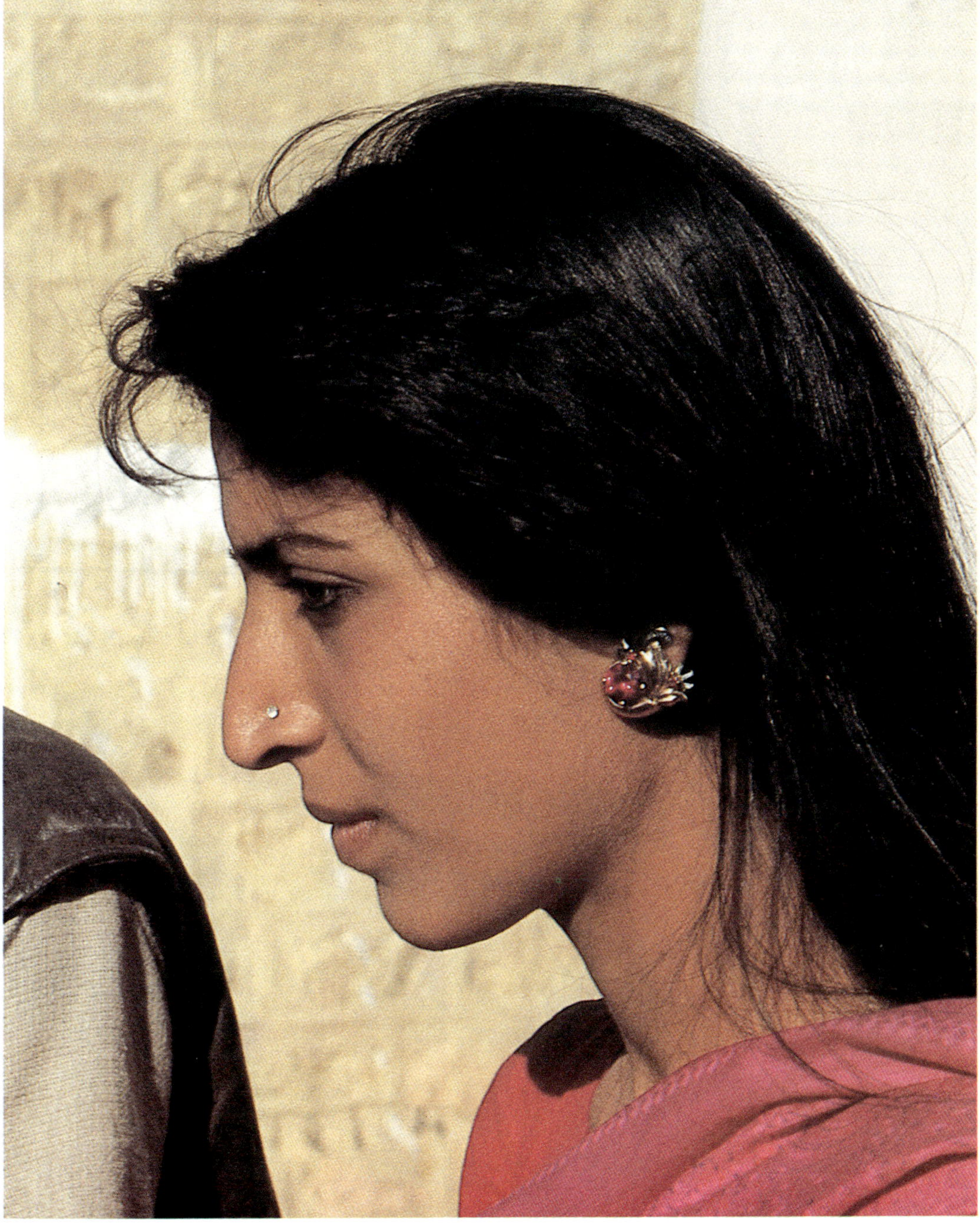

»Eintausendvierhundert Jahre«, sagte ich. »Die hüllen dich wie ein Mantel ein. Wenn wir durch ein Dorf gehen, sehen die Leute von ihrer Arbeit auf. Selbst die Unberührbaren. Ich weiß, daß sie dich nicht kennen können. Dein Foto war noch nie in einer Zeitung. Und trotzdem sehen die Leute zu dir auf. Mit Verwunderung in ihren Augen. Sie spüren die eintausendvierhundert Jahre, die auf deiner Seele sind. Das ist das eine Karman.«

»Und das andere?«

»Das andere ist das Karman deiner kurzen zweiundzwanzig Jahre. Das Leben einer gewissen Divya Jhala. Studentin. Berufsziel: Journalistin. Vergangenheit: Universität in den Staaten. Zukunft: Praktikantin bei der ›Times of India‹. Mit einem Wort: das Karman einer jungen Inderin, die sich auf das kommende Jahrhundert freut.«

Sie legte ihr Kinn auf den Schal, den sie um ihre Beine geschlungen hielt. Sie blieb ziemlich lange so. Dann hellte sich ihr Gesicht auf. Ohne Übergang. Unverhofft. »Ich hätte Lust zu einem großen Spaß«, lachte sie. »Wir stellen uns vor, wie ich da als Blatt am Baum von Indien hänge, und mein Name ist Radschasthan, und du kommst mich besuchen, und ich erzähle dir deinen Besuch jetzt mal aus meiner Sicht.«

»Mädchen«, sagte ich, »möge deiner Hilfsbereitschaft ein langes Leben beschieden sein.« Ich fand ein armseliges Stück Stumpf von einem Baum und lehnte meinen Rücken daran und hörte dem Mädchen zu.

DIVYAS GESCHICHTE BEGANN MIT DEN WORTEN: Als der Fremde nach Udaipur kam, stand er zunächst sprachlos vor den Palästen aus weißem Marmor, die Generationen von Prinzen in unser Land gebaut hatten. Überall gab es solche Paläste. Auf Bergen. Zwischen Hainen. Selbst in einem See, der wie ein Wunder in der Wüste lebt, stand einer mittendrin hineingebaut, weil wohl die Königssöhne früher Zeiten ihrer Göttin hatten sagen wollen: Wenn es darum geht, Schönheit zu erschaffen, dann bemühen wir uns darum auch.

Der Fremde ist ein Okzidentale gewesen, also ein rationaler Mann des Westens, und beim Betrachten von soviel kunstvoller Pracht sind seine Gedanken zurückgewandert zu seinem eigenen Haus und zu der Rechnung für die letzte Reparatur am Dach, und er hat sich gefragt: Wieviel Geld muß denn heutzutage so ein Maharadscha haben, wenn er das hier alles unterhalten will? Die Antwort kam von dem Königssohn selbst: Der Besitzer solcher Paläste muß über mehr Geld verfügen als in modernen Zeiten menschenmöglich ist.

Seiten 168/169: Ein Wunder in der Wüste. Die Sandsteinfestung Jaisalmer.

Seite 171: Festung zu Ehren des Gottes Schiva, der Divyas Urahn auf diesem Hügel ein Königreich anvertraute.

Der Name des Maharajkumars ist Arvind. Er gilt als der letzte Herrscher in der endlos langen Reihe aller Mewars. Trotzdem saßen sie sich eines Tages gegenüber, dieses ungleiche Paar, Arvind und der Fremde. Sie haben bei dem Marmorbecken im Palast gesessen, und Arvind hat ohne Scheu davon gesprochen, wie es gewesen ist, als sein Vater ihm die Order gab, nach Übersee zu gehen und in einem Hotel als Page zu beginnen. Der erschreckte Sohn erlaubte sich zu widersprechen: Schließlich sei er doch soeben erst aus dem Vereinten Königreich zurückgekehrt, mit Universitätsdiplom, jedoch im Hotelgewerbe sei damit nichts zu beginnen. Der Maharana ließ sich nicht beirren. Schließlich könne selbst ein König nicht ewig leben, und die Zukunft der Mewars bereite Sorgen. Ein neues, auf das Volk gestelltes Indien hatte die britische Herrschaft abgeschüttelt. Eine Vereinigung indischer Staaten war entstanden, mit Mahatma Gandhi als dem großen Denker. Bei vielen Fürsten hatte sich die Meinung durchgesetzt, dieser Gandhi sei eine neuerliche Teilinkarnation des Gottes Schiva gewesen, der ja immer wieder in den unterschiedlichsten Gestalten zu den Menschen kam. Und war denn nicht Schiva gleichermaßen Lebensspender und Weltzerstörer? War er nicht auch Reformer? War es also möglich, daß Schiva ein neues Indien hatte haben wollen? Nun gut, mit der Ermordung Gandhis sei Schiva zwar auf seinen Himmelsthron zurückgekehrt, die Gedanken an Reformen aber hatte er in den Köpfen der Menschen zurückgelassen. War denn schließlich die Entmachtung der Radschahs nicht als nächste Konsequenz erfolgt? Ist nicht möglicherweise auch das der Wille dieses Gottes gewesen, der als unberechenbarer Wirbelwind Verwirrung auf Verwirrung brachte? Wie dem auch sei, so sagte der Vater, die Noblen Indiens würden sich auch weiterhin schweren Zeiten gegenübersehen. Also erging die königliche Order: Die Paläste werden im Geschwindschritt zu Hotels, und der Kronprinz wird als erster Mewar einen Beruf erlernen.

Selbst die gefürchteten Moguln haben diese Festung niemals stürmen können.

Wie der Maharana es befahl, geschah es auch. Bevor sie ihn zu Grabe trugen, hat er noch mitansehen dürfen, wie weise sein Entschluß gewesen ist. Touristen aus aller Welt kamen schon recht bald in großer Zahl, und aus dem Sohn ist der versierte Manager von Hotels geworden.

Arvind Mewar lenkte, für Touristen ständig unsichtbar, weit aus dem Hintergrund die Fäden. Man sah den scheuen Mann nur selten mal mit Gästen sprechen. Um so erstaunlicher mußte es dem Personal erscheinen, als man ihn jetzt mit dem Fremden in so vertrauter Weise sah. Das Geheimnis, das die beiden teilten, kam nur allmählich, und auch wie ein Gerücht, ans Tageslicht: Die Männer sind sich in diesem Leben schon einmal begegnet. Als sie blutjung gewesen sind. Auch wenn der Fremde sich an den Arvind aus der Zeit von damals kaum erinnern kann. Doch umgekehrt erinnert der sich an den Fremden noch genau. Arvind, so heißt es, sei als Student in England auf der Universität gewesen, als der Fremde von London her mit Filmleuten nach Cambridge kam. Einen Sommer lang haben sie gemeinsam vor der Kamera gestanden. Der Fremde stand da als Hauptdarsteller. Der Student mit Namen Mewar stand da als Statist. Dann war der Sommer vorbei. Der Schauspieler zog weiter. Der Statist hat ihn im Lauf der Jahre sicher ebenso vergessen. Doch als der Fremde nun, immerhin gut dreißig Jahre später, zu den Gärten des Palastes kam, hat Arvind Mewar ihn sofort erkannt.

Arvind, der 76. Thronfolger der Mewars.

In den Tagen, die der ersten Begegnung folgten, konnte man die beiden Männer oft gemeinsam durch die Straßen von Udaipur wandern sehen, eine Tatsache, die im Palast für weitere Erregung sorgte. Nie zuvor war der Herrscher zu Fuß an den Soldaten seiner Wache vorbeigeschlendert. Es gehörte zum Protokoll, daß er den Palast auf einem Pferd verließ. Oder in einem seiner Wagen, von denen er eine beträchtliche Kollektion besaß, die von Oldtimern bis zu den neuesten Modellen reichte. Die beiden Männer hatten besonders mit den dünnrädrigen Autos der zwanziger Jahre ihren Spaß und unternahmen häufig Ausflüge damit. Arvind Mewar soll zu dem Fremden einmal gesagt haben, daß er das alte Wort ganz sicher kenne: Je älter der Knabe, desto größer sein Spielzeug. Ein Bediensteter hatte das mitangehört.

Es ist derselbe Bedienstete gewesen, der von einer anderen Überraschung zu berichten wußte. Der Maharajkumar galt als erklärter Feind von Fernsehleuten. Zwar hatte er den einen oder anderen Palast über die Jahre hinweg an Filmgesellschaften als Dekoration vermietet, und selbst ein James-Bond-Film wurde in Udaipur einmal gedreht, doch wenn es geschah, daß Arvind Mewar zu Interviews vor Fernsehkameras gebeten wurde, hat er stets nur abgewinkt. Selbst die altehrwürdige BBC aus London hat sich eine Abfuhr eingehandelt, als sie den Chef des Klans der Mewar für ihre Dokumentation »Die Maharadschas« hatte gewinnen wollen. Um so erstaunlicher ist es nun gewesen, daß dieser Bedienstete zu berichten wußte, der Fremde trage sich mit der Absicht, im nächsten Jahr einen Fernsehfilm über Radschasthan zu drehen, und der Maharajkumar habe seine Bereitschaft zur Mitwirkung bedenkenlos erteilt.

In das Gefallen, das diese beiden Männer aneinander gefunden hatten, fiel die Dissonanz eines Geschäftsgeschehens, das Arvind Mewar in das ferne Delhi rief. Diese vorübergehende Störung wiederum führte zu einer Veränderung im »tat« eines anderen Menschen. Dieser andere Mensch war eine junge Inderin namens Divya Jhalla, ehemals Prinzessin von Gujarat, die durch Geburt der mütterlichen Seite Arvind

Der Palast von Jodhpur. Divya ist auch hier zu Hause.

Mewars angehörte. Ihrer Überzeugung nach konnte das elementare indische Denken mit den Worten des Sanskrit »Tat tvam asi« zusammengefaßt werden, was für sie bedeutete: »Du selbst bist tat«, und »tat« wiederum war der Begriff für Leben, Tod, Existenz. Im weiteren Sinne hieß »tat« auch Veränderung, und als eine solche betrachtete Divya die Begegnung mit dem Fremden, über den im Palast soviel gerätselt wurde. Den Anlaß zur Begegnung hatte ihr Schwager Arvind mit dem Wunsch gegeben, den Fremden an seiner Statt durch das gute alte Radschasthan zu führen. Für Divya verbarg sich in dieser Aufgabe ein reizvoller Gedanke: Sie hatte ihre Heimat nie zuvor mit den Augen des Westens angesehen. Arvinds Freund durch die Wüste Thar von Ort zu Ort zu führen bot die Gelegenheit, Land und Leute so zu sehen, wie sie der Fremde sah.

Auf der Fahrt durch das Land der Radschputen, der Söhne von Sonne, Mond und Feuer, wie sie sich selber nennen, zeigte sich der Fremde recht belesen, und er hatte sich auf seine Indienreise ohne Frage vorbereitet, doch es steckte auch viel Wirres in seinem Kopf. So hielt er beispielsweise diese Wiederkäuer, die stets als Hindernisse auf den Straßen lagen, für »heilige Kühe der Hindus«, und Divya mußte ihm erklären, daß es sich um alte Kühe handelte, deren Euter trocken waren. Eine Kuh, die keine Milch mehr gibt, so hatte sie ihm erklärt, ist ein zusätzlich unnützer Fresser für einen Bauern, der ohnehin genügend Sorgen hat. Also läßt er das Tier ganz einfach frei. Soll es doch für sich selber sorgen! Was die Kuh fortan auch tut, und wer sie in der Stadt antrifft, der füttert sie mit Nahrungsresten aus dem eigenen Haus und läßt sie auch sonst gewähren, bis sie an Altersschwäche stirbt. Denn schlachten tut ein Hindu nicht. Zumindest nicht, wenn er gläubig ist. Weil er an sein Karman denkt. Schlachten ist lediglich ein anderes Wort für Töten. Das Auslöschen von Leben ist dem Hindu untersagt, ob es sich nun um einen Hund handelt, einen Menschen oder um ein Pferd. Alles, was lebt, wird als heilig angesehen. Nicht nur eine Kuh.

In der Absicht, ihn mit dieser Denkweise vertraut zu machen, hat sie den Fremden nach Bikaner gebracht, wo in dem Tempel der Sakti bekanntlich Tausende von Ratten sind. Es schien dem Fremden nicht viel auszumachen, daß diese zahmen Tiere über seine nackten Füße hin und bis zu den Schultern an ihm hochliefen, doch als er einen Inder sah, der sein kärgliches Mittagsmahl mit diesen Ratten teilte, hat er doch gefragt: Warum? Die Antwort der jungen Inderin ist für den Mann eine

Überraschung gewesen, die ihn so sehr freute, daß er laut nach Shakespeare rief. Was er erfuhr, war dies: In den Ratten leben die Seelen von verstorbenen Barden weiter. Also von Dichtern, Sängern und Erzählern. Mit dem Tod der Ratte geht die Seele des Barden für ein weiteres Leben in ein Neugeborenes über. Barden werden von den Radschputen als Bewahrer ihrer Tradition betrachtet, was der Grund dafür ist, daß die Radschputen den Ratten in diesem Tempel Schutz gewähren. Unter der persönlichen Obhut dieser Menschen wird dem zukünftigen Genie kein Unheil widerfahren.

Im Tempel von Sakti. Die Seelen toter Barden leben bis zu ihrer Wiedergeburt in zahmen Ratten weiter.

Seit der Begegnung mit den Ratten stellte der Fremde immer wieder die Frage nach der Reinkarnation, und es wurde Divya klar, daß dies eine recht verwirrende Angelegenheit für einen Okzidentalen sein mußte. Wollte sie ihm das Bild der Seelenwanderung verdeutlichen, so mußte dies in jener kurzen, knappen Form geschehen, in der sein Denken angesiedelt war. Sie versuchte es auf diese Weise:

Hinter der hinduistischen Vielzahl von Gottheiten verbirgt sich der Glaube an einen einzigen Gott, wenn auch in vielfältiger Erscheinungsform. Den Göttersitz beherrschen drei klassische Gestalten:

BRAHMA, der die kosmische Energie verkörpert.

WISCHNU, der als der »Bewahrer« gilt.

SCHIVA, der Weltenzerstörer und Lebensspender in einem ist. Sein Zeichen ist das LINGAM, das sich von der YONI erhebt.

Der Name für eine Göttin ist DEVI. Sie ist mehr als nur die Gemahlin eines Gottes. Vielmehr verkörpert sie die Kraft des Mannes, ohne die er seine Aufgabe nicht zu erfüllen vermag. Eine Devi ist die Verkörperung der Fruchtbarkeit, sie schützt vor Krankheiten und kann auch dämonische Züge tragen.

Jede Gottheit hat eine fest umrissene Aufgabe zu erfüllen, und für den Menschen gilt dies ebenso. Die Aufgabe des Menschen ist seiner Kaste angemessen. Es gibt vier klassische Kasten, die eine Rangordnung darstellen:

PRIESTER.

FÜRSTEN, KRIEGER UND BEAMTE.

KÜNSTLER UND KAUFLEUTE.

VIEHZÜCHTER UND ACKERBAUERN.

Die UNBERÜHRBAREN gehören keiner Kaste an. Mahatma Gandhi nannte sie »Die Kinder Gottes«.

Für den Hindu sind zwei Lebenselemente die Basis allen Seins:

DHARMA. Das unteilbare Ganze von Religion, gesellschaftlicher Moral und Moral des Individuums.

KARMAN. Jede Handlung eines Menschen, ebenso wie die Summe aller während eines Lebens vollzogenen Handlungen. Das Karman stirbt nicht mit dem Tod. Allgegenwärtig begleitet es den Menschen während seiner Seelenwanderung.

Es sind die hier (vereinfacht) genannten Begriffe, die für den Zusammenhalt des Hindu-Volkes sorgen und aus denen der Hindu seine Kraft bezieht. Denn zum einen muß er innerhalb seiner Kaste seinem Dharma gemäß leben, wenn er die Last des zukünftigen Karman lindern will. Und zum anderen ergibt er sich selbst größter Armut ohne Klage, ohne Neid, weil er sich ja das Karman durch sein voriges Leben selbst geschaffen hat. Ebenso wie Menschen anderer Völker lebt auch ein Hindu von der Hoffnung: Wenn er für ein gutes Karman sorgt, darf er für sein nächstes Leben auf verbesserte Umstände oder eine höhere Kaste hoffen.

Der Glaube des Hindu an seine Wiedergeburt führt zu der wahrhaftigen Ehrfurcht vor dem Leben. Nicht nur dem Menschen ist eine Seelenwanderung beschieden. In jedem Tier wohnt eine Seele auf der Wanderschaft. Die Ratten im Tempel der Sakti sind nur ein kleiner Stein in diesem großen Mosaik, dem selbst die höchsten Wesen angehören, und Reinkarnation gilt auch für Götter. So ist der passive Wischnu beispielsweise zu dem schalkhaften Krischna geworden, den die Mädchen sich als Liebhaber ersehnen, und nachdem er Krischna geworden war, wurde er zu Buddha. Es gibt sogar Gelehrte, die behaupten, auch Jesus Christus sei eine Reinkarnation des Wischnu, und da er ein Gott gewesen sei, könne er auch nicht am Kreuz gestorben sein. Wie es heißt, habe er im Kreise seiner vielen Kinder den letzten Atemzug getan. In der Stadt Srinagar soll das geschehen sein, also in Kaschmir, wo Wischnu ihn hat verlassen müssen. Das Haus des Jesu ist in Srinagar noch heute zu besichtigen.

Manchmal wußte die junge Inderin nicht, wo beginnen und wo enden, denn es gab so vieles, was sie dem Fremden erzählen wollte. So manches Mal war sie nicht sicher, ob tatsächlich alles neu für ihn war oder ob es ihm nur Freude machte, sie anzusehen mit diesen hellen Augen, wie sie nur die Männer aus dem Westen haben, und beim Zuhören auch ihre Hände zu betrachten, die sich immer wieder selbständig zu machen schienen während der vielen Gesten, mit denen sie ihre Worte unterstrich.

Mit dem Bewußtsein, daß die Astrologie einen bedeutenden Platz im Leben Indiens einnimmt, brachte Divya den Fremden zu einer Sternwarte, die sich auf den ersten Blick wie ein Steingarten abstrakter Skulpturen ausnimmt. Sie grenzt in der Stadt Dschaipur an den rosaroten Palast der Winde an, und das Mädchen versuchte, dem Mann ein perfekter Fremdenführer zu sein, als sie ihm erklärte, daß der Maharadscha Dschaj Singh, Feldherr und Astrologe, dieses Observatorium bereits 1728 erbaute und daß mit den von ihm erfundenen Meßinstrumenten eine fast vollkommene Genauigkeit der Beobachtung mit bloßem Auge erreicht wurde, die bis zum heutigen Tage wissenschaftliche Anerkennung findet. Die Feststellung, daß diese Sternwarte ihrer Zeit weit voraus gewesen sei, brachte den Fremden zu der Frage, warum Indien mit seiner technischen Entwicklung in modernen Zeiten so weit zurückgefallen sei, was die Inderin übrigens vehement bestritt, denn neben urzeitlich anmutender Ausrüstung in der Landwirtschaft gebe es auch ein modernes Indien, das sogar seine Raketen selber bauen könne. In den darauffolgenden Tagen stellte sie fest, daß sich ihr Reisegefährte ein recht objektives Bild von Indien verschafft hatte. So verfiel er beispielsweise nicht dem Klischee-Denken vieler Okzidentalen, die das erschreckende Dasein der Menschen in den Slums von Bombay mit dem täglichen Leben einer ganzen Nation gleichsetzen. Dennoch schien es angebracht, ihm die Lage Indiens aus der Sicht einer Frau und angehenden Journalistin zu schildern, und auch dies wiederum unter Berücksichtigung seiner westlichen Denkungsart. Es ging also darum, sich kurz zu fassen. Fakten zu nennen. Ungefähr so:

DEMOKRATIE. Die Hälfte aller Menschen unserer Welt, die sich Parlament und Regierung selber wählen, lebt in Indien.

REGIERBARKEIT. Indien ist kein Land. Seinen Ausmaßen entsprechend, könnte es als Kontinent gelten. Die Vielzahl seiner ethnischen Gruppierungen, Sekten und Religionen stellt ein schier unlösbares Problem dar. Der Kampf der Sikhs im Pandschab ist nur ein Beispiel dafür. Religiöser Fanatismus führt oft zu Mord und blutigen Kämpfen. Der Beamtenapparat ist aufgeblasen und weitgehend korrupt. Alles zugegeben. Und trotzdem: Diese Nation, die zum gleichen historischen Zeitpunkt wie die Bundesrepublik Deutschland entstand, ist nachweisbar als Demokratie lebensfähig.

LANDWIRTSCHAFT. In Indien gibt es 575000 Dörfer. Von zehn Menschen wohnen acht auf dem Land. Allenfalls Naturkatastrophen (Flut, Trockenheit) können den Inder von seinem Land vertreiben. Wenn dies geschieht, sucht er auf meist ergebnislose Weise sein Heil in der Stadt. Ein solcher Schicksalsweg endet oft in Slums.

Angebaut werden hauptsächlich Reis, Baumwolle, Hülsenfrüchte, Mais, Zuckerrohr und Jute. Der Bestand an Milchkühen und Rindvieh ist der größte auf der Welt: ungefähr zweihundert Millionen Tiere. Im Ausbau der Milchwirtschaft gibt es eine steigende Tendenz. Der Dung der Kühe wird getrocknet und als Brennstoff verwendet. Ihr Urin dient der Desinfektion. Das Fell eines Tieres, das eines natürlichen Todes gestorben ist, wird getrocknet und gegerbt. Es ist dem Hindu zwar verboten, ein Tier zu töten, doch Firmen größeren Umfangs haben mit dem Schlachten begonnen.

WIRTSCHAFT. Bei ihrem Abzug hatten die Engländer mit der Abhängigkeit Indiens von der britischen Industrie gerechnet. Das war eine Fehleinschätzung. Noch bis 1950 hat Indien sich zwar fast ausschließlich durch Importe auf den Beinen gehalten, doch heute muß so gut wie nichts mehr eingeführt werden. Von Lastwagen über Autos bis zu anderen Konsumgütern wird alles im Lande hergestellt. Sogar die Exportzahlen wachsen.

ÜBERBEVÖLKERUNG. Die Geburtenexplosion gilt zunächst als unterbunden. Doch die Lage ist noch immer katastrophal. Die verschiedensten Regierungen der Indischen Union haben sich verzweifelt bemüht, wenn auch nicht immer mit vertretbaren Methoden (zwangsweise durchgeführte Sterilisation von Männern), die Geburtenzahl unter Kontrolle zu bringen und Aufklärungsarbeit zu leisten. Das Gedankengut katholischer Missionare arbeitet den Bemühungen der indischen Regierung bis zum heutigen Tag entgegen. In den Städten geben sich Ehepaare mit weniger Kindern zufrieden. Die ländliche Bevölkerung ist nicht gleichermaßen leicht zu überzeugen. Indien hat derzeit eine Bevölkerung von mehr als 800 Millionen Menschen. Wenn es nicht gelingt, der Springflut Einhalt zu gebieten, wird im Jahr 2000 die Milliardengrenze erreicht sein.

Seiten 180/181:
In einem abgelegenen Dorf der Wüste Thar.

Es hat noch mehr Informationen gegeben, die von der angehenden Journalistin an den Wanderer aus einer fremden Welt weitergegeben wurden. In manchen Fällen verglich er ihre Zahlen mit denen in seinen Büchern, die er bei sich hatte. Die beiden fuhren oft ohne Ziel durchs Land, und wenn es Abend werden wollte, lenkten sie den Jeep zu einem der Paläste hin, in denen jetzt Touristen wohnten. Anfangs hatte der Fremde vermittels Telefon ihre Zimmer vorausbestellen wollen, aber im Lauf der Zeit hat der Mann dann doch dazugelernt. Denn einmal befand sich das Telefon in Radschasthan noch immer im Zustand einer relativen Unzuverlässigkeit, und zum anderen gehörte Divya im Palast von Jodhpur ebenso zur Familie wie in denen von Amber oder Jaisalmer.

Einmal hat der Fremde den Wunsch geäußert, in die Stadt Chitor gebracht zu werden, weil er seinem Freund Yul Brynner versprochen hatte, dorthin zu fahren, sollte er jemals in den Norden Indiens kommen. Yul hatte ihm erzählt, daß Chitor die Wiege aller Zigeuner sei, von dort aus waren sie in die ganze Welt gezogen, und der Fremde sagte, Yul habe das wissen müssen, denn schließlich sei er selbst reinrassiger Zigeuner. Für Divya lag nichts Besonderes in der Erkenntis, daß ihr »tat« wieder einmal dem »tat« des Fremden begegnet war, und als sie vor den kunstvoll geschnitzten, hochrädrigen Wagen der Zigeuner standen, erzählte sie ihm auch davon. Denn nicht nur sein Freund Yul war mit den Zigeunern von Chitor verwandt. Sie selbst war es auch.

Vor den hohen Karren brannten Feuer, und die Männer schmiedeten Pflugscharen und anderes Ackergerät, und Divya sagte, zu Lebzeiten ihres Vorfahren Rana Pratap hätten die Zigeuner Schwerter geschmiedet und gemeinsam mit den Radschputen das Königreich Mewar von dem Mogul und seinen kriegerischen Moslems befreit, und seither betrachtet sich ihre Familie als verwandt mit diesen Menschen. Jedes Jahr einmal kommt eine Gruppe der Zigeuner nach Udaipur zu Arvind in den Palast. Sie bringen Geschenke. Und nehmen Arvids Gaben mit zurück. Meist händigt er Stipendien aus, wenn es darum geht, begabte Zigeunerkinder auf die Universität zu schicken. Auch andere Anlässe führen dazu, daß eine Gruppe von Zigeunern zu Arvind Mewar kommt. Weil sie Hilfe brauchen oder einen Rat. Sie wollen es einfach nicht glauben, daß Arvind nicht mehr König ist.

Bei dem letzten großen Treffen hat der Älteste gesagt: »So hat also die Regierung in Delhi dir den Thron genommen, Maharajkumar. Du darfst den Titel nicht mehr führen, so wie kein Maharadscha im ganzen Land mehr seinen Titel führen darf. Das mag so sein. Mag recht und

Seite 182: Hardy hat Kollegen getroffen: Bophars, wandernde Schauspieler. Sie tragen ihre Balladen in Dörfern vor, die weder Fernsehen noch Kino kennen.

rechtens sein. Doch du hast der Regierung auch dein Land geschenkt. Dein Königreich. Und das ist alles andere gewesen als das, was rechtens ist. Denn es ist auch unser Land gewesen. Auch unser Königreich. Du hast der Regierung etwas gegeben, was dir nicht gehört. Erinnere dich, Maharajkumar: Entstanden ist das Königreich Mewar nicht durch Ereignisse, wie sie sonst am Beginn der Gründung eines Staates stehen: Blutvergießen, Eroberung, Bruderzwist. Dein Königreich ist vielmehr durch die Segnungen eines Guru entstanden. Vor eintausendvierhundert Jahren hat er es deinem Vorfahren Bapar Ravahl anvertraut. Wohlgemerkt: anvertraut. Nicht als Eigentum übergeben! Nicht als Grundbesitz deiner Familie euch geschenkt! Nur zur Verwaltung habt ihr es erhalten. Der wahre Besitzer dieses Reiches ist Gott Schiva selbst. Und du bist sein Verwalter.«

Als der Zigeuner das gesagt hatte, herrschte Verwirrung in den Köpfen der Bediensteten im Palast, und alle haben gewartet, was der Maharajkumar wohl entgegnen würde. Doch der hat nur genickt. »So ist es, guter Freund«, hat Arvind ihm gesagt. »Die Mewar waren immer nur Verwalter eines Reiches, das Gott Schiva selbst gehört. Nun besteht aber ein Reich aus zweierlei: aus Land und Menschen. Mag die Regierung in Delhi doch das Land ihr eigen nennen, ein Anrecht auf die Menschen hat sie nicht. Der Mensch muß vor allem Vorrang haben. Auch vor den Interessen eines Staates. Das gilt gleichermaßen für Zigeuner. Das gilt gleichermaßen für Radschputen. Und die Verantwortung für diese Menschen kann nur der von meinen Schultern nehmen, der sie meinem Vorfahr aufgebürdet hat: Gott Schiva selbst.«

So ist es gewesen. So war der Stand der Dinge, als der Fremde zu den weißen Palästen in der Wüste kam.

Und so liest sich die Geschichte von Arvind und Divya und von den anderen Radschputen. Es ist eine Geschichte, die der Fremde nun getrost nach Hause tragen kann.

ALS DIVYA GEENDET HATTE, konnte ich auf fast schmerzliche Weise die Stille über der Wüste hören. Später würden ganze Kolonnen von Lastwagen mit Zuckerrohr aus dem Pandschab über die alte Straße rumpeln, doch jetzt war es die Stille, die mir zu Bewußtsein kam.

Ich hatte Divya die ganze Zeit nicht aus den Augen gelassen. Wenn ich einer guten Geschichte zuhöre, schließe ich sonst immer gern die Augen, weil das Erzählte dann für mich zu Bildern wird, doch bei dieser Erzählung wurde Divya selbst zu einem Bild.

»Du schweigst«, sagte sie. »Soll das etwa bedeuten, ich habe die Geschichte schlecht erzählt?« Sie hatte jetzt zwei steile Falten auf der Stirn.

»Nein, Mädchen«, warf ich schnell ein, »und du mußt sofort die steilen Falten aus der Stirn wegnehmen, weil du nämlich die Geschichte ganz wunderbar erzählt hast.«

»Ich habe nur wiedergegeben, was wir zusammen erlebt haben in den letzten Wochen«, sagte sie, »und da du ja der andere Teil unserer Erlebnisse gewesen bist, kann so gut wie nichts davon für dich als Überraschung gelten.«

»Du hättest es nicht besser wiedergeben können.«

»Es ist sehr kurz gewesen.«

»Es ist ganz wunderbar gewesen«, sagte ich noch einmal, »und ich hole jetzt meine Maschine aus dem Jeep, und dann schreiben wir die Sache gemeinsam auf.«

Es schien sie zu freuen, daß ich das gesagt hatte. »Du meinst, ich habe Talent?«

»Du hast mehr Talent, als die ›Times of India‹ verlangen kann, und eines Tages werde ich deine Artikel lesen und mir sagen, einmal in meinem Leben waren sie sich begegnet, mein ›tat‹ und das ›tat‹ von dieser Divya Jhala.«

Ich hatte es ernst gemeint und ging die Schreibmaschine aus dem Auto holen, aber als ich zu Divya zurückkam, war sie in eine andere Stimmung gefallen. »Laß uns das heute abend schreiben. Ich würde jetzt lieber mit dir über die Tänzerin im Süden sprechen. Wie ist ihr Name?«

»Protima.«

»Sieht sie so indisch aus wie ich?«

»Auf eine andere Weise.«

»Ist sie jung?«

»Nicht mehr so verboten jung wie du.«

»Ist sie eine gute Tempeltänzerin?«

»Du hörst dich wie eine Journalistin beim Interview an.«

»Ist sie es?«

»Die Zeitungen schreiben, sie soll die beste sein.«

»Würdest du sagen, daß sie eine gutaussehende Frau ist?«

»Ja, das würde ich sagen.«

»Wie hast du sie kennengelernt?«

»Ich habe sie angesprochen.«

»Tatsächlich? Wie kam das?«

»Ich habe sie beten sehen.«

»Und da hast du sie angesprochen?«

»Nicht gleich.«

»Das ist gut. Im Süden kannst du nämlich nicht einfach eine Inderin ansprechen. Denn wenn sie einen Mann hat, kommt er hinter dir her und tötet dich.«

»Ich weiß«, sagte ich.

»Warum hast du sie dann überhaupt angesprochen? Was war denn Besonderes an ihr?«

»Ich habe sie in einer Synagoge beten sehen.«

»Obgleich sie eine Hindu ist?«

»Sie trug einen Sari – und auch sonst sah sie gar nicht wie eine Jüdin aus.«

Die Tänzerin Protima. Ihr Gott ist kein eifersüchtiger Gott.

»Das muß dich verwirrt haben.« Divya lachte. »Ich kann schon vor mir sehen, wie du sie beschreibst. Also fang mal an.«

»Wie meinst du das?«

»Du solltest mir von Protima erzählen«, sagte sie. »Ich hätte zu gerne gewußt, wie du Indien mit den Augen einer Frau des Südens beschreiben willst.«

Ich zögerte, weil ich weit davon entfernt war, über die Tänzerin zu sprechen, doch als ich aufsah und dem Gesicht von Divya begegnete, saß da ein Januskopf, der sich umgedreht hatte und zu einem Kinderkopf verwandelt war.

»Ich kann deine Protima ganz deutlich vor mir sehen«, sagte das Kind. »Sie hängt da als Blatt an deinem Baum von Indien, und ihr wahrer Name ist Kerala, und du kannst die Sache ja auch so kurz und bündig machen, wie ich sie gemacht habe.«

»Also gut«, sagte ich, »und ich will spaßeshalber mal versuchen, deine Art nachzuahmen, wenn es darum geht, die Geschichte einer solchen Begegnung zu erzählen.«

»Ich hätte nie geglaubt, daß es sich lohnt, mich nachzuahmen«, sagte sie, »aber fang jetzt bitte an.«

»Hör mal, Prinzessin«, sagte ich, »du bist wie ein kleines Mädchen, das sagt, Daddy erzähl mir mal eine Geschichte.«

»Na gut«, meinte Divya. »Erzähl mir mal eine Geschichte.« Sie machte eine Pause. »Daddy«, sagte sie dann noch leise.

IN DIVYAS LACHEN HINEIN BEGANN ICH von der Tänzerin zu sprechen, und weil im Weglassen von Begebenheiten die Kunst liegt, Mißverständnisse zu vermeiden, hörte ich anfangs noch meinen eigenen Worten zu. Zu Beginn meiner Geschichte fiel mir auch noch die Unterschiedlichkeit der Bilder auf, die zwischen dieser kargen, totgemeinten Wüste Thar und dem satten, hohen Grün der Palmen von Kerala bestand, doch dann verlor sich mein Nachdenken, das am Anfang einer jeden Erzählung liegt, und es kam mir vor, als säße ich im Kino, weil ich mich und meinen Jeep in den Bildern von so viel Grün auf dem Weg zum tiefsten Süden Indiens sah. Oft lag zu meiner Rechten das Arabische Meer, und ich hatte mir vorgenommen, bis zu der Stelle zu fahren, wo sich seine Wasser bei Kap Comorin mit dem Golf von Bengalen trafen, doch zunächst bin ich bis dahin nicht gekommen, weil mir über der Begegnung mit Protima die Zeit davongelaufen war. Bevor ich jedoch auf die Tänzerin zu sprechen komme, will ich mir an der angehen-

Seiten 188/189: Hardy im tiefsten Süden Indiens, wo er der Tempeltänzerin begegnet ist.

KAVIL

den Journalistin in Radschasthan ein Beispiel nehmen und zu Kerala ein paar Fakten nennen. Kurzgefaßt, wie sie es tat. Ungefähr so:

LAND. Ein schmales Handtuch, in Atlanten auch »Küstenebene von Malabar« genannt. Länge: 500 km. Breite (zwischen Meer und Bergwildnis): abwechselnd 10 bis 40 km maximal. Vegetation: tropisch. Klima: heiß. Regen: häufig.

LEUTE. Freundlich. Hilfsbereit. 25 Millionen Einwohner. Dichtest besiedelter Staat der Indischen Union. 605 Einwohner auf jedem Quadratkilometer. So gut wie alle des Lesens und Schreibens mächtig: 90 Prozent, für Indien ungewöhnlich hoch. Milderung der Arbeitslosigkeit durch Tätigkeit auf Ölfeldern im Persischen Golf.

FRAUEN. Scheinen mehr Freiheit zu genießen als in anderen indischen Staaten. Bis gegen Ende des letzten Jahrhunderts noch weitverbreitet Matriarchat. Früh erlangtes Wahlrecht. Heute noch gehobene Stellung der Frau in der Gesellschaft.

DEMOKRATIE. Erster indischer Bundesstaat mit langjähriger kommunistischer Regierung. Später abgewählt. Erfolge ihrer Regierungsarbeit jedoch international anerkannt.

WIRTSCHAFT. Reifen. Aluminium. Textilien (Heimindustrie). Zucker. Zement. Elektroartikel. Kunstdünger.

LANDWIRTSCHAFT. 95 Prozent der Gesamternte Indiens an Kautschuk, 90 Prozent an Pfeffer, 65 Prozent an Ingwer. Außerdem Reis, Tee, Cashew und Kardamom. Von den Kokospalmen werde ich noch ganz speziell erzählen.

GEBURTENKONTROLLE. Aufklärungsarbeit scheint erfolglos. Dafür zwei Gründe: starker Einfluß der katholischen Kirche und traditioneller Wunsch junger Ehepaare nach einem Kind. Vorzugsweise nach einem Sohn. Tief verwurzelter Glaube: Ein kinderloses Ehepaar gilt als verwünscht.

FREMDE. Über sie gibt es Ungewöhnliches zu berichten. Beispielsweise, daß sie immer nur von Westen her gekommen sind. Seit prä-

Delhi
Kalkutta
Bombay
K E R A L A
Cochin
Quilon
Trivandrum
N
100 km

historischen Zeiten sind fremde Völkerscharen ausnahmslos vom Westen über Indien hergefallen. Arische Hirten ebenso wie die Armeen Alexanders, furchterregende Hunnen oder die fanatischen Diener Allahs mit ihren wildgeschwungenen grünen Fahnen. Kriegerische Fußvölker allesamt, die weit im Norden über die Gebirgspässe der heute als Afghanistan und Pakistan bekannten Gegenden in jenes vielversprechende Land strömten, das zwischen dem Indus und dem Ganges liegen sollte. Die zweite Pforte Indiens war der Ozean. Sie zu erreichen setzte eine langwierige Küstensegelei voraus. Griechen, Araber und Erythräer waren in friedlicher Absicht schon seit dem frühen Altertum auf diesem Weg gekommen. Spezereien, edle Hölzer und Elfenbein hatten sie gelockt. Ihre Zahl ist nur gering gewesen. Doch kurz nach der Geburt von Jesus Christus sollte sich das ändern. Der Grieche Hippalon hatte nämlich die Gesetze des Monsuns erkannt, die zweimal im Jahr Regenstürme über Asien brachten, und zwar jeweils aus einer Richtung, die der anderen entgegengesetzt war. Für die Seefahrer jener Zeit war das eine Revolution. Von nun an segelten sie ihre Kauffahrteischiffe mit dem einen Wind nach Indien, und der nächste trug sie in ihr Heimatland zurück.

WENN ICH DER PRINZESSIN NUN von der Tänzerin erzählen sollte, so lag wie gesagt das Ungewöhnliche darin, daß ich Protima in einer Synagoge traf, und die bloße Existenz von einem Gotteshaus der Juden setzt der Reisende nicht als selbstverständlich in diesem Hinduland voraus. Es mag sein, daß der eine oder andere Belesene von diesen Ereignissen der Historie weiß, doch für Divyas Fremden kam die Begegnung mit einer Synagoge Indiens ganz unverhofft, und er sah die Entdeckung des Griechen Hippalon nunmehr in einem anderen Licht, denn die ersten Leute, die mit seinen Monsunen aus dem Westen kamen, waren Menschen auf der Flucht: Juden der »sechs verlorenen Stämme«. Gefangene aus Babylon. Flüchtende aus dem zerstörten Tempel von Jerusalem. Von den Juden, die vor den Römern flohen, sollen die ersten schon im Jahr 50 nach Christus in Kerala an Land gegangen sein.

Zwei Jahre später trugen Hippalons Winde einen anderen Fremden an diese Küste, der aus dem gleichen Land geflohen war: einen Mann namens Thomas, den »ungläubigen« Thomas, der aber einer der eifrigsten Apostel wurde, denn kaum war er an Land gegangen, begann er die Juden zu bekehren, die es inmitten der einheimischen Bevölkerung bereits als eine selbständige Gemeinde gab. Thomas baute eine Kirche neben ihren Tempel. Dann predigte er das Evangelium den Brahmanen, bevor er sich auf den Weg nach China machte, um die Frohe Botschaft auch dorthin zu tragen. Auf dem Weg zurück nach Kerala ist er an der Ostküste Indiens erschlagen worden. Seine Anhänger errichteten über dem Grab eine Kapelle, die in der Nähe von Mylapore steht. Marco Polo hat die letzte Ruhestätte des Märtyrers besucht und in seinem Reisebericht erwähnt.

Trotz dieser frühen Begegnung mit christlichen Gemeinden waren die portugiesischen Eroberer des sechzehnten Jahrhunderts erstaunt, als sie an den Küsten des fernen Indien die Bildnisse ihrer Muttergottes fanden, und römische Missionare zeigten sich enttäuscht, denn die Seelen dieser Menschen schienen zwar gerettet, doch von einem Papst in Rom hatten sie noch nie gehört.

In unseren Tagen gibt es in Kerala Kirchen überall zu sehen, und fast ein Viertel der Bevölkerung sind Christen, doch von den Juden sind allenfalls noch zwanzig Familien anzutreffen. In der Stadt Cochin stehen ihre Häuser an die Synagoge angelehnt. Am Ende einer verschlafenen Straße, die »Judengasse« heißt. Die Synagoge selbst sieht wie ein Haus in Holland aus. Manch einer, der da in ihrem Schatten lebt, wirkt alt. Ihre Kinder sind längst zurück nach Israel gewandert und leben heute wieder in jener Wüste, aus der vor nahezu zweitausend Jahren ihre Ahnen kamen.

Dieser Vorgeschichte über Land und Leute war meine junge Radschputin wie einem wissenschaftlichen Vortrag gefolgt, doch es steckte noch immer Verspieltes in ihrem Kopf. So konnte ich beispielsweise an ihren Augen sehen, daß sie von nun an keinen neuerlichen Umweg dulden würde. Mit dem Instinkt einer guten Erzählerin wußte sie, daß ich bei der Begegnung mit der Tänzerin angekommen war, und meine Geschichte durfte sich jetzt nur noch um die Frau im Süden drehen und mußte mit dem Bild beginnen, das ich gesehen hatte. In dem Bild kauerte eine Frau am Boden einer Synagoge. Die unterwürfige Haltung deutete auf eine Hindu hin. Als sie sich erhob, ähnelte sie den Reliefs der Frauen an den Tempeln.

In der Gewißheit, daß die zukünftige Journalistin mich jetzt einer eingehenden Befragung über das Aussehen der Tänzerin unterziehen würde, machte ich sie mit meiner Art Humor bekannt und sagte ihr, daß Protima am ehesten mit jener Inschrift zu beschreiben sei, die ich in Tamil Nadu an einem Tempel aus dem 12. Jahrhundert gefunden hatte:

»Gott Schiva sind diese schönen Frauen hier geweiht, deren Glieder Ornamente schmücken, von Edelsteinen schwer, auf daß sie spielerischen Blitzen gleichen.

So ruhelos wie die Lenden dieser Frauen sind, so voller Wallung ist die Fülle ihrer Brüste.

Unbeständig scheint das Flattern der Lider dieser Frauen, die so schön sind wie die Augen der Männer, in denen sie sich spiegeln.«

DEM ZITAT FOLGTE EIN SCHWEIGEN, dem weder das eine noch das andere zu entnehmen war. In Divyas Schweigen hinein begann ich nun ernsthaft von Protima zu sprechen, und weil der Begriff »Zufall« in der Denkungsart der Hindus nicht erscheint, benutzte ich ihn nicht. Obgleich es reiner Zufall war, daß ich die Frau noch einmal traf. Und nicht nur einmal, sondern wiederholt. Ich war noch ein paar Tage länger in Cochin geblieben, weil ich ein ganz ordentliches Zimmer gefunden hatte, in dem es auch eine Dusche gab.

Außerdem lebten ganz unterschiedliche Menschen in der Stadt, die alles bunt und lebhaft machten. Im selben Hotel war ein indischer Filmemacher untergekommen, der an einem Drehbuch schrieb. Der Mann hatte die Eigenart, mit dem Kopf zu nicken, wenn er etwas verneinen wollte, und das Kinn auf eine geradezu halsbrecherische Weise von einer Seite zur anderen zu werfen, wenn es darum ging, eine Frage zu bejahen. In den nächsten Tagen fiel mir auf, daß alle Menschen in Kerala das so machten. Ich war auch mit einem Inder bekannt geworden, der zu seinen Flötentönen Kobras für Touristen tanzen ließ. Die Leute kamen meist in Gruppen, und wenn ihre kleine Gabe dem Mann groß genug erschien, ließ er einen Mungo mit einer Kobra kämpfen, was übrigens ein Kampf war, den jede Kobra mit dem Tod bezahlte. In Kerala ist es bedauerlicherweise Andersgläubigen nicht gestattet, einen Hindutempel zu betreten, weshalb der Fakir aus rein geschäftlicher Überlegung seine Kobras vor einer Christenkirche tanzen ließ, und in dieser Kirche sah ich Protima zum zweiten Mal. Wieder lag sie auf den Boden hingestreckt, und ich glaube nicht, daß sie zu dem Mann am Kreuz aufsehen wollte, denn sie trug die rote Seide ihres Saris weit über das Gesicht hinweggezogen.

Als ich die Stadt Cochin schließlich verließ, stand ein Auto mit Chauffeur am Straßenrand. Es war eines von diesen alten englischen Modellen, wie sie die Inder jetzt in Lizenz herstellen, robust und eigentlich recht gut gebaut, doch der Chauffeur sagte, daß dieser hier jetzt nicht mehr fahre und das Problem liege in einer neuen Wasserpumpe, die seine Herrin sicherlich aus Bombay kommen lassen müsse. Er sah besorgt zu einer Frau, die auf der anderen Straßenseite vor einer kleinen Hindu-Gottheit stand. Und wieder war es Protima. Ich sah sofort, daß sie es war. Sie legte eine Opfergabe aus Blüten in den Schrein. Dann fügte sie die Innenflächen ihrer Hände aneinander und blieb lange aufrecht und unbeweglich stehen. Als sie wieder zu ihrem Wagen kam, sagte ich, daß sie mir verzeihen möge, es sei nicht meine Art, Frauen auf der Straße anzusprechen, noch dazu in diesem Land, jedoch: In den letzten Tagen hätte ich sie zu drei gegensätzlichen Gottheiten beten sehen, obgleich sie vermutlich Hindu sei.

Die Frau war nicht ungewöhnlich scheu und hat gesagt, sie dürfe Gott in jeder Gestalt anbeten. Auch unter jedem Namen. Und dann hat sie diesen einen Satz gesagt, der alles auf einen spielend leichten Nenner brachte: »Mein Gott ist kein eifersüchtiger Gott.«

Es stellte sich heraus, daß sie nach Süden wollte. In die Stadt Quilon, genauer gesagt. Zu einem Guru, der ihr viel bedeute und dort abgeschieden lebe. Nun, um es kurz zu machen, ich bot ihr meine Dienste an. Mit diesen Worten habe ich das tatsächlich zu ihr gesagt: meine Dienste an-

Fakir mit Kobra und Mungo vor der Synagoge von Cochin.

bieten. Als ob ich ein Mann aus einem Roman von Maugham wär. Meine innere Stimme hat noch die ganze nächste Stunde über mich gelacht.

Die Landstraße nach Süden hin war mit Lastwagen verstopft, deren schwere Ladung oft kopflastig zur Seite hing. Eselskarren, Motorräder und Kühe ließen in mir den Wunsch aufkommen, die Startklappen auszufahren und über dieses lärmende Chaos hinwegzufliegen. Später war die Straße gänzlich unterbrochen. Als ich auf der Karte nach einem Ausweg suchte und eine langgestreckte Lagune im Inneren des Landes sah, erzählte Protima, wie dieses Kerala entstanden ist: In grauer Vorzeit soll ein Brahmane einen Mord begangen haben, was bekanntlich für das Karman eines Priesters als das Ende aller Hoffnung gilt. Voller Abscheu über sich und seine Tat schleuderte er die blutige Axt von sich, mit soviel Kraft und so großer Wut, daß sie gewaltig tief ins Erdreich einschlug. In die Spalte, die danach dort klaffte, sind die Meeresfluten eingeströmt und haben das Land vom Gebirge abgetrennt. Auf diese Weise ist ein Wasserweg entstanden, der für die Menschen hier ein Leben von ganz besonderer Eigenart geschaffen hat. Von einer Schönheit, sagte Protima, wie sie nur selten anzutreffen sei in diesem Leben, und wer das wahre Dasein dieses Kerala erspüren wolle, der müsse den Tumult der Neuzeit meiden und eintauchen in den Frieden, den es hinter der Küste bei diesen Wasserwegen gibt.

Die Tänzerin hat das nicht zweimal sagen müssen, und als sie beim Aushandeln des Charterpreises dem Bootsmann zu verstehen gab, er solle sich nur Zeit lassen und die Unbotmäßigkeit seiner Forderung in aller Ruhe nochmal überdenken, war ich begeistert von dem sorgsamen Umgang dieser Frau mit meinem Geld.

Und dann war da das Boot. Und die Erkenntnis, daß ich von diesem Indien eigentlich so gut wir gar nichts weiß. Von braunen Wassern, die unter Milliarden Palmen fließen, hatte ich bis zu diesem Tage nichts gewußt. Das Wasser war auch voller Überraschungen, weil es oft wie eine Kette mehrerer weiter Seen erschien und sich dann wieder schmal machte und zu Kanälen wurde. Häuser standen am Wasserrand. Mit halbwüchsigen Mädchen, die auf flachen Steinen Wäsche wuschen. Mit einer Frau, die nur einen Schritt daneben Wasser für das Haus zum Kochen holte. Die Häuser waren eigentlich nur Jutematten, die zwischen Pfosten hingen, und die Dächer hatten sie aus Fasern der Kokosnuß gemacht. Viele solcher Hütten standen am Ufer, meist durch eine Gruppe Palmen von den Nachbarn abgetrennt. Hütte reihte sich an Haus, wie Bauernhäuser sonst an einer langen Straße stehen. Die Häuser sahen

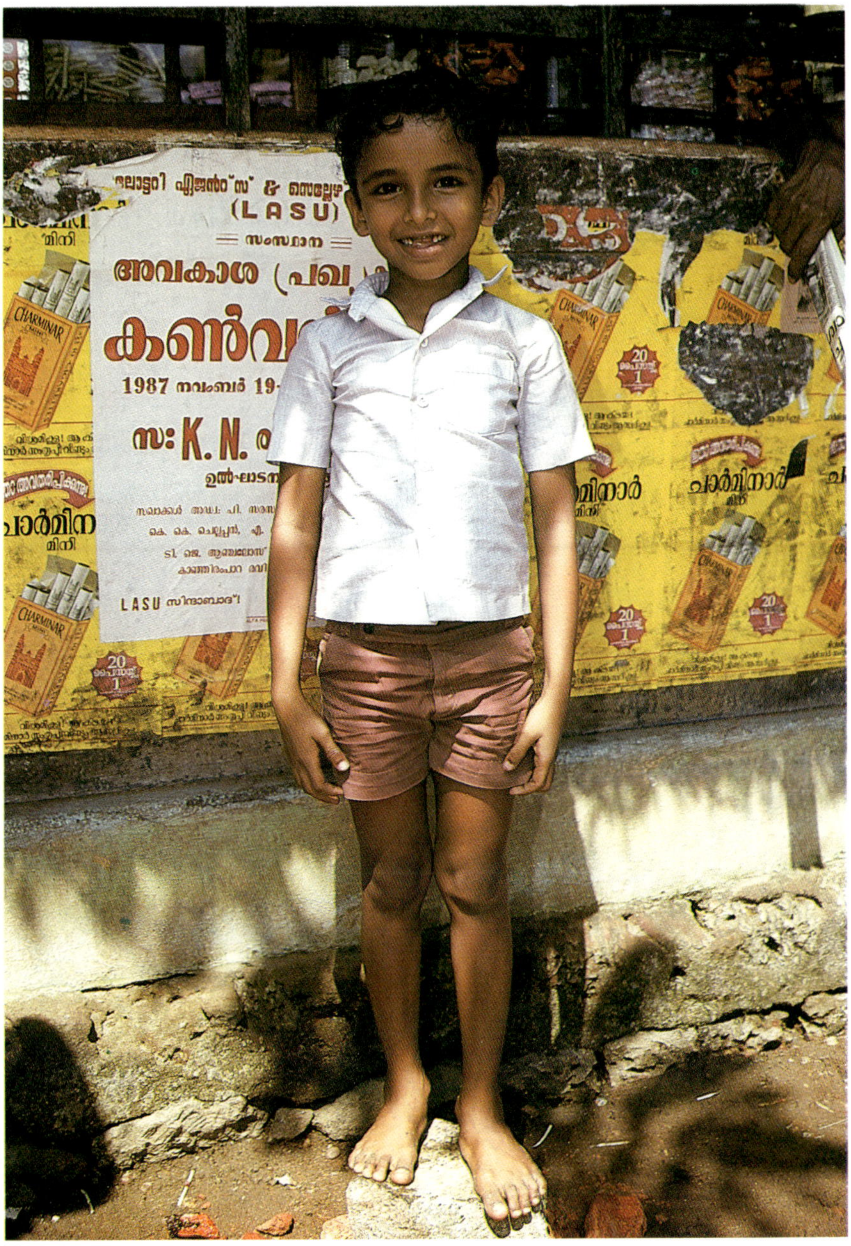

Die Kinder von Kerala gelten als die fleißigsten Schüler von ganz Indien.

auf eine malerische Weise windschief aus. Doch machten sie keinen ärmlichen Eindruck. Mag sein, daß der blaue Himmel dabei mitgeholfen hat. Sommerhimmel und ein paar Flecken Schatten unter Palmen lassen selbst ein karges Leben schön, fast wünschenswert erscheinen.

Hinter den Häusern wuchs der Reis, von dem die Menschen lebten. In den Wassern zwischen seinen grünen Halmen konnte ich die Sonne tanzen sehen. Vor den Feldern zogen breite, segellose Boote gemächlich über diese Wasserstraße hin. Die Boote waren Lastenträger. Frachtkähne mit unendlich viel Zeit. Die Kähne hatten Berge von Kokosnuß geladen. Fahrräder auch. Säcke mit Reis. Kistenweise Limonade. Schmalgliedrige Männer schoben diese schweren Boote vorwärts, mit langen Stangen, die sie in den Schlamm der Lagune stakten. Vor einem Haus sah ich einen Einbaum halten, der voller Töpfe, Gläser, Vasen und Porzellanfiguren war. Die Frau des Reisbauern kaufte dem Händler eine Vase ab. Ich nahm jedenfalls an, daß sie die Frau des Bauern war. Manchmal bog ein schmaleres Stück Wasser in eine andere Himmelsrichtung ab, wie eine Seitenstraße auf dem Weg zum Rand des Dorfs. Die Schule war ein großer Bau aus Stein. Als ein kleiner Junge unser Boot vom Fenster seines Klassenzimmers aus sah, rief er die anderen

Tagelange Fahrt auf verschlungenen Wasserwegen im Inneren des Landes.

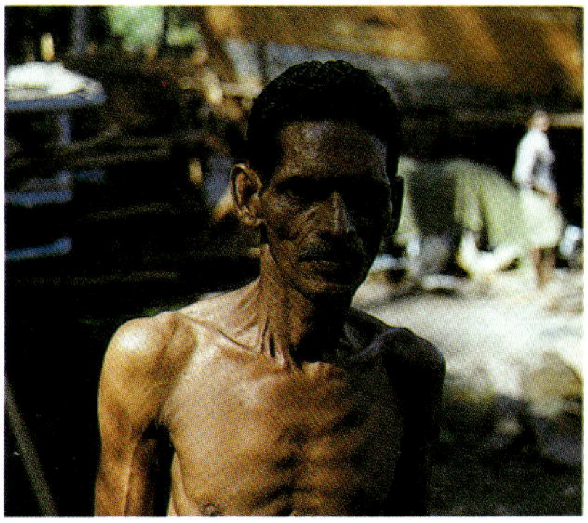

heran. Das gab einen großen Jubel in den Fenstern, jedenfalls bis der Priester kam. Bevor er noch nach Ordnung rufen konnte, hatte auch er die Inderin mit dem blonden Mann auf ihrem Boot gesehen. Da lief ein Strahlen über sein Gesicht. Und auch der Priester rief uns seine Grüße zu.

Bei der Beschreibung dieser Bilder wußte ich nicht, wo beginnen und wo enden, und ich war mir auch nicht sicher, ob Divya das nicht alles aus eigenem Erleben kannte, also sagte ich ihr lieber, daß Protima wie über einen Gott gesprochen hatte, als sie von den Inlandwasserwegen sprach. Beim Durchfahren der verschlungenen Wege hatte sie gesagt, das Wasser sei Bestimmung für die Menschen, weil es lebendig sei und wie ein Gott. Diese Art zu denken floß bei ihr immer wieder in das Gespräch ein und war Anlaß, sie zu fragen, was eine Tempeltänzerin denn eigentlich im Leben Indiens sei. Ihre Antwort war nicht leicht zu verstehen und ließe sich vielleicht, nach einigem Durchdenken, in meiner Sprache so wiedergeben:

Ein Mann, der aus dem Holz von Palmen wie vor Hunderten von Jahren Fischerboote baut.

Protimas traditioneller Tanz geht auf das zweite Jahrhundert vor Christus zurück. Über alle Zeiten hinweg war der Tanz einer dazu erwählten Frau tägliches Ritual. Ein Ritual, das es nur zwischen den Mauern und Säulen eines Tempels gab. Weil es Anbetung der Götter war. Das Publikum ist die Gottheit selbst gewesen. In besonderen Fällen auch der König. Die unberührte Form eines solchen Tanzes ging während des achtzehnten Jahrhunderts verloren und wurde erst vor dreißig Jahren zu neuem Leben erweckt. Alte Schriften und verwitterte Reliefs an den Tempeln haben dabei den Weg gewiesen. Die Musik des Tanzes basiert auf alten Ragas. Der Tanz selbst folgt den Bewegungen, wie sie in Skulpturen alter Tempel zu finden sind. Der schöpferische Impuls soll aus Religion und Schönheit eine Einheit schaffen. Das Repertoire der Tänzerin besteht aus der getanzten Wiedergabe religiöser Themen, die sie während des Tanzes auch rezitiert. Hände und Füße werden auf komplizierte Weise bewegt, und die Augen der Frau tanzen im Gleichmaß mit. Höchster Abschluß ist der Tanz einer lyrischen Komposition von Keuschheit und Hingabe an Krischna, der bekanntlich durch Schönheit zu begeistern ist. Das, so habe ich verstanden, ist der klassische Ursprung ihres Tanzes. Im heutigen Indien gleicht Protima meist einer Primaballerina, die vor Publikum auftritt, doch oft wird sie auch von ihrem Guru hergerufen, für den sie dann im Tempel tanzt.

Im Verlauf der langen Fahrt habe ich, auch von ihr selbst, mehr über diese Frau erfahren. Über das Erstaunliche an ihr. Über eine Wandlung, die sie durchlaufen hat. Beginnend mit dem jungen Mädchen, das sie einmal gewesen ist. Und das sich alles nahm, was ihr die Tradition verbot. Ganz besonders auch die wahre Gleichberechtigung der Frau. An dieser Stelle meiner Erzählung stellte sich die Frage, womit ich Divya das Unbekümmerte erklären sollte, mit der die Tänzerin unverhofft von einer Zeit zu sprechen begann, in der sie ihr Karman sehr belastet hat. Möglicherweise lag der Schlüssel in dem Unterschied zwischen unserem europäischen Gewissen und dem Karman, das ein Hindu hat. Möglicherweise lag der Schlüssel ja bereits in der Art der Worte, mit denen Protima begann. Ich entschied mich dafür, Divya die Suche nach dem Schlüssel zu überlassen, und beschränkte mich darauf, aus dem Gedächtnis wiederzugeben, daß Protima ihre Erzählung mit dem Satz begonnen hatte: »Ich fühle mich zweimal wiedergeboren in diesem einen Dasein, das mir jetzt gegeben ist.« Nach dieser Eröffnung hatte sie hinzugefügt: »Wie sich doch ein Mensch von seiner frühen Art entfernen kann! Die junge Frau, die ich einmal gewesen bin, ist mir heute fremd.

Zwei Schauspieler unter sich. Hardy lernt das Alphabet der Gesten.

Bedenken Sie, was ich in meinen jungen Jahren war: Mannequin. Covergirl. Jet-setterin. Die erste Inderin, die nackt in Hindi-Zeitungen zu sehen war. Anlaß für Skandale. Aus Unbekümmertheit. Doch auch aus Rebellion. Eine moderne Frau. Ohne den Wunsch, unserer Tradition anzugehören. Und jetzt? Sehen Sie mich einmal an: Ich erlebe das zweite Dasein am entgegengesetzten Pol des gleichen Lebens. Als Frau des inneren Friedens. Als klassische Tempeltänzerin.«

Wie ich nun fragte, auf welche Weise sie diesen weiten Weg bewältigt habe, erläuterte sie das so: »Es ist schicksalhaft gewesen. Bestimmung. Ich bin in ein Theater gegangen, wo ich ein Rockkonzert besuchen wollte. Doch ich hatte mich im Tag geirrt. An jenem Abend stand ein klassischer Tanzabend auf dem Programm. Hindutanz. Tempeltanz. Ich war wie in einen Bann geschlagen. Zwei Stunden lang. Und habe es gewußt: Dies ist es, wofür ich geboren bin. Es war unmöglich, die Augen davor zu verschließen. Ich bin ein letztes Mal in die Wohnung zurückgekehrt, doch nur um meinem Mann zu sagen, daß ich ihn verlassen muß. Schon am nächsten Tag bin ich davongegangen. Es war so: Nicht ich habe den Tanz gewählt, vielmehr hat sich der Tanz für mich entschieden. Wie eine Forderung war das. Es war

unmöglich, sich dagegen aufzulehnen. Wenn es auch eine Forderung recht spät in meinem Leben war. Denn zum Tempeltanz wird ein Mädchen eigentlich als Kind gebracht. Ich hingegen war schon sechsundzwanzig, als die Wandlung kam. Ich hatte den besten Lehrer des klassischen Tanzes gewinnen können und war in sein Haus gezogen. Anfangs saßen in mir noch Zweifel, Sorge und auch Kummer. Über den Entschluß. Ich hielt ihn für unbedacht. Noch bis heute spüre ich den Schmerz des Schweigens in dem Haus, wo ich wie eine Magd gehalten worden bin. Ich mußte Wasser aus dem entfernten Brunnen holen, Böden schrubben, Wäsche waschen. Alle niederen Arbeiten eines indischen Lebens sind mir aufgebürdet worden. Es ging darum, meinen Stolz zu brechen. Die Schülerin, die Unwissende, hatte ihr innerstes Ich aufzugeben. Sie sollte sich zu Boden werfen. Dem Lehrmeister die Füße küssen. Das fordert von ihr die Tradition. Doch ich war nicht bereit dazu. Einem Mann die Füße küssen? Ich? Niemals! Der Lehrer hüllte sich in seine Gedanken ein. Wartete. Richtete kein Wort an mich. Erst wenn ich mich fügte, würde er mich unterrichten. Es ging darum, mich zu der Tradition der Hindu zurückzuführen. Ich, daran gewohnt, nackt am Strand herumzulaufen, mußte mich nun hinter aufgehängten Tüchern waschen. Noch dazu in meiner Unterkleidung, wie es die Schicklichkeit gebot. Ebenso wie jene fünfundneunzig von hundert aller Frauen Indiens, die sich ihren Ehemännern niemals unbekleidet zeigen dürfen. Es war eine schwere Zeit für mich, doch allmählich, und nach einem langen Ringen, fand eine Wandlung in mir statt. Zunächst unmerklich, dann immer spürbarer, zog eine Stille in mir ein. Auch eine Erleichterung. Friede. Glück. Ich war bereit. Warf mich in Demut vor den Guru hin. Umarmte seine Füße. Hauchte einen Kuß darauf. Und dann begann der Unterricht. Zunächst mit dem Alphabet der Gesten. Erst Monate später begann das Exerzitium für den Tanz. Das Biegen der Gelenke. Das Stakkato auf den Fersen. Die Übungen für die Geschmeidigkeit des Halses. Die Schulung für die Ausdruckskraft der Augen. Stunde um Stunde. Jeden Tag. Über viele Jahre. Ersparen Sie mir die Einzelheiten. Dieser Tanz ist für die Elevin eine Qual, die wie ein tiefer Schmerz in ihrem Körper scheint. Doch mit der

Die Schicklichkeit gebietet es, daß sich eine Inderin in ihrer Unterkleidung wäscht.

Seiten 204/205: *Dieser tanzende Gott Schiva wurde im 10. Jahrhundert in Radschasthan für einen Tempel in Stein gemeißelt.*

Geschmeidigkeit des Körpers, den die Tänzerin im Lauf der Zeit erreicht, löst sich der Schmerz aus dem Dasein dieser Frau, und es beginnt ein neues Leben. Es beginnt die Lust am Tanz.«

Ich brannte darauf, den Tanz zu sehen, und zögerte auch nicht, ihr das zu sagen. Doch ich wollte nicht warten bis zu ihrem Auftritt im Theater von Quilon. Ich gab nicht zu erkennen, daß ein Theater für mich nichts anderes ist als der gewohnte Rahmen meines Lebens, und nannte einen anderen Grund für meinen Wunsch, den Tanz der Protima von den Stufen eines Tempels aus zu sehen. Das wiederum bereitete ihr Sorge, da ich ja nicht Hindu sei und in Kerala einen Tempel nicht betreten dürfe. Doch um das gleich einmal vorwegzunehmen: Gegen Ende unserer Fahrt über die Lagune hat Protima mich zu den zerfallenen Reliefs eines Turmes gebracht, der am Anfang seiner Zeit einmal eine Pagode war. Es ist ein später Nachmittag gewesen, mit einem Sonnenlicht, das tief über die Reisfelder hinweg zu der Ruine kam. Als Musik hatte die Frau einen Kassettenrekorder auf den Sims des Steins gestellt und mich lange Zeit diesen langgezogenen Tönen und den harten Rhythmen überlassen, die den Raga eigen sind.

Dann hat sie für mich getanzt. Zunächst ist sie etwas scheu gewesen. Und sie hat den Tanz auch unterbrechen müssen, weil sie sagte, daß die Stimmung ungewöhnlich sei. Lachend hatte sie noch hinzugefügt, daß ich weder Krischna sei noch Guru oder ein Meer von Gesichtern mit der dunklen Haut der Inder. Ich bin zu den Schatten hingegangen, die von der Pagode auf die Stufen fielen. Als sie mich in dem halben Licht des Abends nicht mehr klar erkennen konnte, hat sie getanzt. Und es ist so geworden, wie sie es beschrieben hat. Tanz der Skulpturen an den Tempeln. Demut vor einem höheren Wesen. Selbstaufgabe. Anbetung. Und das Warten einer Frau auf ihren Gott, den sie als Liebhaber ersehnt.

Als unsere Fahrt dann weiterging, wurde der Wasserweg zu einem breiten See mit winzig kleinen Inseln, die sich nur um ein paar Zentimeter über den Wasserspiegel hoben. So eine Insel hatte zwar Kokospalmen und ähnelte doch eher einem Lotosblatt, das auf diesem stillen

Seite 206: Bilder aus dem Leben einer Tempeltänzerin erzählen von Folgsamkeit und Unterwerfung.

Seite 208/209: Protimas Tanz.

Wasser schwamm. Hütten standen auf den kleinen Inseln. Manchmal lag auch eine Kuh neben einem Haus, und Männer saßen in Pirogen. Sie hüteten Hunderte von Enten, so wie bei uns im Westen Cowboys ihre Kühe hüten.

Die Frauen hatten Einbäume, die kleiner waren. Sie paddelten damit zu dem Reisfeld hin, dessen Bestellung wohl ihre Arbeit war. Andere Frauen pflanzten Gemüse rings ums Haus, kümmerten sich um die Hühner und das Vieh. Im Schatten der Wälder aus Kokospalmen flochten die Frauen Matten als Dächer ihrer Hütten. Oder auch für die Lager ihrer Kinder, von denen es recht viele gab. Nirgends war ein Mensch untätig zu sehen, und Protima sagte, daß auch Menschen, die in so viel Schönheit lebten, eine harte Wirklichkeit durchwandern müßten. Glücklicherweise hatten die Götter dem Menschen die Palme zum Geschenk gemacht, und ohne diesen »Baum, der jeden Wunsch erfüllt«, wie die Leute ihn dankbar nannten, sei hier kein Leben denkbar. Aus

Am Rand des Wasserweges nach Quilon: Entenhüter und Fischernetze.

den Wedeln werden Matten. Die Milch der Nuß dient als Getränk, das Fleisch als Nahrung. Die Schale der Kokosnuß wird gewässert, dann getrocknet, gewalkt, gefasert und schließlich gesponnen. Wenn eine Faser gesponnen ist, wird sie zu Seilen, zu Teppichen oder Segeln für die Schiffe. Die Schiffe selbst sind aus dem Holz der Kokosnuß gemacht, und wenn ein Sturm so einen Baum mal fällt, dient seine Wurzel als Feuer für den Herd. So bleibt also nicht das Geringste übrig, sagte Protima und fügte hinzu, der Baum käme zu den Menschen in einem wahren Überfluß. Denn alle vierzig Tage wird eine Kokosnuß zur Ernte reif. Oder sie fällt zu Boden und wird zu einem neuen Baum, der die Wünsche des Menschen erfüllt wie seit Anbeginn der Zeit.

Es kam jetzt immer häufiger vor, daß wir über breite Seen fuhren, und Lastkähne mit Segeln aus jenen Kokosmatten zogen gemächlich über das braune Wasser hin. In meinem Sprachgebrauch sahen diese Bilder biblisch aus, und Protima dachte auf ihre Weise an die Zeit.

Besser gesagt, an den Begriff von Zeit, der in Kerala ein anderer war. Sie sagte: »Bei euch im Westen klagen die Menschen immer wieder, die Zeit rase ihnen viel zu schnell davon. Die Leute irren. Sehen Sie sich dieses Bild dort an: Die Zeit steht still. Dahinrasen, das tut allenfalls der Mensch.«

Auch das ist Indien. Nicht nur Hungersnöte, Wüsten oder Slums.

Schließlich war da eine Brücke. Lastwagenverkehr. Der Lärm, dem wir entflohen waren. Wir hatten den Hafen von Quilon erreicht. Protima war am Ziel der Reise. Doch bevor sie zu ihrem Guru ging, brachte sie mich noch an eine Bucht mit einem Fischerdorf. Es war eine schöne, sturmgeschützte Bucht mit einer Besonderheit: An der einen Seite ihres Strandes erhob sich eine Christenkirche, vor den Bäumen eines Waldes, und am anderen Ende stand, dem Meer zugewandt, eine Moschee. Dazwischen streckten sich, tief geduckt, die Fischerhäuser von dem einen Gotteshaus zum anderen hin. Viele Häuser standen da, Wand an Wand, und ihre Boote lagen zu Hunderten am Strand. Protima wollte wissen, ob ich einen Unterschied erkennen könne zwischen diesen Häusern hier und jenen drüben. Oder zwischen den Booten in der Nähe der Moschee und den anderen im Schutz des Hauses mit dem Kreuz. Das waren Fragen, die ich verneinen mußte, denn in der Bucht war alles gleich: Menschen, Kinder, Boote, Häuser, Farben. Alles.

»Sehen Sie, das ist es eben«, sagte Protima. »Die Christen hüben. Und die Moslems drüben. Dazwischen eine Trennungslinie. Unsichtbar. Manchmal geht es friedlich zwischen diesen Leuten zu. Doch es kommt auch vor, daß sie sich wegen ihrer Götter prügeln. Hinter diesen beiden Gruppen, weiter oben in dem Wald, ist das Dorf der Hindus. Nehmen wir nun alle drei zusammen, so lebt hier eine Gruppe Menschen in der Bucht, die von der gleichen Rasse ist. Nur ihre Götter, die sind ganz verschieden. Was ein Fehler im Denken dieser Menschen ist. Denn Gott hält sich in jedem auf.«

An dieser Stelle ihrer Überlegungen blieb sie stehen. Ich sehe es noch immer deutlich vor mir: Sie sieht mich an. Weiß wohl auch, daß sie mich jetzt in Verwirrung bringt. Und sagt trotzdem: »Sie sind Gott.« Und sieht, daß das den Mann, der aus der Welt der Christen kommt, betroffen macht. Sieht, daß ich nur verlegen lache. Und erklärt ganz selbstverständlich, wie ich das verstehen soll: »Die Krähe ist Gott. Der Baum. Der Fisch. Alles ist Gott. Wir sind die Tempel, von denen aus Gott alles lenkt. Deshalb ist es wichtig, daß wir das Göttliche in jedem und in allem respektieren. Anerkennen. Schützen. Wir dürfen mit diesem Gott in uns das gleiche Wesen sein.«

Danach stiegen wir den Weg zu einem Leuchtturm hoch. Protima sagte, daß sie nun zu ihrem Guru gehen müsse, und der Autobus nach Norden, wo mein Jeep steht, werde irgendwann unter diesem Leuchtturm halten. Dann legte sie ihre Hände aneinander und sagte: »Alles, was ich bin, lege ich in diesen Gruß. Und verneige mich vor dem Gott, der in Ihnen wohnt.« Das ist der Abschied gewesen. Ungewöhnlich. Jedenfalls für mich. Ungewöhnlich, wie ja eigentlich doch alles an dieser Frau.

Protimas Abschied: »Ich verneige mich vor dem Gott, der in Ihnen wohnt.«

So endete die Geschichte von der Tänzerin. Es blieb nichts mehr, was der Fremde Divya hätte erzählen können. Höchstens noch: Gegen Abend kam der Bus. Eine große Zahl von Männern wartete auf ihn. Es ist ein harter Kampf um einen Platz geworden. Von Sanftheit gab es in der Stunde nicht die Spur. Der Fremde nahm sich eine Holzbank unter einem offenen Fenster. Als er sie hatte, nannte er es Glück. Doch dann überlegte er. Glück? Bei genauerem Bedenken war es mehr als das. Es muß als die Art des Fremden angesehen werden, mit seiner Bestimmung umzugehen. Denn er hielt es für Bestimmung, daß er seinen Jeep am Beginn des Wasserwegs wiederfand und sich weiter auf den Weg zum tiefen Süden Indiens machte.

Divyas Abschied: »Dein Leben ist das Sichtbare zwischen zwei Unsichtbaren.«

ALS ICH GEENDET HATTE, klatschte Divya in die Hände. Sie war noch immer das Kind, das ein Geschichtenerzähler in Begeisterung versetzen konnte. An einem der nächsten Abende sah die Inderin den ersten Adventskranz ihres Lebens. Er stand auf dem Tisch eines großräumigen Restaurants, vor dem häufig Touristenbusse hielten. Der Bedienstete sagte, er wisse auch nicht, was das sei. Eine Gruppe von Reisenden hätte den Kranz dort hingestellt und die vier Kerzen angezündet. Dann hätten sie ein Lied gesungen, in einer Sprache, die dem Bediensteten nicht geläufig war. Als die Leute weiterfuhren, hatten sie den Kranz bereits vergessen. Divya nahm die vier Kerzen an sich und sagte zu dem Bediensteten, daß diese Anhänger von Jesus Christus durchaus schöne Gebräuche hätten. Am nächsten Tag formte sie mit ihren Händen aus dem Wüstenboden einen Kranz und zündete die

Kerzen an. Der Fremde war tief berührt von dem, was sie da gemacht hatte. Er schien verwundert, weil sie sich an eine Welt erinnert hatte, die doch gar nicht ihre eigene Welt war, und da hat sie ihm bedeuten müssen, daß jede Welt die Welt von jedem sei.

»Alles, was im Leben rings um mich geschieht«, so hatte sie gesagt, »ist eine Welt, die mir gehört. Ich möchte gern bereits in diesem Leben so viel wie möglich wissen, hören, sehen, fühlen. Denn schließlich ist es ja so, wie es in der Heiligen Gita steht: Dein Leben ist das Sichtbare zwischen zwei Unsichtbaren. Du hast nicht gesehen, woher du kommst, und du wirst nicht sehen, wohin du gehst.«

MAROKKANISCHES TAGEBUCH

Durch das Fenster meiner Flugzeugkanzel sieht es bei Gibraltar wie sehnsüchtiges Berühren zweier Kontinente mit den Fingerspitzen aus.

In diesem Sommer hatte der Atlas schon frühzeitig Schnee auf seinen Bergen. In der Ebene unten gab es einen Fluß, der ausgetrocknet war. Sein krustiges Bett verlor sich zwischen Steinen. Dahinter stiegen die Dünen der Sahara auf.

Die Luft stand heiß und ohne sich zu rühren, doch es kam vor, daß ein Windstoß etwas Sand vom Boden nahm und über die Straße hinweg in die Felder der Oase warf. Bei einer dichten Anpflanzung von Datteln waberten Hitzewellen in der Luft. Hinter ihrem Blinzeln sah der Schnee auf dem Atlas wie eine Fata Morgana aus.

In der Oase standen ein paar Berberhäuser unter Palmen. Die Wedel dieser dürren Bäume gaben keinen nennenswerten Schatten. Vor dem trockenen Flußbett baute sich drohend eine Kasbah auf. Es war eine von diesen hochaufgeschossenen Festungen, gut vierhundert Jahre alt und eindrucksvoll in der Klarheit ihrer Linien. An der sandverwehten Straße stand eine Karawanserei aus braunem Lehm, die in der Kolonialzeit der Franzosen zum Hotel geworden war. Die Fassade des Gebäudes war eine fensterlose lange Wand, was einen abschreckenden Eindruck machte, aber dazu diente, den Sand der Wüste nicht ins Haus zu lassen. Außerdem hatte Mohammed die Gläubigen angewiesen, ihr Haus mit einer hohen Mauer zu versehen, die jedem Fremden den Blick in das private Leben der Familie verwehrt. Hinter dieser Mauer, so fordert der Prophet, soll es anders sein als in der toten Wüste draußen vor dem Haus. Im Inneren des Heimes soll es Höfe geben, die wie Gärten sind. Mit grünen Büschen, Springbrunnen und mit Blumen, voller Duft. Weil das Paradies ein Garten sei, sagt Mohammed, und der Garten eines Hauses soll Vorbereitung sein auf das Paradies.

Die Karawanserei vergangener Zeiten hatte das Gebot Mohammeds erfüllt. Sie war ein verwirrendes Labyrinth von Gärten, doch die Sonne hatte alle Pflanzen schon vor Jahren gnadenlos verbrannt, und das Was-

Sahara-Nordrand. Ende Juni. Kompaßkurs Nord-Nord-West.

ser aus dem Brunnen tröpfelte nur schlammig braun. Die Türen unserer Zimmer führten auf einen Wandelgang hinaus, der vor einem dieser Innenhöfe lag. Es waren gute Zimmer, ein wenig eng, aber mit hohen Decken und mit Moskitonetzen, die von der Decke herab über französische Eisenbetten fielen.

»Also wie ist das nun«, sagte Bankier, »gibst du zur Begrüßung einen aus, oder soll ich das machen?« Wir nannten ihn den Bankier, weil er einen Aluminiumkoffer bei sich trug, in dem Tausende von Dollars waren. Carsten sagte, er gehe jetzt an die Bar die Biere holen und wer die am Schluß bezahle, sei ihm egal. Es war später Nachmittag, mit langen Schatten in dem Hof. Wir saßen vor den Zimmern auf dem Wandelgang, Luv und die Jungs und ich, und es lag noch die Freude der ersten Stunde eines Wiedersehens über uns. Ich wollte wissen, wie die Fahrt gewesen sei, und Eckhart sagte, sie hätten unsere alten Geländewagen mitgebracht, und die Dinger seien gut im Schuß, aber die ganze Strecke von Hamburg bis Gibraltar sei der Verkehr mörderisch gewesen, vor allen Dingen am Mittelmeer entlang. Richtig ansehenswert sei das aber erst geworden, als sie in Algeciras auf die Fähre nach Ceuta rollten, und wie schön dieses Marokko sei, das hätten sie bis jetzt noch nicht gewußt. Nimm nur mal die Sonnenblumen, sagte jetzt ein anderer, und soweit ich mich erinnere, ist es Gerd gewesen. Am liebsten hätte er die Kamera ausgepackt wegen dieser Sonnenblumen: kilometerweit nur gelbe Gesichter, die ihre Blüten alle in die gleiche Richtung drehen. Bankier war der gleichen Meinung: Es habe nur an der Verabredung gelegen, hier in der Karawanserei, sonst hätten sie unterwegs alle naselang gehalten und die Sonnenblumen ebenso gefilmt wie diese vielen Hügel nach der Ernte, mit den grünen Flecken der Olivenbäume in dem Gelb. Ich sagte, ihr habt recht, und wir werden das auch drehen, weil diese grünen Flecken auf den Hügeln aussehen, als hätte Paul Klee sie in die Landschaft reingemalt.

Carsten kam mit den Bieren zurück und mit einer Karaffe Wein für Luv. Wir hatten es uns schon lange abgewöhnt, unser Bier in Gläser umzufüllen. Weiß der Deibel, wer die zuletzt gewaschen hatte. Luv ging ins Zimmer und wusch ihr Glas mit abgekochtem Wasser aus. Es war ihr zur Gewohnheit geworden, an jedem Morgen erstmal Wasser mit einem

Tauchsieder zum Kochen zu bringen. Wenn es vorkam, daß ein Hotel keinen Strom hatte oder es keine Steckdose im Zimmer gab, nahm sie ein paar Schluck Bier aus meiner Flasche, um den Durst zu stillen. An Tagen ohne abgekochtes Wasser putzte ich mir mit Bier die Zähne, was eine Sache war, der Luv sich anschloß, bei der sie aber jedesmal das Gesicht verzog.

»Also wie ist das jetzt«, sagte Bankier, »was stellen wir denn diesmal an?« Er saß im Schatten des Wandelganges, und ich konnte sein Gesicht nicht deutlich sehen. »Oder soll das noch eine Weile dein Geheimnis sein?«

Die Männer lachten. Gerd hatte seinen Rücken an einen Pfosten gelehnt, und die beiden anderen hockten auf den Stufen vor dem verdorrten Garten.

»Sag mal, wo du drehen willst«, wollte Eckhart wissen.

»Ich wette, daß er jetzt Sahara sagt«, meinte Carsten.

»Wette verloren«, lachte Luv.

»Für die zwei Worte werde ich dir ewig dankbar sein«, sagte Carsten. »Ich hasse Wüsten.«

Seiten 222/223: Hinter den Mauern, so fordert der Prophet, sollen Gärten sein – als Vorbereitung auf das Paradies.

Im Meer aus Sand träume ich von Sonnenblumen, die auf der anderen Seite des Atlas wachsen.

Spanien
Rabat
Marrakesch
Algerien
MAROKKO
PORTUGAL
SPANIEN
STRASSE VON GIBRALTAR
N
200 km
Volubilis
Rabat
Fès
Meknès
Casablanca
Tnine-Chtouka
El-Jadida
Sidi-Bennour
ATLAS GEBIRGE
Marrakesch
Ouarzazate
ALGERIEN

»Es gibt Leute, die gerne in der Wüste sind«, gab Eckhart zu bedenken. »Lawrence von Arabien hat sein Leben dafür opfern wollen.«

»Du vergißt, daß ich aus Holstein komme«, sagte Carsten. »Wenn es mal nicht regnet, fehlt mir was.«

Sie lachten jetzt alle über ihn, und Gerd wollte wissen, ob es die Eintönigkeit sei, weshalb ich nicht in die Wüste wollte. Dann fügte er noch hinzu: »Die Farben geben Stoff für gute Bilder. Besonders in den frühen Morgenstunden. Und auch bei Sonnenuntergang. Das Farbenspiel des einen Tages gleicht nie dem am Tag davor.«

»Ich weiß«, sagte ich, »und von Eintönigkeit kann kaum die Rede sein. Ganz besonders nicht bei den Nomadenstämmen, die noch immer mit ihren Zelten in der Wüste sind. Es gibt auch eine ganze Reihe kleiner Orte an abgelegenen Pisten, und Stoff für einen Film muß es da reichlich geben. Luv und ich haben versucht, so tief es geht in die Sahara einzudringen, und sind auch ziemlich lange dringeblieben, doch unser Kontakt mit den Beduinen ist nicht gern gesehen worden. Selbst weit entfernt von den spärlichen Oasen sind wir auf Militär getroffen, und viele Pisten sind für Ausländer gesperrt. Seit die Spanier 1973 aus

Formen, die so sanft wie Frauen sind.

ihrer Kolonie in der westlichen Sahara abgezogen sind, ist Marokko in das Vakuum vorgestoßen, und es hat auch einen Friedensmarsch gegeben, von König Hassan leibhaftig angeführt. 350000 Zivilisten haben an dem Marsch teilgenommen, und seither stampfen die Marokkaner in der Sahara ganze Städte aus dem Sand, was wiederum die regionalen Stämme sehr verbittert. Soweit ich das bei der Fahrt jetzt habe sehen können, ist daraus ein regelrechter Krieg geworden. Mit blutigen Scharmützeln. Wüstensöhne kämpfen gegen Wüstensöhne. Präzise ausgedrückt, rebelliert die Befreiungsbewegung Polisario gegen die Besatzungstruppen der Marokkaner, und wenn ein Filmteam überhaupt da reingehen soll, dann müßten das wohl eher Journalisten sein. Auf keinen Fall aber ist das was für uns.«

Die vier Gesichter hatten im Schatten des Nachmittags gesessen und aufmerksam zugehört. Sie hatten schon in vielen Ländern so gesessen und darauf gewartet, daß ich ihnen erzähle, was das wohl für eine Geschichte wird, die wir als nächste drehn.

»Dann also au revoir, Sahara«, sagte Bankier. »Die Kompaßnadel deutet nach Marokko hin.«

Begegnung mit Lebewesen ist eine Überraschung. Beiderseits.

»Darauf hol' ich erstmal für jeden noch 'n Bier«, sagte Carsten, »und aus Freude am Ereignis zahl' ich die auch selbst.«

»Hast du schon eine Story für Marokko?« wollte Gerd wissen. »Und auch die Menschen, um die sich alles dreht?«

Ich sagte: »Wir haben uns wochenlang in Marokko umgesehen, bevor wir in die Sahara gefahren sind. Im Hinterland des Atlantik sind wir auf einen Marokkaner gestoßen, und an dem hängen wir die ganze Geschichte auf.«

»Hast du die Geschichte aufgeschrieben?« fragte Bankier.

»Ja«, sagte ich, »in den letzten Tagen. Hier in dieser Karawanserei. Der Busfahrer hat das Manuskript mit nach Ouarzazate genommen. Das ist die nächste Oase, eine halbe Tagesreise Richtung West von hier, wo früher die Fremdenlegionäre ihre Kaserne hatten. Der Busfahrer sagt, die Hotels in Ouarzazate seien gut ausgerüstet, und morgen früh wäre er mit den Fotokopien für euch zurück.«

»Er hat den Film als eine Art von Tagebuch geschrieben«, sagte Luv, »und ich glaube, die Geschichte wird ganz schön bunt.«

»Das Land ist bunt«, sagte ich.

»Du könntest uns die Geschichte erzählen«, sagte Gerd. »Dann brauchen wir nicht bis morgen rumzuraten.«

»Eben«, sagte Bankier. »Außerdem könnten wir dann gleich morgen anfangen zu drehen.«

Ich sah, wie die Sonne untergehen wollte. Es war noch gut zwei Stunden bis zum Abendessen. Die französischen Kolonialherren hatten die Gewohnheit ihrer späten Abendessen bei den Berbern zurückgelassen. Ich holte meine Notizen aus dem Zimmer und wartete noch, bis Carsten zurück war mit dem Bier, und fing dann gleich mit der Geschichte an.

DAS MAROKKANISCHE TAGEBUCH beginnt in einem Meer aus Sand. Ortsangabe: Sahara Nordrand. Kompaßkurs: Nord-Nord-West. Zeitangabe: Ende Juni.

Falsche Jahreszeit. Ich weiß. Zu große Hitze. Doch wer macht schon im Leben immer alles richtig? Datum: In dieser Mondlandschaft völlig bedeutungslos. Ich trage nicht mehr ein: Dienstag: Oder: Der Siebzehnte. Ich schreibe nur noch in das Buch: Am Morgen Befragung durch das Militär. Oder: Es ist an dem Tag gewesen, nachdem ich die Kamele getroffen habe. Von diesem Moment an blättern sich die Seiten meiner Erinnerung wieder von alleine um.

Seite 227: Kasbah am Südrand des Atlasgebirges.

FRÜHER MORGEN. VOR DER WINDSCHUTZSCHEIBE STEHT DER ATLAS. Riesige Barriere. Wie ein Schutzwall für Marokko. Soll den Stürmen der Sahara trotzen. Sorgt dafür, daß der Sand nur ganz selten mal darüberweht und auf dem Schnee der Viertausender zu liegen kommt. Das Gebirge ist benannt nach einem griechischen Riesen, der sich am Aufstand gegen Zeus beteiligt hatte. Strafe seitens Zeus: Fortan das Himmelsgewölbe auf den Schultern tragen. Reaktion des Muskelmannes namens Atlas: Maßloser Zorn. Und ein gewaltiger Fußtritt, der Afrika von Europa trennte. Ergebnis: Bedauern auf beiden Seiten.

DIE FAHRT DURCH DEN ATLAS ist eine Fahrt durch Fels, Geröll und Einsamkeit. Nur ab und an ein Dorf. Die Straße führt durch steile Schluchten und windet sich an einem Fluß entlang. In den kargen Feldern am Fluß arbeitet nur selten mal ein Mensch. Und auch der sieht einsam aus. Andererseits muß dies die Paßstraße für Touristenbusse sein, denn in allen Dörfern stehen Tische an der Straße. Händler bieten Steine jeder Größe zum Verkauf. Die Steine sind zu zwei Hälften aufgeschlagen. Innen funkeln Amethyste. Jedenfalls sagen die Händler, daß es Amethyste sind. Mir sieht das Glitzern der Kristalle ziemlich gefärbt, auf alle Fälle unecht aus.

NÄCHSTER MITTAG. BERBERZELTE. Dunkel. Ein abgelegenes Seitental. Ringsum Felsen. Hohe Büsche. An den Seiten sind die Zelte offen. Bunte Teppiche sind überall zu sehen. Kissen, auf denen Frauen liegen. Die Frauen tragen schweren Silberschmuck. In den Haaren, auf der Brust, um die Taille, über Kleidern, die wie Seide sind. Die Seide ist von allen Farben. Rot. Bunt. Indigo. Die Männer dieser Frauen scheinen fort zu sein. In den Zelten spielen Kinder. Im Schatten hoher Büsche wächst Gemüse. Halbwüchsige graben einen kargen Boden um. Beim Zusehen fällt mir das Schulhaus an der Straße ein, von der ich abgebogen bin. Warum die Kinder da sind, ist mir nicht klar. Ein alter Mann kommt einen Pfad entlang. Er hat mich mißtrauisch im Blick. Ich strecke ihm die Hand entgegen. Er nimmt die Hand. Und spricht zu mir in einer Sprache, die ich nicht verstehen kann.

Abseits der Touristenstraßen sind Kinder an Fotoapparate nicht gewöhnt.

Linke Seite: Eine Fahrt durch den Atlas ist eine Fahrt durch Einsamkeit.

Seiten 230/231: Berber. Die Ureinwohner Nordafrikas sind als Stamm auch heute noch ein wichtiger Bestandteil der marokkanischen Nation.

Die Berber gelten als die Ureinwohner im Norden Afrikas. Dreitausend Jahre vor Christus hat das Gebiet, in dem sie lebten, von Ägypten bis zu den Kanarischen Inseln und von der Mittelmeerküste bis in die Sahara hineingereicht. Ihr kriegerischer Freiheitswille hat bis weit in die Kolonialzeit allen Eroberungsversuchen erfolgreich widerstanden. Selbst die Bezeichnung »Berber« ist ihnen fremd. In ihrer eigenen Sprache nennen sie sich »Imazighen«, was bei einigen Übersetzern »Freie Menschen« heißt und von anderen als »Männer des Landes« wiedergegeben wird. Im Lauf der Jahrtausende hat die zahlenmäßige Überlegenheit der Araber die Berber schließlich in die Gebirge zurückgedrängt. Auch die Kabylen in den Bergen des Rif sind ein Berberstamm.

Im Gegensatz zur Araberin hat eine Berberfrau weitreichende Rechte.

Im heutigen Marokko sind die Berber ein bedeutender Bestandteil der Nation. Ihre Wurzeln sind noch immer in der Großfamilie, deren höchste Autorität der Älteste der Sippe ist. Mehrere Sippen schließen sich freiwillig zu einem Klan zusammen. Das Oberhaupt des Klans wird in freier Wahl gewählt. Mehrere Klans formieren Gruppen, deren Vorsteher sich im Rat des Stammes zusammenfinden. Die Meinung eines Berberstammes hat im sozialen Leben der Marokkaner durchaus Gewicht. Alle Stämme haben sich zwar ausnahmslos dem Islam unterworfen, doch ihre traditionelle Eigenart legen sie nicht ab. Beispielsweise halten sie im Gegensatz zu den Moslems an der Einehe fest, und die Frau ist unvergleichlich viel freier, als der Islam es erlaubt. Das Mitspracherecht der Frau in der Familie ist schon aus Überlieferung verbürgt. Berberfrauen tragen keine Schleier. Im Atlasgebirge heiraten Mädchen bereits mit fünfzehn Jahren. Meist sind es die Eltern, die den Partner wählen. Zerbricht die Ehe schon nach kurzer Zeit, wird kein Aufhebens davon gemacht. Die jungen Leute kehren ganz einfach zu ihren Familien zurück und wählen sich den nächsten Partner selber aus. Scheidung ist grundsätzlich keine komplizierte Angelegenheit. Wenn ein Mann sich vor Zeugen als geschieden erklärt, verläßt die Frau sein Zelt und darf sich schon drei Monate später neu vermählen. Eine Frau kann heiraten, so oft sie will, und für Witwen oder geschiedene Frauen werden regelrechte Heiratsmärkte eingerichtet, zu denen Männer, die auf Frauensuche sind, aus allen Landesteilen angeritten kommen. Die Zahl der

Kinder einer Familie gering zu halten ist eine Überlegung, die dem sozialen Gefüge der Berber widerspricht. Ein junges Paar hat Freude an den Kindern. Später sind sie ihm die Alterssicherung.

Soviel über Berber, weil wir ihnen begegnet sind. Doch jetzt weiter. Kompaßkurs: Klar nach Nord. Ortsangabe: Tal bei Marrakesch. Fahrt durch Schatten. Hohe Bäume. Blüten. Wie ein großer Garten ist das Tal, bis die Stadt selbst im Rahmen meiner Windschutzscheibe ist.

MARRAKESCH. Rote Mauern. Minarette. Frauen, die verschleiert sind. Gaukler. Fabulierer. Messingschmiede. Minzetee und Briefeschreiber. Wunderlampen und Fakire. Und bei ihrem Anblick die Erkenntnis: In meinem früheren Leben habe ich das alles schon einmal gesehen. In dem früheren Leben, als ich noch ein Kind gewesen bin. Als ich diese berühmte Schrift verschlungen habe. Tausendundeine Nacht. Ich denke an das Kind von damals und stehe heute mittendrin in diesen Bildern aus dem Buch und suche nach dem Mann, der auf einem Teppich fliegt.

Trotz des bunten Trubels wird Marrakesch in diesem Tagebuch nur ein kurz beschriebenes Blatt. Der Grund: Ich bin eingeschlafen. Die Erklärung: Lange Wochen im Geländewagen. Und außerdem: Das Runterspülen von dem Staub, vor lauter Freude, an der Bar. Im Anschluß an die Bar kam die Begegnung mit dem Pferd. Auf diesem berühmten Platz in der Medina, der den Namen Djemaa el Fna trägt, was »Versammlungsplatz der Getöteten« bedeuten soll. Erläuterung des abschreckenden Namens: Zu Zeiten der Kalifen ist hier die Richtstätte gewesen, und die Köpfe der Enthaupteten wurden auf diesem Platz zur Schau gestellt.

Doch zurück zu dem Pferd. Es hat mich angestoßen. Mit dem Kopf. Als touristische Aufforderung gewissermaßen, weil es ein Fiakerpferd gewesen ist. Der Fiakerlenker selbst hat mir von seinem Kutschbock zugewinkt. Kurz darauf ist die Touristenfalle zugeschnappt. Ich mietete die Kutsche. Die Fahrt ging durch die engen Gassen der Medina. Als andere Touristen erfreut zu mir nach oben winkten, war die Sache zweierlei: Peinlich. Und zum Runtersteigen etwas spät. Kurz danach trat Schläfrigkeit an die Stelle meines Unbehagens. Ich erinnere mich noch, daß ein Sonnendach aus schmalen Latten dünne Schattenstreifen in die Gasse warf und aus weißvermummten Frauen eine Herde Zebras machte. Danach erinnere ich mich an gar nichts mehr. Bis zum nächsten Morgen. Oder das, was ich dafür gehalten habe.

Seiten 234–238: Marrakesch. Tausendundein Tag reichen zum Durchwandern dieser Stadt nicht aus.

In meinem Gesichtsfeld stand ein Mann. Ein Araber. Er wollte Geld. Mein Geld. Für eine Stunde Fahrt. Es ist ein geduldiger Araber gewesen. Ich wußte sofort, daß der Mann geduldig war. Weil er die gleichen Sätze ständig wiederholte. Schließlich gelang es mir, sein Gesicht mit dem Gesicht eines Pferdes in Zusammenhang zu bringen, das die Gewohnheit hatte, fremde Leute anzustoßen. Als ich den Vorschlag machte, er solle getrost weiterfahren und mir alles zeigen, und danach bekomme er schon sein Geld, da meinte er, wir hätten uns doch bereits alles angesehen: Den Königspalast. Den großen Brunnen. Die Mosaiken. Die Souks. Die Moschee der Buchhändler. Den El Badi Palast. Das Bab Agenou. Ich fragte ihn, und auf Ehre und Gewissen, ob er mich das alles tatsächlich hat sehen lassen, und er setzte ein Gesicht auf, das selbst den Mißtrauischsten vertrauensselig macht. »Du hast alles gesehen, Mister, und Allah ist mit dir gewesen, und deshalb brauchen wir auch nicht nochmal dahin zu fahren.«

NOTIZEN ÜBER DEN ISLAM. Datum: 23. Juni. Ort: Noch immer Marrakesch. Eintrag vor der Weiterfahrt. In der dritten Sure des Koran steht geschrieben: »O Gläubige, nehmt euch nicht Leute zu Freunden, die außerhalb eurer Gemeinschaft stehen. Sie lassen nicht ab, euch zu verderben.« Dieser Gedanke des Propheten und sein Geheiß, das Haus des Gläubigen vermittels hoher Mauern nach außen zu verschließen, sind sicher nur zwei der vielen Gründe, die in mir während unzähliger Reisen in die Welt des Islam das Gefühl zurückgelassen haben, daß ich auf alle Zeit draußen vor ihren Mauern stehen würde. Diesen Eindruck habe ich ebenso von Inseln im Indischen Ozean mit heimgenommen wie aus dem Sudan, Ägypten oder Indonesien. Im Lauf der Jahre jedoch sind die Mauern niedriger geworden und haben den Blick auf den Garten im Inneren ein wenig frei gemacht. Ein wenig. Ganz wird mir ein solcher Blick vermutlich nie gelingen. In Bibliotheken habe ich zu verstehen versucht, was Gelehrte und Journalisten über eine Religion festgehalten haben, der weltweit nahezu eine Milliarde Menschen angehören. (Zum Vergleich: Christen: 1,8 Milliarden; Hindus: 800 Millionen; Buddhisten: 350 Millionen; Juden: 18 Millionen.) Die Notizen, die ich auf diesen Seiten wiedergebe, reflektieren zum Teil die Erlebnisse anderer Reisender, in der Hauptsache stützen sie sich jedoch auf meine eigenen Papiere, die sich im Lauf der Jahre angesammelt haben.

GLAUBENSGRÜNDER IST MOHAMMED, ein Kaufmann aus Mekka, der seit dem Jahr 610 n. Chr. eine Reihe göttlicher Offenbarungen erfuhr. Die erste geschah in einer Höhle auf dem Berg Hira, als der Erzengel Gabriel ihn aufforderte: »Wiederhole im Namen des Herrn, der den Menschen aus einem Embryo erschaffen hat. Wiederhole: Dein Herr ist über alle Maßen großzügig. Er lehrte, das Schreibrohr zu gebrauchen. Er lehrte, was der Mensch zuvor nicht wußte.« Das Wort »wiederhole« muß die Aufforderung bedeutet haben, die Offenbarung unter das Volk zu tragen, was der Kaufmann fortan auch tat. Aus Mohammed ist ein großer Prediger und Reformer geworden, der den Glauben an einen einzigen Gott zu den Nomaden ebenso wie zu den Städtern der Wüstenregionen brachte. Für die Moslems ist Mohammed der letzte unter den großen Propheten Gottes. Er hat das Werk der jüdischen Propheten Abraham, Moses und Christus fortgesetzt.

KORAN. Die wiederholten Verkündigungen Gottes hat Mohammed in einem Buch zusammengefaßt, das er den »Koran« nannte, arabisch für »Lesestück«. Der Koran ist in 114 Kapitel eingeteilt, die Suren genannt werden. Alle Belange des Lebens und der islamischen Gemeinschaft werden im Koran behandelt. Der Text ist gebieterisch und furchteinflößend gehalten. Es wird davor gewarnt, Gottes Zorn zu erregen. Persönliche Verdienste eines Menschen werden kaum belohnt. Der Mensch ist auf Gottes Gnade angewiesen. Beispielsweise steht geschrieben: »Ich, Gott, sehe alles.«

Wer dem Koran folgt, kommt ins Paradies. Wer aber vom Weg abweicht, sieht sich beim Jüngsten Gericht Gottes Strafe gegenüber und ist unausweichlich der Hölle ausgesetzt. Beides ist Realität: Die Hölle ebenso wie das Paradies, und die Sehnsucht nach dem Paradies läßt den Tod in einem anderen Licht erscheinen. Ganz besonders den Heldentod im Namen Allahs.

Im Ursprung bestand der Koran aus einer Ansammlung von Kapiteln über Ethik und religiöse Doktrin. Später vervollständigte Mohammed das Buch um Regeln aus den Bereichen Politik und Recht. Auch diese Kapitel sind ihm von Gott eingegeben worden. Somit war die Grundlage für das Islamische Staatswesen gegeben.

ISLAM IST EINE WORTSCHÖPFUNG MOHAMMEDS. Er benannte damit die neue Religion, die im Grunde die Lehren der Juden und der Christen auf eigenständige Weise ergänzt. »Islam« bedeutet »Hingabe an Gott«. Diese Unterwerfung wird mit dem Satz ausgedrückt: »Es gibt keinen Gott außer Allah, und Mohammed ist sein Prophet.«

Ein jeder Mensch, der dieses Glaubensbekenntnis aus tiefster Seele ausspricht, wird als Moslem angesehen. Wer sich im islamischen Gemeinwesen zusammenfindet, erkennt Gott allein als die oberste Gewalt an. Nicht den Landesherrn. Und nicht das Gericht. Gott herrscht über alles.

ALLAH IST GOTT. Er ist nicht sichtbar, aber es gibt ihn. Traditionelles arabisches Denken besagt: Alles, was einen Namen hat, gibt es; wozu hätte es sonst einen Namen? Außerdem: Der Moslem glaubt. Er stellt keine Fragen. Allah schuf den Himmel und die Erde. Alles geschieht

سورة فاتحة الكتاب

بسم الله الرحمن الرحيم

الحمد لله رب العلمين ۝ الرحمن الرحيم ۝

ملك يوم الدين ۝ إياك نعبد وإياك نستعين ۝

اهدنا الصرط المستقيم ۝ صرط الذين أنعمت

عليهم غير المغضوب عليهم ولا الضالين

مالك

السراط

سراط

سبع ايات مكية

durch seinen Willen. Gottes Ratschluß ist ewig. Nichts kann darauf Einfluß nehmen. Die Botschaft Gottes wird den Menschen durch Engel überbracht. Gabriel war ein solcher Engel, der Mohammed die Worte Allahs übergab. Alle jene frommen Männer, denen Gott seine Engel schickte, werden als Propheten bezeichnet.

Der Islam stützt sich auf die folgenden fünf Säulen: 1. das Bekenntnis zu Allah und dem Propheten, 2. das Gebet, fünfmal am Tag, 3. Almosen für die Armen, 4. die Pilgerfahrt nach Mekka, 5. das Fasten während des Ramadan.

Kein Muselmane nennt sich »Mohammedaner«. Denn Mohammed ist ja kein Gott, sondern nur ein Mensch, von Gott gesandt, seine Lehren zu verkünden.

Eine Moschee ist nicht nur heiliger Tempel. Sie ist auch ein Ort, an dem sich alle treffen, die miteinander reden, etwas essen oder in der größten Hitze schlafen wollen.

Der Genuß von Schweinefleisch ist dem Gläubigen untersagt. Gleiches gilt für Alkohol. Ein Verbot anderer Rauschmittel (Haschisch, Opium, Betel) hingegen wird im Koran nicht ausgesprochen. Verboten sind weiterhin: Glücksspiel und Geldverleih gegen Zinsen. Das Erwirtschaften von Profiten ist erlaubt.

KALIF. DAS WORT BEDEUTET »NACHFOLGER«. Im Namen Mohammeds ist der Kalif beauftragt, über die Einhaltung der Gebote Gottes zu wachen und die Segnungen des Islam den Andersgläubigen mitzuteilen. Die eifrige Ausführung dieses Auftrages führte zu Überfällen auf andere Länder und Kulturen.

EROBERUNGEN. Bereits 634 n. Chr., zwei Jahre nach Mohammeds Tod, war die Eroberung Arabiens durch den Islam vollendet. 709 n. Chr. war ganz Nordafrika in islamischer Hand, und der Siegeszug durch Spanien und Frankreich begann. Erst die Franken machten den Eroberungen 732 mit den Schlachten von Tours und Poitiers ein Ende.

In Afrika, Asien, China und Indonesien breitete sich der Islam seit dem 16. Jahrhundert aus. Wegbereiter waren kriegerische Aktionen ebenso wie Missionsarbeit und Handel.

STAAT, RECHT, RELIGION. In Ländern, die den reinen Lehren Mohammeds folgen, gibt es keine Trennung von Staat und Religion. Im Gegenteil: Die islamische Religion ist gleichermaßen auch Staats-

Linke Seite: Arabische Buchmalerei des 14. Jahrhunderts. Die Schreiber umrahmten die Suren des Korans mit kunstvollen Ornamenten.

gewalt und Recht. Das Islamische Recht basiert auf dem Koran und historischen Überlieferungen.

ISLAMISCHE KULTUR. Der gewaltsamen Expansion folgte eine Periode des Aufschwungs und der Befriedung. Im Zusammenleben mit den Kulturen, die sich unterworfen hatten, entstand eine neue, blühende Zivilisation. Ägypter, Syrer, Iraker und Perser beeinflußten die arabische Architektur, Literatur und Kunst.

BILDENDE KUNST. Gott erlaubt es nicht, sein Bild zu schaffen. Er erlaubt es grundsätzlich nicht, Bildnis zu geben von dem, was lebt, sei es nun Prophet, Mensch oder Tier. Deshalb besteht die islamische Kunst in erster Linie aus der Kalligraphie, die schon immer in hohem Ansehen stand. Die arabischen Schriftzeichen werden oft zu phantasievollen Gebilden. Sie befinden sich zur Verzierung auch an Bauwerken, auf Gefäßen und Waffen. Die schön geschwungenen Worte gelten als Geschenk Gottes an den Menschen.

Von Anbeginn haben sich Künstler über das Abbildungsverbot Gottes hinweggesetzt, wenn es auch nur wenige waren. Im Zeitalter der Moderne hat ihre Zahl zugenommen. Ihre Arbeiten stehen deutlich unter dem Eindruck europäischer Künstler. Eine moderne arabische Malerei oder Bildhauerei ohne starke europäische Akzente ist mir nicht aufgefallen.

HOCHSCHULEN. Das Geistesleben der Griechen brachte neue Einflüsse. An arabischen Universitäten wurde eine Reihe neuer Fächer eingeführt: griechische Medizin, griechische Mathematik, Algebra, Geometrie, Trigonometrie, Geschichte und Literatur.

WISSENSCHAFTEN. Mohammed hatte die Gläubigen wiederholt aufgefordert, »das Wissen zu suchen«, denn Gott hatte ihm auch das aufgetragen. In dieser Offenbarung liegt der Schlüssel zu den emsigen Studien der Araber, die von den medizinischen und astrologischen Erkenntnissen der Griechen und Inder lernten und diese Wissenschaften in ausgereifter Form nicht nur nach Nordafrika, sondern auch nach Europa brachten.

STELLUNG DER FRAU. Das Islamische Recht legt die Überlegenheit des Mannes fest. Ihm sind vier Ehefrauen gleichzeitig und ungezählte

Konkubinen gestattet, während eine Ehebrecherin mit schwersten Strafen belegt wird. Dem Mann ist die nichtislamische Ehefrau gestattet. Der Frau wird nur ein muselmanischer Gatte zugestanden. Einem Mann wird die Scheidung leichtgemacht. Die Frau erhält sie nur nach großen Schwierigkeiten und einem langwierigen Gerichtsverfahren. Die Kinder verbleiben immer bei dem Vater. Auch wirtschaftlich wird der Mann bessergestellt.

Keuschheit scheint lediglich der Frau auferlegt. Der Koran sagt: »O Weiber des Propheten, sitzet still in euren Häusern und zeigt nicht eure Schönheit.« An anderer Stelle gilt das Wort Allahs: »O Prophet, sprich zu deinen Ehefrauen und deinen Töchtern und zu den Weibern der Gläubigen, daß sie sich mit ihrem Überwurf verhüllen. So werden sie als anständige Frauen erkannt und haben keine Not.«

Die moderne Zeit hat der Frau eine Wandlung gebracht. In Marokko beispielsweise ist die Einehe gesetzlich festgelegt. Nach dem Muster westlicher Länder nimmt sich die Frau auch außerhalb des Hauses gewisse Freiheiten, zumindest gilt das für Frauen in den Städten. Neuzeitlich eingestellte islamische Regierungen ebnen der Frau den Weg in das Berufsleben. Politikerinnen, Lehrerinnen, Medizinerinnen, Facharbeiterinnen im Computerwesen sind neuerdings keine Seltenheit. In Staaten radikaler islamischer Ausrichtung werden Frauen sogar an der Waffe ausgebildet.

FANATISMUS. Als sechste Säule des Islam muß der »Dschihad« gelten. Annähernd zutreffende Übersetzung: »Streben nach dem Pfad Gottes«, im Koran mit den Worten festgelegt: »Kämpft für Gottes Pfad gegen die, die euch bekämpfen, aber seid nicht aggressiv und kämpft so lange, bis niemand mehr verfolgt wird und Gottes Religion gesiegt hat.« Dieses Gebot ist traditionell unterschiedlich ausgelegt worden. Die Auslegungen führten stets zu zweierlei: zu Heiligen Kriegen ebenso wie zu Bruderzwist. Mit dem Aufruf zu Heiligen Kriegen wurde die Unterwerfung anderer Kulturen sanktioniert und der moderne Terrorismus begründet. Der Bruderzwist hat den Islam seit Jahrhunderten von innen ausgehöhlt und im späten 17. Jahrhundert den Niedergang des Islam eingeleitet.

Der Philosoph Ernst Bloch führt in »Das Prinzip Hoffnung« eine interessante Parallele an: »Fanatismus als religiöses Element findet sich nur in den beiden Religionen, die von Moses ausgingen, im Christentum und im Islam.«

Seite 244:
Im 14. Jahrhundert brachten die Araber einem rückständigen Abendland medizinische Erkenntnisse aus Griechenland und Indien. Die Abbildungen zeigen von oben nach unten: Die Geburt des Kaisers Augustus; sie gilt als der erste Kaiserschnitt. Einen operativen Eingriff am Schädel. Heilung von Hämorrhoiden. Einrenkung einer Schulter.

Seite 245:
Anatomische Studie der Araber aus dem 15. Jahrhundert.

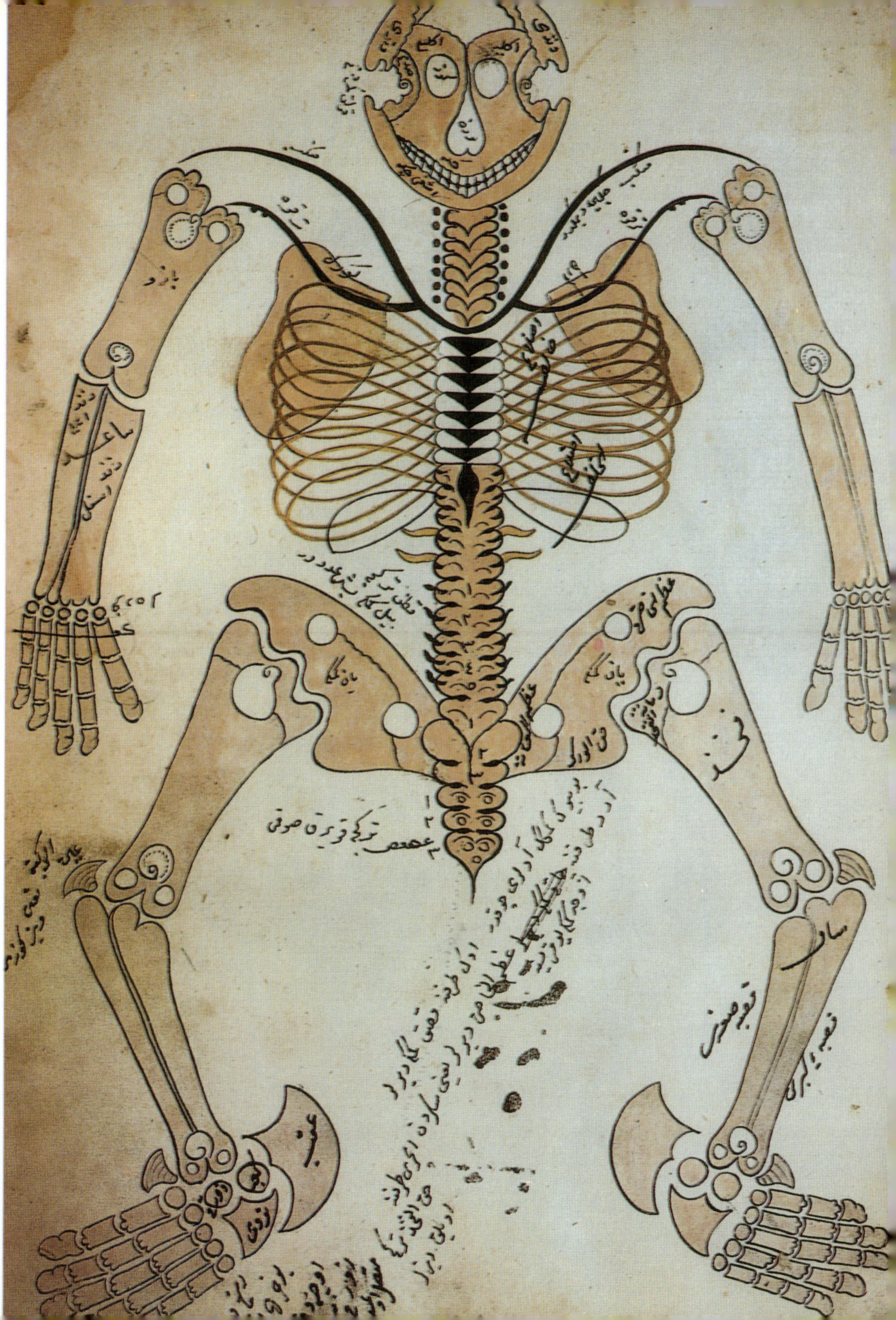

بازو
فخذ
ساق
عقب

NIEDERGANG UND NEUER AUFSCHWUNG. Die christlichen Kreuzzüge und Kriege mit den Armeen des Abendlandes führten für den Islam zu Verlusten von Territorien wie Sizilien und Spanien. Kurze Abschweifung: Die Rückkehr der Mauren aus Andalusien hat für Marokko einen wahren Aufschwung bedeutet, ganz besonders im Hinblick auf Moscheen und andere große Bauwerke.

Die seefahrenden Nationen Europas übernahmen die Kontrolle über den Welthandel. Europäische Kolonisatoren machten erfolgreich ihre eigenen Besitzansprüche geltend, und zwar global. Zudem begannen islamische Feudalherrscher aus Mangel an religiöser Moral ihren Einfluß auf das eigene Volk zu verspielen. Der Verfall des islamischen Weltreiches war beispiellos.

Mitte des 18. Jahrhunderts begann eine Reformbewegung im arabischen Raum, doch erst die Moderne brachte neuen Aufschwung, als »Allah den Gläubigen das Öl zum Geschenk machte«. In den Industriestaaten fanden sich Menschen von der Konsumgesellschaft abgestoßen und wandten sich dem Islam zu, der ihnen ein Leben in wahrhaftiger Gemeinschaft zu versprechen schien.

Soviel über Religion und Geschichte.

WEITER MIT DEM TAGEBUCH. Ortsangabe: südliche Atlantikküste. Zeitangabe: 24. Juni. Fahrt von Marrakesch zur Küste. Kurz und gut. Das Land: zunächst noch grün. Manchmal bunt. Vor der Küste flach. Und viele Steine. El Jadida heißt der Hafen. Übersetzung: »Die Neue.« Als man ihn noch »Die Alte« hätte nennen können, war er portugiesischer Besitz, ein befestigter Stützpunkt für die Indienfahrer des 16. Jahrhunderts. Die Altstadt sieht noch heute portugiesisch aus. Unter der Erde: Eine Zisterne wie eine Kirche. Spätgotisch mit Pfeilern, Kapitellen und kunstvollem Mauerwerk. Mit Wasser wie Kristall. Und unbewegt. Weckt das Zwielicht auf zu neuem Leben. Spiegelt die Schönheit des Gewölbes wider.

ZIELLOS TREIBE ICH ZU EINER GESCHICHTE HIN, die ich beginnen müßte mit dem Satz: Es war einmal. In einer Zeit, die es heute nicht mehr gibt. In einem Land, das so alt ist wie der Staub. Ortsangabe: Hinterland der Atlantikküste. Datum: Nächster Tag. Landbeschreibung: Flach und weiß. Viele Steine. Ackerland. Nur ganz selten mal am Weg ein Haus wie ein Kubus. Fensterlos. Menschenlos. Welke Bäume stehen um das Haus. Es fällt mir auf, daß keine Musik zu diesen Bildern passen

Spätgotische Zisterne der ehemals portugiesischen Besitzung Mazagao, die heute El Jadida heißt.

will. Denke ich an Marrakesch, höre ich Musik, marokkanische, andalusische, als käme sie von einem Minarett. Auf der Fahrt durch dieses karge Ackerland denke ich an Schweigen.

Hinter meinem Wagen wirbelt Sand nach oben. Nein, nicht Sand. Eher Puder, der als weiße Wolke unter einem weißen Himmel stehenbleibt und sich dann auf weißes Land legt. Auf flaches Land. Die Welt läßt hier an eine Scheibe denken, die ringsum nur an Himmel stößt.

Als Überraschung fließt ein Wasserweg durch das karge Land. Mit grauen Ufern. Auch das Bett in dem Kanal ist aus Beton. Nichts hält die schnurgerade Linie auf. Nicht einmal, am Rand der Welt, der Himmel. Im Schatten einer Brücke plantscht ein kleiner nackter Junge. Sein Esel steht schläfrig über ihm am Ufer. Schiffe können in dem Kanal nicht fahren. Nicht einmal ein Ruderboot. Für Boote ist der Kanal nicht tief genug. Am Straßenrand steht eine Pumpe und saugt Wasser für die Felder ab. Tiefe Furchen bringen das Wasser zu tiefergelegenen Äckern hin. Das alte, ausgeklügelte System macht neben dem Kanal die Äcker grün. Vor gut sechshundert Jahren schon haben die Mauren mit dem System ganze Teile von Andalusien grün gemacht.

Wie gesagt, treibe ich an dem Tag zu einer Geschichte hin, die beginnen sollte mit »Es war einmal«. Doch ich schreibe auf das Blatt: Es ist einmal. Denn da ist in diesem unsagbar alten Land ein Mann. Abdelslam Drif. Das ist sein Name. Landbesitzer. Patriarch. Hoch aufgeschossen. Wenig Haar, an den Seiten grau. Ich schätze gegen sechzig Jahre alt. Sohn eines Kaid, eines Landedelmanns. Herr der Äcker. Herr der Dörfer. Vom Sultan zum Herrscher über eine Region bestimmt. Ein Kaid eben. Das spricht sich aus, wie man es schreibt. Mit der Betonung auf dem »i«.

Der Kaid dieser Wasserwege ist seit vielen Jahren schon an der Seite des Propheten. Die Bestallung durch den Sultan hat der Vater mit ins Grab genommen. »Kaid« ist nicht ein Titel, den der Sohn erben kann. Dem Sohn ist nur die Erinnerung an den Glanz geblieben. Doch er selbst läßt auch an Zeiten denken, die einmal gewesen sind. Seine aufrechte Haltung. Seine Gelassenheit. Die Ruhe in dem Mann. Wenn er am Kanal die Ärmel des Kapuzenmantels nach oben streift und mit den Händen Wasser schöpft. Das sieht wie ein Verneigen vor dem Wasser aus. Auch die Andacht des Trinkens wirkt sakral. Und noch etwas ist ungewöhnlich an dem Mann: Als der Fremde kommt, geht er nicht schweigend fort. Er sieht mich an. Von dem einen Ufer zu dem anderen hin. Außer uns ist niemand sonst in diesem flachen Land. Er sieht sich

Seite 249: Begegnung mit dem Sohn des Kaid an einem Wassersystem, das seit 600 Jahren diese Wüste fruchtbar macht.

um und sagt: »Man hat uns ganz allein zurückgelassen auf der Welt. Die anderen sind wohl schon ins Paradies vorausgegangen.« Dann lacht er. Das klingt vertraut. Es ist nichts Fremdes zwischen uns.

DER NÄCHSTE TAG. HAUS DES KAID. Ortsangabe: Tnine. Datum: 25. Juni. Das Farmhaus des Mannes läßt an eine Festung denken: Weiß. Mit dicken Mauern. Langgestreckt. Schießscharten überall. Auf dem Dach sind Zinnen. Das Portal ist mit einer schweren Eisentür verschlossen. Ihre Riegel stammen noch aus der Zeit, als die Soldaten Hellebarden trugen.

Unser Gastgeber Abdelslam Drif bei seinem Schober.

Als ich den Jeep vor dem Haus abstelle, kommt Abdelslam Drif durch das Portal. Seine Dschellabah ist so weiß, wie es die Wand des Hauses ist. Auch die Kapuze über seinem Kopf ist von heller Farbe. Eingerahmt durch das Portal, sieht er an diesem Morgen wie das vergilbte Foto eines Marokkaners aus.

Hinter den dicken Mauern des Gebäudes warten dunkle Schatten wie in einem Verlies. Dann eine zweite schwere Tür. Die öffnet sich zum geräumigen Innenhof, mit Blumen, Bäumen und mit Kacheln. Genau so, wie der Prophet es von den Gläubigen hat haben wollen.

Der Hof ist eingerahmt von weißem Mauerwerk. In den Wänden stehen blaue Türen offen. Hinter jeder Tür befindet sich jeweils nur ein Raum. Alle sind auf gleiche Art möbliert. Diwane ringsherum. Ziselierte Messingtische. Und weiche Kissen. Eine Lampe an der Decke, und am Boden bunte Fliesen. Die Zimmer wirken unbewohnt. Im Raum des Hausherrn hängen drei gerahmte Fotos an den Wänden. Der König. Der Kaid. Zwei junge Männer. »Meine Söhne«, sagte der Mann. »Beide tot. Es war ein Unfall mit dem Wagen.«

Steinstufen steigen zu noch mehr blauen Türen hoch. Darüber streckt sich lang ein flaches Dach mit Zinnen. Von Schießscharten eingerahmt, ist ein Stück der Ebene zu sehen. Außerdem noch ein Stück vom Wasserweg.

In diesem Haus ist Abdelslam Drif geboren und aufgewachsen. Kind unter vielen Kindern. Bauernkinder allesamt. Der Hof war damals noch eine veritable Festung. Quartier für einen Trupp Soldaten. Der Kaid hatte von diesem strategisch wichtigen Punkt aus seine Region zu schützen. Vor marodierenden Söldnern. Oftmals auch vor Berbern, die den Bauern an die Ernte wollten.

Die Ernte, sagt Abdelslam Drif, das ist meistens Hirse, Kohl, Bohnen, Mais. Auch Tomaten, weil wegen der künstlichen Bewässerung doch so manches in dem Land da draußen wächst.

Mittags gehen wir beide kochen. In der Küche unten, bei dem Hof. Sie ist sehr einfach, aber auch sehr sauber. Abdelslam macht für uns Couscous. Das ist gekochte Hirse, oft mit Hammelfleisch serviert, heute aber mit Gemüse. Wir lassen uns auf Kissen nieder, in einem der Zimmer mit den blauen Türen. Der Gast ißt mit dem Hausherrn aus derselben Schale, die auf einem dieser runden Messingtische steht. Besteck? Gibt's nicht. Was es gibt, das sind drei Finger an der rechten Hand. Wie das geht? Ganz einfach geht das: Hirse greifen. In der Handfläche zu Bällchen rollen. Ab in den Mund. Dann, mit den Fingerspitzen, das Gemüse hinterher.

Ich hatte mich bereits gefragt, ob mein Gastgeber ganz für sich alleine lebt. Familienlos, durch irgendein Schicksal oder in selbstgewählter Einsamkeit. Die Antwort kommt am selben Tag. Ungefragt. Mit einem Auto, das vor den dicken Mauern hält, einem Auto, in dem die Kinder sind.

»Allerdings nur zwei von zehn«, sagt Abdelslam Drif. »Die Jüngste und der Älteste. Sie kommen aus Rabat-Sale, eine Tagesreise weit weg von hier. Hassan ist Werbechef bei einer Ölfirma. Er bringt meine Tochter Najiba her, die mit ihren zweiundzwanzig Jahren das jüngste Mitglied der Familie ist.«

Der Sohn kleidet sich wie ein Franzose. Ich schätze ihn so gegen vierzig. Er betrachtet mich anfangs mit Verwunderung. »Ein Fremder«, sagt er, »verläuft sich in diese Gegend selten und kommt als Gast in diesem Haus noch seltener vor.« Das Mädchen scheint recht unbekümmert. Sie geht gleich in die Küche, um Minzetee zu machen. Abdelslam sieht ihr lächelnd nach. »Najiba«, sagt er mit einem Hauch Bedauern, »hat mit der Welt, in der ich aufgewachsen bin, nicht mehr allzuviel im Sinn. Die Welt, von der ich spreche, ist jene des Kaid gewesen. Streng. Unnahbar. Nur zuweilen gütig. Er starb recht früh. Ich, der unbeholfene Bauernjunge, war den Anfeindungen verschiedener Gruppen ausgesetzt. Der Sohn eines verstorbenen Kaid wird bald ein unschützbares Ziel von Revanche und Gewalt. Also habe ich mich aufgemacht, mein Glück in der großen Stadt zu suchen. Auch, um eine Frau zu suchen.

Seiten 252/253: Abdelslams glückliches Reich. Der befestigte Bauernhof des Kaid.

Glück und Frau, die gehen Hand in Hand, und beides habe ich schließlich in Rabat gefunden. Zwölf Kinder hat meine Frau zur Welt gebracht. Zehn von ihnen leben.«

Hassan sitzt zu Füßen seines Vaters. Wie ein Gemälde sieht das aus. Aber keines mit dem Titel ›Mann von Welt besucht den alten Vater‹. Nein. Dieses Bild ist aus der Tradition gemalt. Sein Titel: ›Junger Mann und Patriarch‹.

»Mein Vater hat uns Kindern stets gesagt: Was man erreichen will, erreicht man auch«, erzählt der Sohn jetzt mit Bewunderung. Der Vater nickt: »Bei den staatlichen Autobussen habe ich begonnen, als Garçon d'Autocar, was die liebenswerte Bezeichnung für einen Jungen ist, der dem Schaffner untersteht und jede Drecksarbeit verrichten muß, für die sich der gute Mann zu schade ist. Im Verlauf der Jahre habe ich mich hochgedient, bis ich schließlich zum Kontrolleur befördert wurde, dem alle Schaffner der Hauptstadt unterstehen. Ich hatte ein geräumiges Büro in Rabat und ein Haus in Sale, und mein Gehalt hat für das Studium der Kinder auf der Universität gereicht. Aus jedem von ihnen ist etwas geworden. Chirurg. Werbefachmann. Journalist. Zwei Rechtsanwälte. Auch Najiba muß dazugerechnet werden. Sie arbeitet mit Computern im Innenministerium in Rabat.«

»Doch es sind nicht nur gute Zeiten gewesen«, sagt Hassan. »Im August 1953 haben die Franzosen den Sultan abgesetzt. Mohammed V. wurde ins Exil geschickt. Das hat die Menschen gegen die Kolonialmacht aufgebracht. Auch unser Vater hat sich dem Widerstand angeschlossen.«

»Was mir die Franzosen nicht beweisen konnten«, sagt Abdelslam mit einem Lächeln. »Trotzdem haben sie mich auf die Straße geworfen. Harte Zeiten sind daraufhin gefolgt. Ohne diesen Hof hier hätte ich die Familie nicht ernähren können. Doch, Allah sei Dank, unsere Rebellion gegen die Franzosen war von Erfolg gekrönt. Zwei Jahre später kam Sultan Mohammed zurück. Damit erhielt Marokko seine Unabhängigkeit. Sultan Mohammed wurde zum König ausgerufen. Sein Untertan Abdelslam Drif wurde wieder Kontrolleur aller Schaffner von Rabat-Sale. Er blieb das auch nach dem Tod des Königs, als Hassan II. den Thron bestieg. Bis zur Pension hatte ich diese Stelle inne, und die Arbeit eines langen Lebens trägt jetzt Früchte: In Anerkennung der Verdienste erhalte ich mein volles Gehalt selbst noch als Pensionär bezahlt. Für die Familie ist auch weiterhin gesorgt. Das Haus in Sale bleibt den Kindern und meiner Frau erhalten. Ich aber kehre demnächst für den Rest meines Lebens hierher zurück. Von wo ich einst gekommen bin. In die Stille. Auf das Land.«

FRÜHES GEBET AM NÄCHSTEN TAG. Der Ort: Die Festung des Kaid. Das Datum: 26. Juni. Abdelslam Drif ist ein sehr frommer Mann. Jeder neue Tag wird mit dem Gebet begrüßt. Die Zeit dafür ist auf die Minute festgelegt. Im Islam spielte die Astronomie schon immer eine große Rolle, und bis zum heutigen Tag richten sich die Zeiten der Gebete nach den Gestirnen. Vorwiegend nach dem Mond. Hassan hat aus der Stadt die Gebetszeiten für die nächste Woche mitgebracht. Sie werden in den Gazetten abgedruckt. Als Hilfe für den Gläubigen, der sich nicht in der Nähe einer Moschee befindet. Abdelslam sagt, er dürfe beten, wo er wolle. An jedem Freitag allerdings ist es Pflicht, eine Moschee zum Mittagsgebet aufzusuchen.

Vor jedem Gebet gibt es die Waschung. »Das Gebet ist wie ein Strom süßen Wassers, das an der Tür eines jeden von euch vorüberfließt«, sagt der Prophet. »Ein Moslem taucht fünfmal an jedem Tag hinein.«

Abdelslam weckt mich, lang bevor die Sonne am Himmel überhaupt zu ahnen ist. »Zeit für die Waschung«, sagt er. Hassan wartet schon im Innenhof. Er schlägt vor, daß ich mich für die Dauer von Waschung und Gebet entferne. Der Vater wischt das Ansinnen des Sohnes mit einer herrischen Gebärde aus der Welt. Hassan will widersprechen. Doch der Patriarch entscheidet: Der Fremde bleibt.

Vater und Sohn knien nieder. Lassen Wasser aus einer Kupferkanne in die Hände rinnen. Sprechen Formeln. Reinigen das Gesicht. Die Ohren. Schneuzen die Nase. Waschen die Hände bis zum Ellenbogen. Und die Füße bis zu den Knöcheln. Die Waschung bezeugt symbolisch die innere Reinigung der beiden Männer. Ihr Ritual scheint in jeder Bewegung festgelegt. Ebenso wie das Gebet. Für das Gebet gehen wir durch das Portal vors Haus. Die Männer legen Teppiche in das verdorrte Gras. Sie beginnen ihre Andacht aufrecht stehend. Legen ihre Hände vors Gesicht. Der Vater spricht die Formel: »Gott ist groß.« Beide knien nieder. Blicken den zaghaften Strahlen der ersten Sonne entgegen. Abdelslam spricht das Gebet. Mit der Verbeugung, die dann folgt, unterwirft er sich seinem Gott.

Der Sohn macht alle Bewegungen des Vaters mit. Der Patriarch ist zum Vorbeter geworden. Ist in dieser Stunde der Imam. »Gott ist am größten. Ich bezeuge, daß es keinen Gott gibt außer Gott.« Die Männer berühren mit der Stirn die Erde.

VERWUNDERUNG ÜBER VERWANDTE. 27./28. Juni. Noch immer in der Festung des Kaid. Der Patriarch ordnet Ausflüge in die weitere Umgebung an. Beispielsweise zu einem Souk. In einem der vielen Zelte zieht ein Mann in weißem Kittel Zähne. Ohne Betäubung. Seine Bohrmaschine hat Fußantrieb. Vor dem Zelt steht ein Schild: Dentiste. Hassan winkt dem Zahnarzt zu. »Unser Cousin«, erklärt Najiba. Ein andermal sind wir bei Fischern mit ihren grünen Booten an einem kilometerlangen Strand. Die Leute freuen sich, Abdelslam zu sehen; und Najiba sagt, ganz nebenbei: »Alles Verwandte, von den Brüdern meines Vaters her.« In einem Eßlokal der Stadt Sidi Bennour schließlich herzen und küssen alle drei den kleinen Sohn des Kellners wie ein lang vermißtes Waisenkind. Ich tippe auf »Enkelsohn von einer Tante« und sage mir, Familienplanung wird in Marokko wohl auf extrem andere Weise aufgefaßt.

Mittagsgebet. Abdelslam mit seinem ältesten Sohn.

DIE WANDLUNG EINES PATRIARCHEN ZUR MODERNE HIN ist für Hassan eine Überraschung. Läßt bei ihm Sprachlosigkeit zurück: Meine Zeit ist um. Ich bitte um Verständnis, daß ich weiterziehen muß. Zwei Orte warten: Volubulis und Fès. Als Abdelslam Drif das hört, sagt er: »Für Najiba ist es an der Zeit, dem Mausoleum von Moulay Idris II. ihre Reverenz zu erweisen. Das Mausoleum ist in Fès. Würden Sie mir die Freude machen und meine Tochter dort hingeleiten?« Hassan steht mit offenem Mund dabei: Der Vater gesteht der Tochter eine Freiheit zu, die er seiner Frau ein Leben lang nicht hat gestatten wollen.

Arabischer Treffpunkt. Ein wenig Minzetee und sehr viel Zeit.

Zeitangabe zur Abfahrt Richtung Fès: Sonnenaufgang, 29. Juni. Vor der Abfahrt kommt vom Patriarch die Mahnung: »Zum großen Fest des Lammes seid ihr mir aber in Rabat-Sale zurück.« Dazu später, von Najiba wie vor sich selber hingesprochen: »Rätselhafte Wandlung. Einen Ungläubigen hat Vater zu dem Schlachtopfer noch niemals eingeladen.«

NOTIZ ÜBER VOLUBILIS vom selben Tag: herrliche Ruinen aus der Römerzeit. Zweitausend Jahre alte Tempel. Mosaiken im Haus des Orpheus. Ein Aquädukt für das Handelszentrum Roms. Thermen. Reste eines Forums. Löwen wurden dort zur Schau gestellt, die sie in den Hügeln hier gefangen hatten. Nicht nur römische Soldaten haben hier gelebt. Auch Händler aus Nordafrika: Berber, Juden, Syrer. Hinter den Ruinen eine Landschaft, die mir mystisch scheint. Najiba sagt, daß es ihr genauso geht. Und fügt hinzu: »Eigentlich sind wir ein bedauernswertes Land. Ständig fielen fremde Heere bei uns ein. Phönizier. Karthager. Römer. Portugiesen. Und als letzte auch noch die Franzosen.«

Am Abend dann und als Kontrast: die Königstadt Meknès. Autos hindern überall den Blick auf die Paläste, doch Najiba stört das nicht: »Trotz der Autos«, sagt sie, »ist dieses Bab El Mansour das schönste Stadtportal in ganz Marokko.« In der Medina, beim Schlendern zwischen Tausenden von Marokkanern, wird es unversehens Nacht. Zeit, sich ein Hotel zu suchen. Najiba sagt, sie würde mich zur Place El Hedim geleiten, wo alle Arten von Hotels zu finden seien. Sie selbst kenne Zimmersorgen nicht. Eine Araberin, sagt sie, wohne immer bei Verwandten. Ich sehe sie entgeistert an: »Was? Verwandte? Selbst in Meknès?« Sie lacht. »Pausenlos. Und überall.« Zielstrebig biegt sie in eine Gasse. Taucht in der bunten Menge unter.

Volubulis. Ruinen aus der Römerzeit.

FÈS, NAJIBA UND DER FREMDE. Eintragung vom 30. Juni. Hier ist es gewesen, wo die Marokkaner 1912 den Vertrag unterschreiben mußten, der ihr Land zu einer Kolonie Frankreichs machte. Und in dem Labyrinth der Gassen dieser Medina ist es dann gewesen, wo sich der Widerstand gegen die verhaßte Fremdherrschaft zusammenbraute, der so blutig wurde, daß er die Franzosen 1956 zum Abzug zwang. Eine geeignetere Stadt für einen Freiheitskampf kann es auf der Welt nicht geben: In der Moschee Qarawijjin mischen sich Handwerker unter die Intellektuellen und gehen die Sache gemeinsam an. Die Moschee ist heilig. Gibt den Leuten Schutz. Christensöldner dürfen eine Moschee nicht betreten. Das Labyrinth der schmalen Gassen der Medina ist ein wahrer Dschungel. Soldaten wagen sich nur ungern da hinein. Verirren sich. Kommen vielleicht nicht wieder lebend heraus.

Diese Schreckensbilder liegen dreißig Jahre weit zurück. Wer heute kommt, der kommt in Frieden. Doch dem Fremden, der Najiba in dem Mausoleum des Moulay Idris II. entschwinden sieht und durch diese Gassen wandern will, gibt die Medina auch noch heute Rätsel auf. Das sind enge Gassen. Mit Windungen, die einander ähneln. Mit dunklen Seitenwegen. Ich verlaufe mich unentwegt. Das wird zum Ärgernis, weil ich mich (wie jeder Mann) für einen guten Navigator halte. Aus Sorge um mein verletzbares Selbstbewußtsein rette ich mich in Bilder: Ich sehe mir selber zu. Sehe mich zum drittenmal an der gleichen Gassenecke stehen. Hilflos. Kratze mich am Kopf. Mit der einen Hand. Die andere kratzt den Hintern. Wie ich mich nun in dem Bild und in dieser Haltung sehe, muß ich lachen. Ein Mann mit Turban sieht meinem Lachen eine Weile zu. Dann geht er weiter. Kurz darauf steht Najiba vor

Seiten 259–261: Impressionen aus Fès: tägliches Leben wie zu einer Zeit, in der es weder Fernsehen noch Autos gab.

mir und will wissen, was es da zu lachen gibt. Ich frage mich, wie sie mich in dem Gewirr überhaupt hat finden können.

Es ist erstaunlich, was Najibas Rückkehr nun bewirkt. Von einer Minute zur anderen wird die Stadt so schön, wie es in den Büchern steht. Den Rest des Tages laufen wir durch ein Leben, das wie im Mittelalter ist. Das Gebet des Muezzin scheppert zwar vom Minarett über Lautsprecher zu den Gläubigen, doch sonst ist alles so arabisch, wie es sich der Reisende erhofft. Mit Notaren unter Sonnenschirmen. Mit Seidenhändlern. Pantoffelmachern. Koranschulen. Gerbern. Bäckern. Silberschmieden. Mit Studenten. Alten Muffeln. Mit einer ehrwürdigen Universität. Dazwischen Lastesel und Bettler. Mystisches an den Moscheen. Und am Boden oft viel Schmutz. Schneller als der Tag gekommen ist, läuft er mir davon.

Najiba will wissen, von welchem Hotel sie mich morgen in der Frühe abholen soll. Sie selber übernachtet bei Verwandten. Ich höre mich noch fragen, wie viele Verwandte kann denn eine junge Frau bloß haben, und ich sehe Najiba noch sehr deutlich vor mir, wie sie lacht: »Großvater

Studie – der Linien wegen.

Drif. Sie erinnern sich. Der Kaid. Er besaß elf Frauen, über das ganze Land verteilt. Vier Ehefrauen und sieben Konkubinen, und die gebaren Kinder, was zu Kindeskindern führte. In Marokko hängt das Bildnis des Kaid an Hunderten von Wänden.«

EIN LAMM AUF DEM DACH. Ort: Rabat-Sale. Zeitangabe: Ein Tag vor dem großen Opferfest, das von den Astronomen für den 3. Juli vorgeschrieben worden ist.

Das Lamm beginnt den letzten Tag seines Lebens mit einem Trog voller Gerste. Die Henkersmahlzeit wird auf dem flachen Dach des Stadthauses der Familie Drif gereicht. Das Haus steht hinter einer hohen Mauer, die in kriegerischen Zeiten Schutzwall der Medina war. Dach reiht sich hier an Dach, und auf allen Dächern warten Schafe. Abdelslam hat seines mit vom Land gebracht. Er sagt: Von den anderen auf den Dächern sind einige mit dem Schiff gekommen. Von Australien her. Und aus Schottland. Begründung: Jede Familie schlachtet zu diesem Fest ein Lamm. Marokko hat 25 Millionen Einwohner. Davon

Najiba, Abdelslams jüngste Tochter. Ein Frauenleben zwischen arabischer Tradition und dem Traum von einer befreiten Welt.

machen im Durchschnitt acht Menschen eine Familie aus. Das wiederum bedeutet, drei Millionen Lämmer werden nur für diesen einen Tag gebraucht. Der Eigenbestand des Landes reicht dafür nicht aus.

Der Anlaß für das Fest steht in Bibel und Koran fast gleichermaßen geschrieben. In Kurzform: Gott hatte Abraham aufgetragen, ihm das Blut seines meistgeliebten Sohnes als Opfer darzubringen. Der gepeinigte Abraham fand einen Weg aus seiner Not. Er tötete ein Lamm und brachte Gott das Blut des Tieres, nicht das Blut des Sohnes als das befohlene Opfer dar. Diese glückliche Wendung des Geschehens zelebrieren die Muselmanen bis zum heutigen Tag als fröhliches Familienfest.

Sobald der Patriarch mit der Geschichte endet, schickt er Hassan nach unten einen Eimer Wasser holen. »Das Opfer führt ein jeder selbst zu Beginn des Festes aus«, sagt er dann. »Der Prophet gebietet: ›Nimm ein Messer, welches das Blut gut fließen läßt, und sprich dabei Allahs Namen aus.‹ Heute wird das Tier noch einmal sorgfältig gewaschen. Morgen früh, bevor der Tag anbricht, versammeln wir Männer uns zum Gebet. Zu der Begegnung dürfen Sie uns, verehrter Freund, bedauerlicherweise nicht begleiten. Auch das Opfer selbst habe ich im Gebet und allein mit meinen Söhnen darzubringen. Ich darf auf Ihr Verständnis zählen. Jedoch gleich danach beginnt das Fest, und wir freuen uns, Sie dabei zu Gast zu haben.«

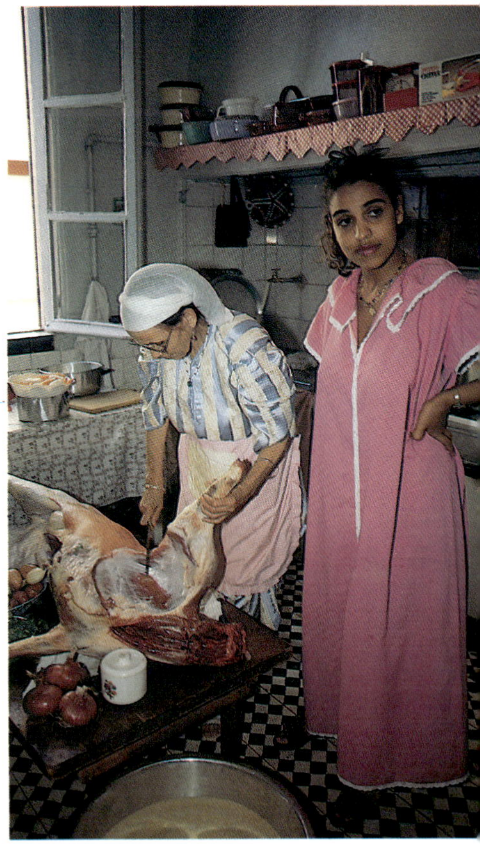

AM MORGEN HÖRE ICH DIE LÄMMER von den Dächern blöken. Erst als es hell wird, verlasse ich mein Hotel. Unter dem Rundbogen in der Stadtmauer steht Abdelslam Drif mit zerlumpten Gestalten beisammen. Sie haben ein Feuer gemacht und eine Sprungfedermatratze darüber aufgestellt. Stücke von einem Lamm liegen auf dem Matratzenrost. Auch der Kopf des Tieres. Abdelslam hat den Armen sein Almosen gebracht.

Im Haus sitzt die Familie vor dem Fernseher. Auf dem Bildschirm ist König Hassan II. zu sehen. Mit einer weißen Djellabah angetan, trifft er im Thronsaal des Palastes ein. Die Minister seines Kabinetts knien vor ihm nieder und küssen den Saum des königlichen Gewandes. Dann geht er auf ein Lamm zu. Weiße Tücher werden schützend um ihn gehalten. Fordernd streckt er die Hand aus. Ein Dolch wird ihm gereicht. Mit einer schnellen Bewegung tötet er das Tier. Aus dem Fernseher ertönt jubelnde Musik. Von Dach zu Dach rings um das Haus der Drifs rufen sich Menschen Grüße zu. Das Fest beginnt.

Eine Seltenheit bei Muselmanen: Zum Fest des Lammes sind wir beim Sohn des Kaid in der Hauptstadt eingeladen.

Es beginnt damit, daß man uns auf die Straße schickt. Hassan und mich. Seine Mutter sagt, daß wir beim Kochen stören. Sie hat es auf arabisch gesagt, und Abdelslam hat es übersetzt. Die Mutter der zwölf Kinder ist eine stille Frau mit gütigen Augen. Sie ist die einzige in der Familie, die nicht Französisch spricht, und ich sage zu Abdelslam, daß es mir leid tut, denn ich hätte gern auch einmal mit seiner Frau gesprochen.

Und in Europa warten alle schon auf sie …

In den nächsten Stunden laufe ich neben Hassan durch die Stadt. Ich sage mir, in meiner Kindheit war das auch schon so. Zu Weihnachten, vor der Bescherung, hörte ich die Frauen sagen: Geh doch mal ein bißchen auf der Straße spielen.

Wir schlendern den Fluß entlang, wo die Türme mit den Störchen sind. Der Fluß teilt das Alte und das Veränderte. Das Arabische und das Beeinflußte. Das Alte will nicht so recht mit den modernen Bauten zusammenwachsen.

»So eine Kolonisation läßt sich nicht leicht abschütteln«, sagt Hassan. »Die Franzosen haben ihre Truppen abgezogen. Doch ihre Kultur haben sie zurückgelassen. Die Identität der Araber wird niemals mehr die gleiche sein.«

Das Mahl am Nachmittag wird das Fest der Kinder. Sie bekommen von dem Lamm die erste Wahl. Vor dem Diwan steht eine Schale Couscous. Kinderhände tauchen wie zu einem großen Spaß in die Hirse ein. Hinter den Kindern hängt ein Bild des Königs. Das Bild von dem Kaid hängt an der anderen Wand.

In der gleichen Genügsamkeit, mit der das Fest begann, endet dann auch dieser Tag. Und auch wieder mit einem Ritual. Mit süßem Minzetee, von Abdelslam Drif in der Art zelebriert, wie er es von seinem Vater gelernt hat. Als Abdelslam noch ein kleiner Junge war, weit draußen in diesem weißen, kargen Land. Bei dem Kanal. Wo er sein Leben mal beenden will. »Mein Leben ist gelebt«, sagt er. »Es tut not, dorthin für immer heimzukehren.«

Ich höre ihm zu und sage mir: Heimzukehren in ein Land, wo der Begriff von Zeit dir wie die Landschaft scheint. Wo du von beidem hast, so weit dein Auge reicht.

Seite 267: Abdelslam, sein König und sein Minzetee.

MIT DIESEN WORTEN WAR ICH AM ENDE MEINER GESCHICHTE angelangt. Ich sagte den Jungs, das sei die Geschichte, und daraus würden wir nun unseren Film über Marokko machen, und ein besseres Beispiel als diesen Abdelslam Drif könne es kaum geben, wenn wir auf dem Fernsehschirm erzählen wollten, von welcher Art die Sorgen und die schönen Stunden der Menschen in Marokko seien. Dann sagte ich den Jungs auch noch, wenn wir erstmal drehen würden, stießen wir vermutlich auf eine bessere Szene für den Schluß, aber im Manuskript hätte ich dieses Ende erstmal so notiert.

Die Spur der Fotografin ist sicher längst vom Wind verweht.

Der Himmel über der Karawanserei hatte inzwischen ein dunkles Blau angenommen, wie es der Wüste eigen ist, und ich konnte auch schon die ersten Sterne sehen. Bankier sagte, daß wir dann wohl hier in der Sahara anfangen werden zu drehen, und vermutlich sei es meine Absicht, als nächstes die Durchquerung des Atlas anzupacken, und von da aus arbeiteten wir uns dann wohl nach Norden vor. Ich sagte, so ist es, genau so hatte ich es mir gedacht.

Drüben machten sie die Tür zum Speisesaal auf, und ein breiter Streifen Licht fiel über den Wandelgang zu den verwelkten Pflanzen im Innenhof, der ein Vorgeschmack auf das Paradies sein sollte.

»Aber nur mal eine Sache«, sagte Gerd. »Wegen dieser Sache mit dem Atlas, von der du ganz am Anfang sprichst. Du sagst, wir drehen dich mit deinem Geländewagen, wie du da durch das Gebirge fährst, und dann legst du deine Stimme drüber und erzählst den Leuten zu Hause, wie das mit diesem alten Griechen war, dem Zeus befohlen hat, das Himmelszelt zu tragen, und das Gebirge wurde schließlich ja auch nach ihm benannt.«

Es war nicht schwer vorauszusehen, daß er das Haar in der Suppe gefunden hatte, und ich freute mich auch schon darauf, aber zunächst mal meinte ich lediglich, daß meine Weisheit aus der Schule stamme, denn da hätte ich das so gelernt.

»Ich auch«, sagte er. »Genau so habe ich das auch gelernt, aber an die Sache mit dem Fußtritt erinnere ich mich nicht mehr.«

»Mir geht's genauso«, sagte Carsten, »und ich will ja auch nur ganz bescheiden anmerken: Ihr seid nicht die einzigen in dieser Runde hier mit Abitur.«

»Sonst hätten wir dich auch nicht mitgenommen«, meinte Bankier.

»Also mal ehrlich«, sagte Carsten. »Dieser Fußtritt im Zorn ist nicht belegt. Atlas soll dem Erdreich einen so gewaltigen Tritt versetzt haben, daß sich Afrika von Europa trennte? Also, wo hast du das bloß her?«

»Von mir«, sagte ich. Die Gesichter vor mir waren jetzt ein Teil der Dunkelheit, aber ich konnte die Verblüffung sehen. Vielleicht redete ich mir die Verblüffung auch nur ein, jedenfalls machte mir die Sache Spaß. »Den Fußtritt habe ich dazuerfunden«, sagte ich, »und ich hoffe auf eure Vergebung, aber selbst dem Mythos der alten Griechen muß manchmal etwas nachgeholfen werden.«

Ich konnte hören, wie Gerd lachte.

»Zwischen Ceuta und Gibraltar«, sagte ich, »da ist getrennt worden, was nicht getrennt sein darf. Vom Cockpit eines Flugzeugs kannst du ganz deutlich das Bedauern zweier Kontinente sehen.«

»Sag mal, wie du das jetzt meinst.« Eckharts Stimme klang verwirrt.

»Du mußt allerdings mit ziemlich Höhe drübersein, wenn du das erkennen willst«, sagte ich. »Es ist mal vorgekommen, daß ich gut viertausend Meter drüber war, und da habe ich es durch das Plexiglas in meiner Kanzel wie durch ein Vergrößerungsglas erkannt: Bei Gibraltar sieht das noch immer wie das sehnsüchtige Berühren zweier Kontinente mit den Fingerspitzen aus.«

Drüben beim Speisesaal trat ein Kellner in die Tür. Er sah zu uns her. Dann sah er auf seine Uhr.

»Wir sollten jetzt mal was essen gehen«, meinte Bankier. »Morgen früh ist die Nacht rum, und wie ich euch kenne, finde ich mich schon vor Sonnenaufgang in der Wüste wieder.«

»Nur noch mal eine Frage«, sagte Carsten zu mir. »Hast du tatsächlich Abitur?«

Wir standen auf und gingen essen.

BRIEF AUS HONGKONG

Die Vergangenheit ist ein fremdes Land. Menschen machen alles anders dort.

Liebe Leser, an der Zimmertür ist die Nummer 434 befestigt, das Hotel heißt Peninsula, und sollten Sie nach Hongkong kommen, was ich Ihnen wünsche, dann nehmen Sie am besten die Star Ferry an der Pier von Hongkong nach Kowloon hinüber, und wenn Sie dann auf der Salisbury Road nur ein kurzes Stück nach rechts gehen, können Sie das Peninsula auf keinen Fall verfehlen. Das Haus stammt noch aus der Zeit, als die Begleiterinnen britischer Kolonialbeamter gerüschte Roben trugen, mit kapriziösen Sonnenschirmen, und wenn ich in der Halle meinen Whisky trinke, kann ich noch heute die Damen zwischen diesen Säulen wandeln sehen. Luv hingegen sieht in dieser Halle ein ganz anderes Bild. Für sie bestelle ich beim Kellner regelmäßig ein Täßchen Schokolade, weil sie meint, daß heiße Schokolade zum Walzerkönig besser paßt. In dem Bild nämlich, das Luv zwischen den Säulen dieser Halle sieht, erscheint ihr Johann Strauß, und mit seiner Geige unterm Kinn geht er, leise lächelnd, nachmittags um fünf von Tisch zu Tisch. Bei der ersten Begegnung zwischen meiner Amerikanerin aus Illinois und ihrem Wiener Geiger habe ich noch sagen wollen, daß dieses Gespenst nicht möglich sei, denn nachweisbar ist Johann Strauß in Hongkong nie gewesen, doch da ich mich ihrer schlechten Meinung über Besserwisser schon vor Jahren angeschlossen habe, ist mein Hinweis unterblieben.

Wie gesagt, schreibe ich Ihnen diesen Brief aus dem Zimmer 434. Vor dem Fenster tobt seit Tagen der Südwestmonsun, womit ich auch schon angedeutet habe, daß wir im Monat Juli sind. Bekanntlich kommen die Monsune aus Südwest stets im Sommer nach Hongkong und laden tonnenweise Regen ab, während die Nordostmonsune eher trokkene Winde sind und ab Oktober schöne warme Tage mit blauem Himmel in die Buchten des Südchinesischen Meeres bringen.

Zimmer 434 ist sowas wie Luvs und mein Zuhause, weit entfernt von unserer Heimat, unserem Haus. Vier-Drei-Vier ist unser Wohnzimmer im asiatischen Teil der Welt. Mit Sesseln, die zum Lümmeln sind. Mit Schreibtisch, Fernseher, Eisschrank und einer chinesischen Tür zu unserem Schlafzimmer nebenan. Wenn wir von einer Arbeit kommen, aus Thailand, Indonesien, Australien oder wo die Arbeit grade war, und wollen den langen Heimflug einmal unterbrechen, dann schikken wir ein Telefax an das Peninsula. Adressiert an den Direktor des Hotels. Felix Bieger ist sein Name. Ein zuverlässiger Freund. Stammt aus der Schweiz, lebt aber seit Jahrzehnten schon in Asien. In dem Telefax steht dann: »Wir brauchen mal zwei Tage Faulsein, eure gute Küche und auch eine Mütze Schlaf.« Oder aber, wie diesmal: »Lieber Felix, die Großwetterlage zeigt zwar an, daß ihr im Südwestmonsun ertrinkt. Kommen trotzdem. Diesen Samstag. Mit Cathay. Wollen Winston Poon und ein paar andre Freunde treffen. Der NDR wünscht sich eine Weltenbummler-Folge von Hongkong. Bitte das auch dem Taipan durchsagen und, wenn möglich, Bücher kommen lassen: Historie von Hongkong ebenso wie letzter Stand der Dinge zwischen London, Peking und Gouverneur Hongkong.« Wenn wir dann in Kai Tak, dem in das Hafenbecken hinausgebauten Flughafen von Hongkong, landen, wartet Felix Biegers Fahrer bereits bei seiner Staatskarosse, und auf dem Schreibtisch von Stube Vier-Drei-Vier liegen stapelweise Bücher mit der Geschichte der Kronkolonie Ihrer Britischen Majestät.

In der Halle unseres Hotels geht der Geist des Johann Strauß nachmittags um fünf von Tisch zu Tisch.

Nun sitze ich also vor einem Stapel Bücher, der Südwestmonsun schlägt mit Macht an unser Fenster, und manchmal denke ich, daß die Scheibe bald zu Bruch gehen wird. Ich habe Wasser anfangs für ein leichtgewichtiges Element angesehen, aber das hat sich an dem Tag geändert, als ich durch den ersten schweren Tropenregen meines Lebens lief. Wenn der Wind sich hinter diesen Regen hermacht, schlägt der an das Glas wie mit einer breiten Hand aus Blei, und ich weiß jetzt auch, warum im Tao-teking zu lesen steht: »Auf der ganzen Welt gibt es nichts Weicheres und Schwächeres als das Wasser. Und doch in der Art, wie es dem Harten zusetzt, kommt nichts ihm gleich.«

Da haben Sie nun, liebenswerte Leser, die ersten fünf Geschichten durchgelesen und fragen sich (und mich) an dieser Stelle sicherlich, warum Sie gegen Ende dieses Buches einen Brief erhalten. Und das von einem Mann, der Ihnen zuvor noch nie geschrieben hat. Lassen Sie es mich so erklären:

Beim Schreiben eines Briefes kann ich mich an Menschen lehnen, an die ich meine Zeilen richte. Was ich hier notiere, ist wie laut vor mich hin gedacht. Ein Abtasten. Ein Suchen. Wie auf dem Weg zu einer Geschichte hin, die erst eine werden soll. Wie ein Weg zurück in das, was einmal war. So ein Weg zurück in die Vergangenheit ist ein Weg in ein besonders fremdes Land. Menschen machen alles anders dort.

Wenn ich Ihnen nun heute aus Hongkong schreibe und auf der Suche nach einer Geschichte bin, dann brauche ich Ihre Hilfe, wie gesagt. Die Hilfe könnte beispielsweise darin liegen, daß wir gemeinsam überlegen, wie es dazu gekommen ist, daß es im Chinameer mal einen kahlen Felsen gab, den keiner hatte haben wollen, und dann sind abenteuernde Schotten gekommen und arbeitsame Chinesen und haben eine Perle aus dem Fels gemacht, und heute sagen die Kommunisten von Peking, daß diese Perle des Kapitalismus schon immer ein geheiligtes Stück Boden ihres gewaltigen Reiches der Mitte gewesen sei, und sie müßten es im Jahr 1997 wiederhaben. In dieser Forderung auf Rückgabe liegt die Frage, über die ich einmal nachzudenken bitte. Meine eigene Antwort biete ich Ihnen im folgenden zum Abwägen an, wobei ich zu bedenken bitte, daß ich kein Historiker bin und auch alles andere als

Auf den kahlen Felsen einer Insel, die für Menschen ungeeignet schien, haben Abenteurer, »Weiße Teufel« und arbeitsame Chinesen ein weltweit operierendes Wirtschaftszentrum hingestellt.

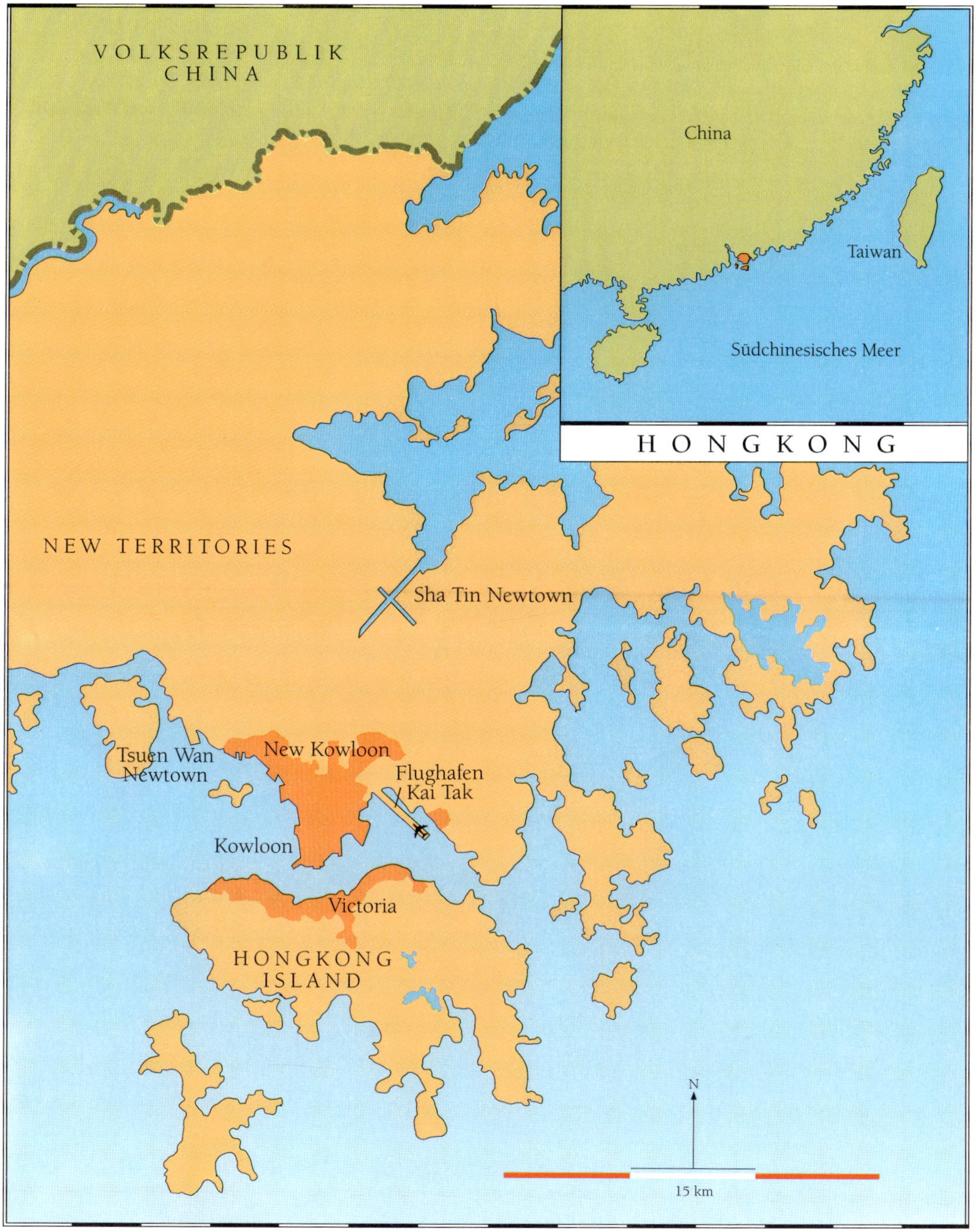
VOLKSREPUBLIK
CHINA
China
Taiwan
Südchinesisches Meer
HONGKONG
NEW TERRITORIES
Sha Tin Newtown
Tsuen Wan
Newtown
New Kowloon
Flughafen
Kai Tak
Kowloon
Victoria
HONGKONG
ISLAND
N
15 km

ein Auslandsjournalist. Meine Antwort stützt sich auf die Erfahrung, daß es kaum einen größeren Gegensatz des Wesens gibt, als jenen, der den Chinesen von dem Europäer trennt. Seit ihrer ersten Begegnung vor eintausendneunhundertdreißig Jahren haben sie einander nicht verstanden. Nur unter Zögern haben sie ihre Gegensätze überwinden wollen. Quer durch die Geschichte hat der eine dem anderen nicht über den Weg getraut. Vermutlich werden sie das auch zukünftig nicht tun. In konstanter Folge haben sie sich gegenseitig hintergangen. Zur Bestätigung dieser Behauptung habe ich eine kleine Chronik historischer Ereignisse zusammengestellt:

61 n. Chr.: Ein Botschafter der Römer ist über die Seidenstraße nach Osten gereist und weit im Inneren auf Menschen gestoßen, die vermutlich Chinesen waren. Sein Bericht über eine Zivilisation riesiger Ausmaße wurde als Hirngespinst abgetan.

Ca. 1300 n. Chr.: Marco Polo bezeichnet China in seinen Veröffentlichungen als »Kathai«. Seinen Reisebericht hat er im Gefängnis von Genua einem Mithäftling diktiert. Kritiker in Europa fanden sein Werk verhöhnenswert.

1513: Auf der Suche nach Marco Polos »Kathai« stößt der Portugiese Alvares in einer Dschunke bis nach Kanton vor. Das Betreten der Stadt wird ihm verwehrt. Bei seiner Rückkehr bestätigt er die Existenz eines Weltreiches, das sagenhaft reich zu sein scheint.

1517: Der chinesische Hof findet die Existenz eines Landes namens Portugal unglaubwürdig. Die Aussagen des Abgesandten jenes Landes werden von dem Drachenthron als unzureichend abgewiesen. Kurz darauf wird ein Angriff portugiesischer Schiffe abgewehrt, und der Bote Portugals landet im Verlies, wo er wenig später stirbt.

1557: Die Mandarine von Kanton überlassen dem Portugiesen Fernão Mendes Pinto den Hafen von Macao zur Unterstützung bei der gemeinsamen Bekämpfung von Piraten.

Um 1600: Die Portugiesen kontrollieren von Macao aus »für Gott und Reich« die gesamte Küste. Ihre Kaufleute lenken den Handel zwischen China und Japan. Sie versorgen ihr Heimatland mit Pfeffer, Seide,

Porzellan und Silber. Jesuitische Missionare ziehen von Macao aus nach Japan und dringen auch bis Peking vor. Dort allerdings ist der Buddhismus, vermischt mit dem traditionell chinesischen Taoismus, bereits seit 1000 Jahren offizielle Staatsreligion.

1601: Spanien, Holland und England senden ihre Schiffe in das Chinameer, werden aber in blutigen Schlachten von Macao-Portugiesen aus der Region verdrängt.

1637: Der Engländer John Weddell schießt sich mit vier bewaffneten Handelsschiffen den Weg durch die Mündung des Perlflusses frei, vernichtet in der Nähe von Kanton eine chinesische Festung und brennt ganze Dörfer nieder. Fortan stehen die Engländer in dem Ruf, »die grausamsten Rotbärte unter allen westlichen Barbaren« zu sein.

1687: Die altehrwürdigen Lehren des chinesischen Philosophen Konfuzius (um 550 v. Chr.) werden in lateinischer Sprache über ganz Europa verbreitet. Autoren wie Voltaire und Leibniz sprechen von einem China unter der begnadeten Führung eines Philosophen-Kaisers, in dessen Reich Gesetz, Ordnung und Erleuchtung herrschen sollen. Eine wahre China-Manie macht sich in Europa breit. Erst ein Jahrhundert später kommt die Wahrheit über chinesische Korruption, Gewalt, Diktatur und Schlendrian ans Tageslicht.

1699: Um asiatische Märkte zu erschließen, hat London auf indischem Territorium die East India Company gegründet. Die Handelsschiffe dieser »Ostindischen Gesellschaft« fahren ab jetzt regelmäßig den Perlfluß aufwärts bis Kanton, wo die »ausländischen Teufel« von chinesischen Händlern Tee erwerben. Die Herzogin von Bedford hat in ihrem Londoner Salon den Fünfuhrtee eingeführt. In Konsequenz wurde aus diesen grünen Blättern im Handumdrehen das Nationalgetränk der Briten. Nebenbemerkung: Eine derart unschuldige Neuerung läutet auf indirekte Weise den Untergang des chinesischen Kaiserreiches ein, wie ich gleich erzählen werde.

1757: Der Kaiser auf dem Drachenthron gestattet einigen »westlichen Barbaren« Handelsniederlassungen an den Ufern des Perlflusses in Kanton. Die Bedingungen lauten: Keine Waffen, Kriegsschiffe und Frauen. Weiterhin: Der Aufenthalt in Kanton ist auf die Zeit von September bis März beschränkt. Tauschgeschäfte sind untersagt. Industrieprodukte der »rotbärtigen Barbaren« dürfen nicht eingeführt werden. Alle Dienstleistungen und Warenkäufe sind auf der Stelle in Silber zu bezahlen. In Sterlingsilber. Und damit beginnt das Teufelsspiel: Der britische Massenkonsum an Tee füllt die Staatskassen der Chinesen. Umgekehrt werden die Tresore der Engländer im Geschwindschritt leer. Es muß also ein Weg gefunden werden, die Silberbarren nach London zurückzuholen. Die britische Regierung findet diesen Weg. Er führt über die East India Company, die inzwischen wie eine Regierungsmacht den gesamten indischen Subkontinent beherrscht. Die Lösung des Problems sieht so aus: Im indischen Bengalen wird Opium hergestellt. Die Chinesen lieben Opium. Also schickt die East India Company, durch private Händler raffiniert getarnt, Schiffsladung auf Schiffsladung mit Opium zu ihren Lagerhäusern am Ufer des Perlflusses bei Kanton. Von dort wird der »ausländische Schlamm« umgeschlagen. Gegen welches Zahlungsmittel wohl? Dreimal dürfen wir alle raten. Richtige Antwort: Gegen Barzahlung in Silberbarren, die ursprünglich aus England kamen.

1793: Der Kaiser auf dem »Himmlischen Thron« im weit entfernten Peking hat zwar noch immer keine Kenntnis von der umfangreichen Einschleusung von Opium in sein Reich erlangt, doch in der Absicht, den Gesandten des Britischen Königs wissen zu lassen, daß auch er nichts anderes sei als ein »ausländischer Teufel«, fordert er von seiner Lordschaft den höfischen Kotau, was seine Lordschaft indes dadurch vermeidet, daß sie ein Porträt George des Dritten aufstellen läßt und verlangt, ein Mandarin des Kaisers solle vor dem Bildnis seines Landesherrn ein Gleiches tun.

Um 1800: Der »Export« von Opium durch die Ostindische Handelsgesellschaft Ihrer Britischen Majestät eskaliert zu jährlich 2000 Kisten (250000 Pfund). Die Ware wird von Schmugglern an einsame Buchten der chinesischen Küste geliefert. Zum Schutz ihrer Handelsinteressen in der Region begibt sich die britische Krone auf die Suche nach einem Stützpunkt für ihre Flotte. Außenminister Lord Palmerston spricht sich gegen die Insel Hongkong aus: »Ein kahler Fels, für die Ansiedlung von Menschen ungeeignet.«

1839: Der Opiumkonsum hat sich auf alle Bevölkerungsschichten Chinas ausgedehnt. Die Handlungsfähigkeit von Oberschicht und Verwaltung zeigt Lähmungserscheinungen. Als Schutzmaßnahme läßt der Drachenthron 20291 Kisten vernichten. Die Engländer entsenden zusätzliche Schiffe in die Region.

1841/1842: Kapitän Charles Elliott von der Königlichen Marine erhält den Befehl, die Interessen des britischen Handels zu schützen, das chinesische Problem aus der Welt zu schaffen und einen Stützpunkt für die Flotte zu etablieren. Elliott greift mit sechzehn Schiffen Kanton an. Mit Hilfe modernsten Kriegsgerätes besiegt er die Chinesen innerhalb von drei Tagen. Kanton muß sich mit sechs Millionen Dollar von der Belagerung freikaufen. Am 20. Januar 1841 wird eine Vereinbarung erzwungen, mit der China unter anderem Hongkong den Briten zugesteht. Diese Vereinbarung ist niemals unterschrieben worden. Trotzdem hißt Großbritannien am 26. Januar 1842 den Union Jack über Hongkong. Die beiden Unterhändler dieser nicht unterschriebenen Vereinbarung, Kishen für China und Elliott für Großbritannien, fallen wegen zu großer Nachgiebigkeit bei ihren jeweiligen Regierungen in Ungnade. Elliott wird von Lord Palmerston hauptsächlich wegen der Wahl Hongkongs gerügt. Beide Unterhändler müssen in die Verbannung: Kishen erhält einen untergeordneten Posten in Tibet, und Elliott muß als Generalkonsul nach Texas. Bis zum heutigen Tag erinnert nicht einmal eine Sandbank an den eigentlichen Gründer von Hongkong.

Opium. Das Reich der Mitte ist daran zerbrochen. Hongkong hingegen verdankt ihm seine Existenz. Holzstich von 1902.

Nach der Besitznahme Hongkongs brechen erneut Feindseligkeiten von seiten der Chinesen aus, was zu Kampfhandlungen führt, die in die Geschichtsbücher meiner Kindheit als Erster Opiumkrieg eingegangen sind. Englische Truppen erobern ganze Teile Chinas und erscheinen mit achtzig Kriegsschiffen auf dem Jangtse vor Nanking. Der »Sohn des Himmels« ergibt sich in sein Schicksal: Am 29. August 1842 wird der »Vertrag von Nanking« unterschrieben. China zahlt 21 Millionen Dollar Kriegskosten und tritt die Insel Hongkong auf ewig, »in perpetuity«, an Großbritannien ab. Übersetzung: »Für alle Ewigkeit.« Ergebnis für den Handel: London erhält ohne Unterbrechung Tee, und die Chinesen erhalten ohne weitere Unterbrechung Opium.

Ein Jahr bevor die britische Flotte Anker warf, haben die Schotten Jardine und Matheson Hongkong gegründet. Gemälde von 1848.

1856/1860: Vom Kuli bis zum Kaiserpalast saugt eine ganze Nation an der Opiumpfeife. Ein Volk geht unter. Die Lieferanten werden reich und reicher. Der Haß der chinesischen Regierung auf die Ausländer (»Langnasen« genannt) nimmt zu. Es kommt zu weiteren Akten der Aggression durch die Chinesen. Die Engländer schlagen zurück und zwingen den Drachenthron, die Stonecutter-Insel und den südlichen Teil der Halbinsel Kowloon »für alle Ewigkeit« abzutreten.

Die Chinesen verstärken schon bald ihren Widerstand. Der britische Gesandte macht sich auf den Weg zum Kaiser und wird auf dem chinesischen Festland hinterrücks ermordet. Diesem Vorfall folgen Angriffe auf Schiffe und Anlagen der East India Company. Der Zweite Opiumkrieg bricht aus. Diesmal beteiligen sich die Franzosen an der Kampagne. Begründung aus Paris: Es gibt berechtigten Anlaß, katholische Missionare zu beschützen. Das alliierte Expeditionskorps marschiert in Peking ein, zerstört den kaiserlichen Palast und erzwingt die Kapitulation. China wird zur Zahlung der Kriegskosten von 16 Millionen Unzen Silber verpflichtet und garantiert ab nun den freien Welthandel auf seinem gewaltig großen Reich. Dieses Verfahren erhält die Bezeichnung »Prinzip der offenen Tür«.

1898: Im Bemühen, Hongkong verteidigungsfähig zu machen, erzwingt Großbritannien einen Pachtvertrag, in dem China weitere 350 Quadratmeter Territorium des nördlichen Kowloon und 233 Inseln der Krone verpachtet. Der Pachtvertrag hat eine Laufzeit von 99 Jahren und endet »drei Tage vor dem 30. Juni 1997«.

Ab 1900: Der Opiumhandel kann sich frei entfalten und wirft enorme Profite ab. China hat schon längst den Genuß des Giftes legalisiert. Wegen seiner leeren Staatskassen sieht sich der kaiserliche Himmelssohn sogar dazu gezwungen, den Anbau von Rauschmohn auf chinesischem Grund und Boden anzuregen. Das chinesische Imperium geht zugrunde, die Kronkolonie Hongkong ist etabliert, und der Drachenthron wird 1911 gestürzt.

Mit der Gründung der Republik China muß in dieser Zeittafel, die allein auf die Historie Hongkongs ausgerichtet ist, ein Sprung über viele Jahre hinweg erfolgen. Denn es geht hier nicht darum, Chinas Geschichte abzuhandeln. Die Absicht ist vielmehr, gemeinsam über das Schicksal der Menschen nachzudenken, für die in unseren Tagen Hongkong Heimat ist. Sechs Millionen Menschen leben hier dicht gedrängt auf engstem Raum. So eng, daß sie ihre Häuser in den Himmel wachsen lassen. Einige wenige von den sechs Millionen sind für Luv und mich Freunde. So wenige unter den sechs Millionen, wie vierblättriger Klee auf einer Wiese steht. Von diesen Freunden will ich erzählen. Von ihrer Art zu leben, zu denken, zu sein. Von ihrem Lachen. Ihrer Sorge. Von der großen Sorge, schon bald in ihrer eigenen Heimat unter einem menschenverachtenden Regime leiden zu müssen. Weil aber nun der Mensch die Gegenwart nicht kennen kann, wenn er die Historie nicht versteht, bitte ich den Leser, noch einmal einen kurzen Schritt mit mir zurückzutun.

Von 1900 bis 1949 stürmen Kriege über Asien hin. In Stichworten: Boxeraufstand. Russisch-Japanischer Krieg. Der Erste Weltkrieg. Chinesischer Bürgerkrieg (Chiang Kai-sheks Nationalisten gegen Mao Tsetungs Kommunisten). Chinesisch-Japanischer Krieg. Der Zweite Weltkrieg: Die Briten ergeben sich in Hongkong den Japanern; eine blutrünstige Schreckensherrschaft der Japaner schließt sich an. Nach Abwurf der beiden amerikanischen Atombomben auf Japan kehren die britischen Truppen zurück. Chiang Kai-shek flieht 1948 mit seiner Armee nach Formosa (heute Taiwan genannt). Am 1. Oktober 1949 ruft Mao Tse-tung die Volksrepublik China aus.

1949–1982: Hongkong blüht auf. Seit der Machtübernahme durch die Kommunisten fliehen Millionen von Menschen aus Maos Volksrepublik nach Hongkong. Chinesischer Unternehmergeist, gepaart mit der Bereitschaft zum Risiko, führt zu großem Reichtum unter einigen der Flüchtlinge: Es gibt schon bald 70000 neue Millionäre in Hongkong und Kowloon. Die Mehrzahl der Fliehenden jedoch sind mittellose Arbeiter und ihre Familien. Der sprichwörtliche Fleiß und die Genügsamkeit dieser Chinesen schafft ein Potential an menschlicher Energie, das auf der Welt seinesgleichen sucht. Zu den schottischen Unternehmern, die schon immer ihr Glück in Hongkong suchten, gesellen sich nun investierfreudige Firmen aus den USA ebenso wie Auftraggeber aus der gesamten kapitalistischen Welt. Heimarbeit und neu etablierte Kleinindustrie sorgen für einen erheblichen wirtschaftlichen Aufschwung der Kronkolonie. Selbst Rückschläge, hervorgerufen durch Ölkrise, Abwertung des englischen Pfundes oder unruhestiftende Horden der roten Kulturrevolution, können aufgefangen werden. Die glücklichen Zeiten kommen jedoch zu einem Ende, als die britische Premierministerin

Margaret Thatcher im September 1982 nach Peking fliegt und das Gespräch über die Rückgabe der gepachteten Territorien aufnimmt.

Zur Erinnerung: Die New Territories nördlich von Kowloon und eine große Zahl der Inseln sind von dem kaiserlichen China mit Enddatum 1997 den Engländern verpachtet worden. Hongkong, Stonecutter Island und ein Teil von Kowloon jedoch gehören »in perpetuity« der britischen Krone.

Meine Beobachtung aus dem September 1982: Hongkong hält entsetzt den Atem an.

Im Sucher meiner Kamera stehen Wolkenkratzer wie Skulpturen am Rand von Hafenbecken einer anderen Welt.

DIE INSEL DARF SCHON LANGE NICHT MEHR als Palmerstons kahler Felsen gelten, der für menschliche Behausung ungeeignet ist. Im Gegenteil: Millionen Flüchtlinge und billige Arbeitskräfte haben Hochhäuser gebaut, die dünn und grau und eng zu Hunderten gebündelt beieinanderstehen. Familien leben auf wenig Raum in Wohnungen, die jeweils nur ein Zimmer sind. In dem Taifunschutzhafen von Aberdeen hausen Menschen auf Dschunken, die an Slums erinnern. Dennoch: Wer unter dem Schutz der britischen Krone Obdach gefunden hat und seiner Arbeit nachgeht, sagt, daß sein Leben wieder lebenswert geworden sei. Weil es Hoffnung gibt. Und wenn es auch nur die Hoffnung auf einen Totogewinn im Jockey Club sein mag. Wer da sein Geld auf Pferde setzt, kann arm auf die Tribüne kommen, und mit etwas Glück geht er als Millionär nach Haus. Von den Straßenschluchten in der Innenstadt strecken sich gläserne Paläste zu den Wolken hoch und leuchten im Wechsellicht der Sonne wie ein wunderschöner Garten riesiger Skulpturen. Arm lebt hier ganz nah neben Reich, und Schönheit wechselt sich ab mit dem Schmutz der Gosse.

Ich schiebe an dieser Stelle ein Eingeständnis ein: Nur wer die Stadt liebt, sieht sie mit diesen Augen an. Wer sie besitzt, muß mit ihren Sorgen leben. Für Großbritannien ist Hongkong ein ungeliebtes Kind. Nicht nur zu Zeiten des Lord

M60632C

Palmerston ist das so gewesen. Für Premierministerin Margaret Thatcher ist das noch immer so. Ihre Regierung stellt ganz öffentlich die Überlegung an: Ist Hongkong die Auseinandersetzung wert, die es von Anfang an herausgefordert hat? Hongkongs sechs Millionen Chinesen bedeuten ein Problem, das scheinbar ohne Ende ist. Die Stationierung britischer Truppen war schon immer ein teures Ärgernis, auch wenn die Menschen von Hongkong 70 Prozent der Kosten tragen. Und außerdem: Was bedeuten denn nun wirklich ein paar Bataillone Gurkhas oder die wenigen Minensucher aus dem Zweiten Weltkrieg und ein Geschwader veralteter Hubschrauber, wenn ihnen ein Millionenheer an Rotchinesen gegenübersteht? Hinzu kommt noch: Peking braucht ja nur den Hahn abzudrehen, der Hongkong vom Festland aus mit Trinkwasser versorgt, und die Kronkolonie fällt den Kommunisten wie ein verschrumpelter Apfel in den Schoß.

So stehen die Dinge, als Margaret Thatcher ihren Abgesandten am 19. Dezember 1984 in Peking das Dokument über die Rückgabe von Kronkolonie und gepachteten Territorien unterschreiben läßt. Schlag Mitternacht soll am 30. Juni 1997 an eine Revolutionsregierung zurückfallen, was einem »himmlischen Imperium« abgezwungen worden ist. Wohlgemerkt: Die britische Krone wird den Chinesen alles geben. Alles. Nicht nur den kahlen Hügel aus alten Zeiten und ein wenig Ackerland, sondern zugleich auch alles, was in diesen Tagen darauf steht. Häuser. Straßen. Hafendocks. Fabriken. Krankenhäuser. Banken. Mit anderen Worten, alles. Und damit ist inbegriffen, was vorrangig vor jeder anderen Überlegung stehen muß: der Mensch. In Orwells Schicksalsjahr, in diesem 1984, beschließt die britische Regierung, ein Haus wegzuschenken, dessen Pachtland ihr zu teuer wird. Zweifelsohne ist das ihr gutes Recht. Doch muß bedacht werden, daß in dem Haus auf Pachtland Menschen wohnen. Und das Recht, Menschenleben zu verschenken, hat eine Regierung nicht. Ganz besonders nicht, wenn die

Bewohner an Gewaltherrscher zurückgeschickt werden, vor denen sie geflohen sind.

In das Entsetzen der Menschen von Hongkong mischt sich vorübergehend Hoffnung: Die Briten ringen den Rotchinesen in ihrem Abtretungsvertrag wenigstens ein Zugeständnis ab, das unter dem Schlagwort: »Ein Land, zwei Systeme« bis zum Jahr 2047 das Weiterleben Hongkongs zwar unter Rotchina, doch in Eigenständigkeit verspricht. Das Versprechen ist in viele Worte eingekleidet, und schon im Ursprung weisen die Hongkongchinesen auf die Zerbrechlichkeit von Worten hin. Denn sinngemäß haben die Engländer unterschrieben, daß Hongkong ein »Sonderverwaltungsgebiet« der Volksrepublik China sein soll, und Peking erhält das verklausulierte Recht, den Regierungschef zu stellen. Genau an diesem Punkt, so sagen die Menschen in Hongkong, ist das Wort von dem einen Land mit zwei Systemen bereits zerbrochen: Wer einen Herrscher einsetzt, will nur sein System. Das System des anderen wird es nur als Worte geben. Als schön gemalte Worte auf Papier:

Die Bürger behalten alle Freiheiten und Rechte.
Niemand darf enteignet werden.
Legislative, Exekutive und Gerichtsbarkeit sind Angelegenheit
der Menschen von Hongkong.
Freihafen und unabhängiges Zollgebiet bestehen
unverändert weiter.
Der Hongkong-Dollar bleibt konvertierbar. Freier Kapitalfluß
ist garantiert. Profite gehören dem Unternehmer und sind
nicht an Peking abzuführen.

ICH ERINNERE MICH NOCH, wie ich den Wortlaut des Abkommens in der »South China Morning Post« lese und Emily sage, mit dem Versprechen könne Hongkong möglicherweise weiterleben, doch die Frau schüttelt nur den Kopf: »Kapitalismus steht neben Kommunismus so unvereinbar, wie Feuer am Uferrand von Wasser steht.«

Emily ist die Frau meines Freundes Winston Poon. Beide sind Chinesen, in Hongkong geboren von Eltern, die aus China fliehen mußten. Winston ist Jurist. Emily arbeitet als Redakteurin bei der angesehenen Wochenzeitschrift »Far Eastern Economic Review«. »Das eigentliche Problem Hongkongs liegt im Charakter der Chinesen selbst«, hatte Emily mir Anfang 1989 gesagt. »Der Westen macht sich seit Jahrhunderten ein falsches Bild vom ›Reich der Mitte‹. Die Weisheiten der chinesischen Philosophen haben euch verblendet. Seither sucht ihr nach versteckter Klugheit, wenn ein chinesischer Politiker Unerklärbares anordnet, und hinter den naiven Worten eines Unterhändlers der Volksrepublik China in der UNO wittert ihr asiatische Weisheit. Ihr überseht, daß die chinesische Geschichte voll von Ungereimtem ist. Was in dem Riesenreich geschah und heute noch geschieht, sollte euch eher an das Auf und Ab in einer Achterbahn erinnern. Das wahre Problem für die Weltmacht China liegt im Charakter Chinas selbst. In dem ständigen Kontrast: Feudalherrschaft und Revolution. Diktatur des alten Proletariats und blutiger Gegenterror hirnloser Hitzköpfe einer jungen Kulturrevolution. Öffnung zur freien Marktwirtschaft und Festhalten an grausamer Parteidiktatur. Aufschrei des einzelnen in einer Herde Schafe. Sanfte Duldsamkeit und unvorstellbare Brutalität. Gleichheit des Menschen als politisches Manifest und Mord an Millionen, die Gleichheit niemals kannten. Aus all diesen Gründen drängt sich mir die Frage auf: Kannst du an die Vertragstreue der Pekinger Regierung glauben? Vertraust du dein Leben jenen wenigen an, die über so viele herrschen? Ich für mein Teil kann es nicht. Ich kann nicht daran glauben, daß eine Handvoll Männer ihre Herrschaft über eine Milliarde Chinesen mit dem Gedanken verbindet, das Leben von uns wenigen in Hongkong zu respektieren.«

Emily, die Frau von Hardys Freund Winston Poon, in der Redaktion der angesehenen ›Far Eastern Economic Review‹.

Wir alle wissen nur zu gut, auf welch schreckliche Weise Emilys düstere Gedanken Wirklichkeit geworden sind: Am 4. Juni 1989 verhängt die Regierung in Peking das Kriegsrecht. Dann läßt sie durch die Armee ein Massaker veranstalten. Auf dem »Platz des Himmlischen Friedens«. Die Welt erschauert. Hongkong ist wie gelähmt. Selbst der britischen Regierung wird an dem Tag klar, daß die Kommunisten ab 1997 auch in Hongkong ihr Kriegsrecht verhängen und Unschuldige ermorden können. Menschen aus aller Welt drängen darauf, die Abtretung zurückzunehmen. Doch dazu ist es jetzt zu spät. Emily schreibt in der »Far Eastern Economic Review«: »Wir Chinesen in Hongkong haben schon immer unter einer Obrigkeit gelebt. Britische Kolonialherren sind ja schließlich auch nichts anderes. Deshalb wäre eine kommunistische Obrigkeit so undenkbar nicht, würde sie die Absicht haben, Verträge einzuhalten und das Leben des einzelnen zu achten. Doch die Herren aus

Peking kommen mit Spitzeln. Mit Gewehren. Mit Panzern. Und mit Blut an ihren Händen.«

So standen also die Dinge damals, und so stehen sie auch noch heute, und während auf Stube Vier-Drei-Vier der schwere Regen an die Fenster peitscht, bringe ich meine Frage auf Papier, wie denn einer Freunde trösten will, wenn es Trost nicht gibt. Nun ist Papier nicht nur sprichwörtlich geduldig, sondern auch von Natur aus schweigsam. Statt eine Antwort abzuwarten, erzähle ich deshalb lieber, wer diese Freunde sind. Und wie unbeschwert das Leben früher war. Ich schicke meine Gedanken auf die Reise. Zurück in jenes fremde Land, von dem ich eingangs sprach. Sein Name ist Vergangenheit. Bekanntlich machen Menschen alles anders dort.

DIE LADDER STREET ist eine steile Angelegenheit, und mit der deutschen Übersetzung ›Leiterstraße‹ ist die Beschaffenheit der Gasse deutlich aufgezeigt. Der enge Zickzackkurs fängt an der Westseite der Queens Road an und hört bei einer Straße auf, die Winstons ganze Freude ist: Hollywood Road. Winston sagt, in dem Begriff träfen sich unsere beiden Welten, weil ich in Hollywood mein Brot verdiene und er an der Ecke Ladder Street und Hollywood Road zum Beten geht. Ob das Wort ›beten‹ zutrifft, weiß ich nicht genau zu sagen, und außerdem bleibt Winston sowieso meist ernst, wenn er mit mir seinen Unsinn treibt. Sein Gesicht ist sehr markant, in der Farbe etwas dunkler als die Gesichter anderer Chinesen, und in seinen Augen kann ich oftmals lesen, daß er meinen Gedanken gut drei Überlegungen vorausgezogen ist, einem Schachspieler nicht unähnlich, im Rösselsprung auf dem karierten Brett. Auch seine Sprache ist markant, fast bin ich versucht, ›hart‹ zu sagen. Ganz besonders vor Gericht, wenn seine scharfen Worte von den Wänden widerhallen, denn Winston ist Anwalt. Barrister at law, genau gesagt, einer jener englischen Verteidiger, die auf ihren Köpfen altmodische Perücken tragen. So ein Requisit stammt für mich aus einer Welt, die längst vergangen ist. Selbst über englischen Gesichtern thronend sehen diese Dinger komisch aus. Doch wenn Winston vor Gericht seine weißen Locken trägt, trifft sich Würde mit Theaterkunst und macht mich lachen. Er hat mein Lachen wegen der Perücke selbst schon mal gesehen. Und hat leise mitgelacht.

Zurück zur Ladder Street: An ihrem oberen Ende steht der Man Mo Tempel, und an manchen Tagen treffen wir uns in diesem Gotteshaus der Buddhisten und beraten eingehend, in welches Restaurant wir essen

Seite 293: Winston Poon und Hardy im Man Mo Tempel, Treffpunkt der beiden Freunde an »frauenlosen Tagen«.

Der Anwalt Winston Poon sieht in diesem Straßenschild eine Symbiose zweier Welten.

gehen. Eine derartige Entschlußfassung ist jedoch nur an gewissen Tagen nötig. Wenn Emily beispielsweise in der Redaktion der »Far Eastern« unabkömmlich ist. Oder wenn Luv auf einer Sampan im Hafen ihre Bilder macht. Ist eine der beiden Frauen aber bei uns, oder mit Glück sogar noch beide, deuten wir lediglich Bereitschaft an, Wünsche von den Augen abzulesen, und erfahren auf der Stelle, was wir heute essen werden, und außerdem auch, wo. An frauenlosen Tagen treffen wir uns, wie gesagt, im Tempel. Andere Männer versammeln sich in Kneipen. Oder auf dem Fußballplatz. Wir hingegen nehmen als Treffpunkt das Man Mo. Winston sagt, daß die beiden Götter dieses Tempels besser als andere geeignet seien, wenn es darum gehe, über uns zu wachen: Der Gott Man kümmert sich um Literaten, und Mo ist als Schutzpatron zuständig, für Gesetzeshüter ebenso wie für Kriminelle, und in beiden Bereichen fühlt sich Winston bei ihm wohl. Ich bin meist schon eine Stunde früher da und sitze gern im roten Licht der Kerzen und bin auch schnell betäubt vom Dunst der Räucherschlangen an den Decken. Wenn Winston kommt, schüttelt er zunächst einmal die Bambusstäbe in den Chums, bis er seine Glückszahl rausgeschüttelt hat, mit der er dann den Wahrsager befragt, der gleich nebenan in dem Litt Shing Kung Tempel die Gläubigen berät. Mit dem Wenigen, was ich von Winston hier erzähle, wird sicherlich schon klar, daß in seinem Wesen Ost und West ganz nahe beieinanderleben. Die Jahre seines Studiums in England lassen ihn mit dem Rechtsempfinden eines Mannes aus dem Westen denken. Doch alles Empfindsame an ihm ist ohne Einschränkung chinesisch. Ich denke da zum Beispiel an den Tag, als er einen schlimmen Husten hat und wir in eine Apotheke gehen, in der nicht das kleinste Schild an westliche Pharmazeutika erinnert. Der Mann im weißen Kittel ist nicht Apotheker, sondern Arzt der traditionellen Chinamedizin. Er weiß mit Kräutern umzugehen und stellt für Winston einen Tee zusammen. Kleine Lampen lassen ringsum Gläser funkeln, in denen wirre Dinge sind. Abstrakte Formen aus der Pflanzenwelt. Zumindest sehen sie so aus. »Was du in den Gläsern siehst«, sagt Winston, »ist konkret: Fortpflanzungsorgane seltener Tiere, Meerespflanzen. Und Ginseng. In allen Formen, allen Arten. Weil wir Menschliches im Ginseng sehen. Und auf seine Kräfte bauen. Potenz von ihm er-

純正蜜糖 PURE NATURAL HONEY

ROSARYHILL

美觀別墅
藝昌車木
美觀別墅

hoffen. Das Geweih vom Hirsch hingegen ist das Symbol für unsere Nieren. Alle Krankheiten, die ihren Ursprung in den Nieren haben, werden mit dem gemahlenen Horn des Hirschgeweihs kuriert. Sie ist alles andere als billig, diese Chinamedizin. Doch der Arzt ist kostenlos. Vor der Kur steht das Gespräch. Und der Arzt läßt sich viel Zeit. Er muß eine Harmonie erreichen zwischen den zerstörerischen und den aufbauenden Kräften, die in deinem Körper sind. Im Herbst, wenn die Natur verdorrt, meiden wir trockene Speisen. Während des Winters gehen wir die Kälte mit öligen Gerichten an. Im Verlauf des Sommers wiederum kaufen wir Früchte und Gemüse, die im Winter ihren Ursprung haben. Unser Körper ist ein Mikrokosmos innerhalb des Kosmos. Der Magen ist wie die Erde. Die Leber gleicht den Wurzeln eines Baumes. Sie entnimmt der Erde Trank und Speise. Die Nieren wandeln wertvolle Essenzen in Blut um. Wir nehmen eine Unterscheidung vor: Negativ ist kalt. Positiv ist heiß. Bei Erkältung verordnet der Arzt dir konsequenterweise Positiv-Heißes, also: Weinbrand. Leidest du unter hohem Blutdruck, was einer Überhitzung gleichkommt, verabreicht der Arzt dir Negativ-Kaltes, also: Whisky.«

Seiten 294–298: Eine winzige Auswahl von Alltagsszenen dieser ungewöhnlich energiegeladenen Stadt.

Ich weiß noch, daß ich ihn frage, wieso denn Whisky kalt sein soll und negativ, doch dazu hat er nur gelacht, weil er weiß, daß ich gerne meinen Whisky trinke, aber die Antwort hat Winston nicht gewußt.

AUF MEINEM TISCH in Stube Vier-Drei-Vier stapeln sich Felix Biegers Bücher, und was ich darin über Chinas Götter lese, habe ich vor

Jahren schon von Winston gelernt. »Wenn du unsere religiöse Welt verstehen willst«, hat er mir erklärt, »kommst du mit der westlichen Entweder-oder-Denkungsart nicht weiter. Versuch es lieber mal mit dem Sowohl-Als-auch. Chinesen leben mit den Lehren des Konfuzius. Doch ebenso mit der Philosophie des Buddha. Und die ist wiederum bereits seit zweitausend Jahren mit dem Taoismus des Laotse bei uns verschmolzen. Wenn du jede Lehre einzeln nimmst, wirst du sehen, daß sie sich in Phasen widersprechen. Also macht sich der Chinese nur jene Phasen zunutze, die seinem Wesen nahestehen. Dann vermischt er das Ganze und hat eine Lehre, die ihn durch sein Leben führt.«

LIEBENSWERTE LESER dieses Briefes, wenn ich mir vorstelle, daß ich mit dem, was ich im folgenden für uns notiere, bei Ihnen auch nur im Vorübergehen Langeweile hinterlasse, hätte ich zwei Möglichkeiten vorzuschlagen: Was ich an Spirituellem von Winston höre und in den Schriften über Konfuzius, Laotse und Buddha wiederfinde, überblättern Sie und lesen erst dann weiter, wenn meine Geschichte weitergeht. Die zweite Möglichkeit wäre allerdings, daß Sie während meiner Kurznotizen in Gedanken bei mir bleiben, weil es mir hilft, meine Erlebnisse mit den Menschen von Hongkong aufzuschreiben. Und Ihnen könnte es behilflich sein, diese Begegnungen im rechten Licht zu sehen. Also, ich versuch' es mal:

KONFUZIUS (551–479 v. Chr.) sah das Volk an wie ein Kind. Er hat erreichen wollen, daß es sich am Feuer nicht verbrennt und im Wasser nicht ertrinkt. Er verlangt fünf Tugenden von diesen Kindern: Gegenseitige Liebe, Rechtschaffenheit, Weisheit, Sittlichkeit und Aufrichtigkeit. Dazu kommen seine »drei unumstößlichen Beziehungen«, die im Hongkong von heute kaum mehr Geltung haben, in China jedoch noch immer als oberstes Gebot zu finden sind: Der Sohn soll dem Vater dienen, das Volk dem Herrscher, und das Weib dem Mann.

LAOTSE (historisch nicht faßbar, vermutlich 4.–3. Jh. v. Chr.) hingegen, der als Begründer des Taoismus, der philosophischen und religiösen Urlehre Chinas, gilt, widerspricht jedem altchinesischen Denken, das auf Ordnung baut. Für ihn verhindern Gemeinwesen und Kultur den Weg zurück zum friedlichen Leben auf dem Land. Alles Elend auf der Welt, schreibt er, entspringt dem Überfluß, den die menschliche Gemeinschaft der Natur abringt. Laotses schriftliche Überlieferung

Tao-teking lehrt, daß der Mensch seine eigene Ordnung nicht »erdenken« kann, sondern sie nur durch das Gefühl, durch eine »innere Erleuchtung« findet. Er sagt, daß ein Mensch nicht handeln soll, weil das menschliche Wesen eine in sich ausbalancierte Einheit ist und jede Handlung eine meist ungewollte Gegenhandlung schafft. Laotses Bild zu diesem Gedanken: Jede Welle hat ein Wellental. In diesen Ablauf einzugreifen muß fatale Folgen nach sich ziehen.

BUDDHA (560 bis gegen 480 v. Chr.) ist der Dritte in dem Bund der Philosophen, die auf das Leben in Hongkong Einfluß haben. Buddha spricht, wie jeder weiß, von den »vier edlen Wahrheiten«: Alles Dasein ist unablässigem Leiden unterworfen. Die Ursache des Leidens ist das Verlangen nach Sinnesgenüssen und Dasein. Die Beseitigung dieses Verlangens hebt das Leiden auf. Der Weg zur Aufhebung des Leidens liegt in rechter Besinnung, wahrer Rede, rechtem Handeln und Streben nach Wachsamkeit und Sammlung.

Anzumerken wäre noch: Der Buddhismus hat auf den verschiedensten Kontinenten, wo ich ihm begegnet bin, unterschiedliche Wandlungen erfahren, und für China gilt das ebenso. Ich glaube, die philosophische Auslegung der Lehren Buddhas läßt sich mit der Ethik des Konfuzius leicht vereinen. Im Gegensatz zum Taoismus sagt der Buddhismus zwar, daß die »Erleuchtung« nur durch Vernunft erreichbar sei, doch im Ablegen aller Begierden und auf dem Weg zu vollkommener Ruhe in der Natur sind beide Lehren wieder eins.

ICH GEBE ZU, daß selbst die hier notierte Kurzfassung immer noch verwirrend ist. Diese Verwirrung entsteht allerdings, wie Winston richtig sagt, nur in meinem Kopf, dem das »Entweder-oder-Denken« eigen ist. Ein Hongkong-Chinese dagegen lebt spielend leicht mit dem »Sowohl-Als-auch«. In seinem Haus hat so mancher einen Küchengott neben dem Altar der Himmelsgöttin stehen. Alle Götter sind dem Menschen gleichermaßen lieb. Er spricht mit ihnen. Und seine Räucherstäbchen, Kerzen, Opfergaben macht er ohne Unterschied jeder Gottheit zum Geschenk.

SO, WER ÜBERBLÄTTERT HAT, was von den Philosophen zu erzählen war, kann jetzt mit mir ins Cockpit klettern und über meine Schulter sehen, wenn es darum geht, den Flughafen von Hongkong anzufliegen. Die Piste 13 von Kai Tak ist unter Piloten weltberühmt. Manche nennen sie sogar berüchtigt, weil es kaum einen Platz gibt, bei dem die Landung für den Piloten schwerer ist. Wer die Eins-Drei anfliegt, kommt aus West, überquert die dichten Bündel der Hochhäuser von Kowloon, sieht im Smog das Checkerboard auftauchen, das rot und weiß kariert auf einem Hügel steht und dem Piloten anzeigt, daß er jetzt Seitenruder geben muß: Knüppel rüber und Steilkurve nach rechts – oder er verpaßt die Piste. Die rotweiße Warntafel wischt an Backbord weg, und das Fahrwerk schrammt tief über die Wäscheleinen auf den flachen Dächern der Mietskasernen hin. Am Platz da unten, bei der Fliegerbar, erzählt man sich, es sei schon manch einer hier gelandet, mit Unterhosen und alten Socken um das Fahrwerk rum. Bei gutem Wetter halte ich das für eine Übertreibung. Doch bei Turbulenzen, im Monsun, scheint auf der Eins-Drei so gut wie alles möglich.

Anflug auf Kai Tak. Hardy behauptet, so manches Fahrwerk habe die Wäscheleinen von den Dächern mitgenommen.

Der Mann, der mich bei dem Anflug auf Kai Tak einweist, heißt Gary Ogg. Sein Steckbrief: Australier. Stammt aus Brisbane. Etwas über vierzig Jahre alt. Von Beruf Pilot. Ist sein ganzes Leben lang geflogen. Anfangs Buschpilot. Dann Tausende von Stunden in der Südsee. Inselhopser, wie er sagt. Jetzt ist er Vier-Streifen-Kapitän. Fliegt Jumbos. Boeing 747. Auf der San-Francisco-Strecke. Oder Frankfurt, London, Tokio. Für Cathay Pacific, mit Heimathafen in Hongkong. Verheiratet mit Jenny. Bildhübsche Frau. Engländerin. Und lebenslustig. Manchmal, wenn Gary von einem langen Flug heimkommt und in den ersten Stunden nach der Landung noch etwas überdreht ist, bummeln wir nachts über die Chinesenmärkte, Jenny, Gary, Luv und ich. Vom Teehaus mit Namen Oktobermond sehen wir den Händlern zu. Wahrsager sind da draußen in der Nacht. Opernsänger. Verkäufer von gebrauchten dritten Zähnen. Jenny sagt, sie möchte aus Hongkong nie wieder weg. Wie das 1997 werden soll, das weiß sie nicht. »Immerhin«, sagt sie, »wir haben auf Kowloon ein Haus.« Gary hingegen nimmt die Sache leicht. »Unser wahres Haus«, sagt er, »hat Flügel. Wenn eines Tages in Hongkong das freie Leben nicht mehr möglich ist, geben wir volle Kraft auf alle Aggregate und heben ab und fliegen zu einer anderen Insel hin.«

UND DANN IST DA NOCH DER TAIPAN, der von seinem Wolkenkratzer aus ein Imperium leitet, das voller Abenteuer ist, und auf Hongkong schon Handel trieb, bevor die Briten in dieser Bucht Anker warfen. Der Taipan, verehrte Leser, ist nicht einer von der Sorte, wie man ihn im Kino sieht. Oder wie James Clavell ihn im Roman beschreibt. Der Taipan, von dem ich hier erzähle, ist aus dem Leben von Hongkong nicht fortzudenken. Er heißt Nigel Rich, wird kaum über vierzig sein und leitet trotz seiner jungen Jahre bereits ein Konglomerat, das seit anderthalb Jahrhunderten gemeinsam mit dem Reich der Mitte die Geschicke

Der Australier Gary Ogg und seine Besatzung im Simulator. Sie wollen Hardy zeigen, wie die berüchtigte Landebahn 13 anzufliegen ist.

der Region am Chinameer bestimmt. An Tagen, an denen ich ihn vom Büro abhole, oder wenn wir mit Luv und Cynthia auf der Terrasse ihres Hauses weit draußen in den grünen Hügeln sind, stelle ich mir vor, wie das wohl für diese beiden nach 1997 werden wird.

»Sehr viel wird sich nicht verändern«, sagt Cynthia uns einmal, und während ich dies niederschreibe, fällt mir auf, daß ich vergaß, Nigels Frau den Lesern vorzustellen. Also: Mrs. Rich heißt Cynthia mit Vornamen, ist eine kluge Frau von jener angeborenen Bescheidenheit, die man oft bei Engländerinnen findet. Cynthia Rich ist Mutter von vier Kindern. Die beiden Jüngsten leben noch bei den Eltern, während die Größeren sich in englischen Internaten auf ihr Studium, ich glaube in Oxford, vorbereiten. Wie gesagt, ist Cynthia nicht der Meinung, daß sich ab 1997 viel verändern wird, und Nigel gibt an dem Tag auf der Terrasse zu verstehen, daß die Pekinger Regierung das Geschäftsgebaren von Hongkong nicht nur richtig gut versteht, sondern sich in der Kronkolonie schon seit vielen Jahren als Kapitalist reinsten Wassers wie zu Hause fühlt. Sie spekuliert mit Grund und Boden, sagt er, besitzt Warenhäuser, Banken, Kinos, hält ein paar Aktien der Cathay Pacific und

Besuch beim heutigen Taipan von Jardine & Matheson. Das Handelshaus macht seit 150 Jahren Geschäfte mit dem Reich der Mitte.

zieht jährlich Gewinne in Milliardenhöhe aus Hongkong ab. »Was bedeutet«, sagt Luv, »daß ihr nicht von hier fortgehen werdet«, und Nigel schüttelt nur den Kopf. »Was unser Handelshaus hier zu verlieren hätte«, sagt er, »wäre unermeßlich. Sowohl an Anlagen als auch in Form von Gewinnen, die daraus fließen. Außerdem darf nicht vergessen werden: Peking hat in Hongkong ungewöhnlich hoch investiert, was wir als gutes Zeichen für den Fortbestand unserer traditionellen Beziehung sehen, denn unsere Firma ist mit dem Reich der Mitte untrennbar verknüpft.«

Während ich die Gedanken des Taipan wiedergebe, fällt mir eines von Luvs Fotos ein. Ich glaube, daß ich Ihnen eine Freude mache, wenn ich es zu den Blättern dieses Briefes lege. Das Bild zeigt eine Preziose, wie man sie typischer weder für China noch für Nigels Firma sich ausdenken kann. Das Original ist eine winzige Skulptur aus Jade, auf der ein Drache eine Distel hält. Jade gilt in China seit über tausend Jahren als der wertvollste aller Edelsteine und stellt ein Symbol für vieles dar:

Jardines Wolkenkratzer der runden Fenster in symbolischer Nachbarschaft zu der Pekinger Bank of China, dem modernsten Gebäude in der Stadt.

Himmel, Güte, Intelligenz und auch Wahrhaftigkeit. Konfuzius preist selbst noch schattenhafte Fehler in dem Stein als Ebenbild Chinas an, »weil das Fehlerhafte ihre Schönheit nicht verbirgt, ebensowenig wie die Schönheit ihre Fehler«. Doch es ist nicht Sinn der Sache, daß ich schon wieder mal Altmeister Konfuzius wiedergebe. Sinn der Sache ist vielmehr, auf den Drachen und die Distel hinzuweisen, weil darin eine Geschichte steckt. Der Drache versinnbildlicht die Macht des Reiches

Das Wappen der Jardines: Der chinesische Drache umarmt die schottische Distel.

der Chinesen. Die widerborstige Distel wiederum stellt das freiheitsliebende Schottland dar. Womit wir wieder beim Thema wären: Schotten und Chinesen. Hongkong und das Reich der Mitte. Und während der Sturm da draußen den Regen noch immer wie wild an unser Fenster wirft, hätte ich Ihnen die Geschichte von den Schotten und dem Drachen gern einmal erzählt.

Es ist die Geschichte zweier Männer, die sich in Schottland nie begegnet sind. Der eine heißt William Jardine und wuchs mit vier anderen Geschwistern auf einer ärmlichen Farm in den sanften Hügeln der Lowlands auf. Der andere ist ein gewisser Matheson aus den Highlands, sein Vorname ist James, und wirtschaftliche Sorgen hat er in seiner Jugend nicht gekannt. Lassen Sie mich den Lebensweg der beiden kurz umreißen, bevor sich ihre Wege viele Jahre später dann in China kreuzen.

Gründer eines Imperiums: der schottische Schiffsarzt und Abenteurer William Jardine. Er hat sich erst malen lassen, als ihm »das Hemd nicht länger aus der Hose hing«.

Es begann damit, daß William Jardine mit neun Jahren den Vater verlor und die Geschwister ihm das Medizinstudium in Edinburgh ermöglichten. Sobald er das Patent in der Tasche hatte, heuerte er als Schiffsarzt auf dem Ostindienfahrer *Brunswick* an. Das Jahr war 1802, und in jenen Tagen wurde den Offizieren zusätzlich zur Heuer etwas Laderaum auf dem Windjammer zugestanden. Dr. Jardine investierte seinen Vorschuß in einen geringfügigen Posten Handelsware wie Rasierpinsel, Lavendel, Chintz, Fellmützen und andere Luxusartikel, die sich in Indien mit gutem Profit verkaufen ließen. Großbritannien befand sich zu der Zeit im Kriegszustand mit Frankreich. Schon bei Jardines zweiter Reise wurde die *Brunswick* von einem napoleonischen Kriegsschiff am Kap der Guten Hoffnung versenkt. Jardine geriet in Gefangenschaft. Seine Ersparnisse waren dahin. Nach einem Austausch von Gefangenen fuhr er weiter für die East India Company. Während der langen Jahre auf See erfuhr er von der Besatzung alles, was ein Kaufmann über Schiffe wissen muß, und in den Häfen lernte er, welche Ware einen hohen Einsatz lohnt. Außerdem verdoppelte er auf jeder Reise sein eingesetztes Kapital. Dann kündigte er bei der Ostindischen Gesellschaft und plante seine Zukunft von Bombay aus.

Inzwischen war es 1817 geworden. Er investierte in ein Schiff, das Baumwolle und Opium fuhr. Als er von den Geschäften der »rotbärtigen Teufel« am Perlfluß hörte, nahm er das nächste Boot dorthin. Wer als Europäer in Kanton am Leben blieb – das erfuhr er am eigenen Leibe in den nächsten Jahren –, würde überall am Leben bleiben. Auch in China. In der Größe Chinas lag für den Schotten mehr als nur ein Rätsel. Für ihn lag in China auch das Glück. Doch in der Mitte seines Lebens blieb ihm nicht genügend Zeit, dieses Glück voll auszuschöpfen. Er begann sich nach einem Partner umzusehen.

Nun zu dem anderen, der dann sein Partner wurde. James Matheson. Er war zwölf Jahre jünger als der Mann, den er eines Tages in China treffen sollte. Auch sein Weg nach China führte über Indien. In der Heimat selbst gab es zu jener Zeit für junge Schotten keine Zukunft, selbst wenn sie mit Zeugnissen von guten Schulen abgegangen waren. Glücklicherweise waren die Mathesons bei der East India Company wohl etabliert, und William kam in dem Kontor eines Onkels in Kalkutta unter. Wie es heißt, hat er sich dort aber nicht bewährt. Als er eines Tages ein dringliches Schreiben einem Kapitän ausliefern sollte, kam er zu spät

Jardines erstes Schiff im Monsun. Hardy erzählt auf diesen Seiten ausführlich über den Schotten und seine legendäre Freundschaft zum Reich der Mitte.

Ein Schotte aus dem Hochland wurde Jardines Partner: James Matheson.

und sah das Schiff nur noch aus dem Hafen segeln. In der Absicht, dem Onkel die Peinlichkeit einer Entlassungsrede zu ersparen, machte er sich an anderen Küsten auf die Suche nach seinem Glück.

Nach einigen Irrfahrten traf Matheson schließlich 1820 auf Jardine. Am Perlfluß. In Kanton. Wo das Dasein mörderisch war. Wo Männer ohne Fauen leben mußten. Wo Männer sich auf Macao portugiesische Mätressen hielten und ihnen Luxusvillen bauten. Wo ein Mann wie Jardine im Büro nur einen Stuhl erlaubte. Seinen eigenen. Denn Geschäfte wickelte er im Stehen ab. Höflich zwar, doch zeitlich knapp begrenzt. Matheson schrieb später, daß er von der Methode sehr beeindruckt sei. Schließlich war er ja selbst ein Verfechter der Lehren von Adam Smith, der die Arbeit als Quelle allen Wohlstands sah. James Matheson war ein belesener Mann, der einerseits von der praktischen Erfahrung Jardines lernen konnte, andererseits aber sein angelesenes Wissen auf den Freund übertrug.

Am 1. Juli 1832 gründeten die beiden Männer jene Firma, die im Lauf der Zeit mythische Proportionen angenommen hat: Jardine, Matheson & Co. Sieben Jahre später zog die Firma nach Hongkong. Ein Jahr darauf machte der unglückselige Captain Elliott die Insel zum Standort seiner Flotte. Unter dem Schutz der Krone wurde aus dem Handelshaus zweier Schotten ein Imperium, das aus der Entwicklung Chinas nicht mehr fortzudenken ist. Mit dem Kapital der Schotten sind Eisenbahnlinien entstanden, die noch heute quer durch das ganze Weltreich laufen. Zuckerfabriken wurden gebaut und Straßennetze angelegt. Außerdem Seidenwebereien, Fähren, Banken, und wenn ich die Liste hier noch weiterführe, wird das eine Aufzählung bis ins Unermeß-

liche hinein. Eine Aufzählung, die in Hongkong ihren Anfang nimmt und auf derselben Insel endet. Denn wer das Leben in Hongkong bestimmt, ist noch immer Jardine & Matheson, und wenn nun einer fragt, wie es möglich sei, daß ein Handelshaus seit hundertfünfzig Jahren blüht und sogar zwei Weltkriege übersteht, dann wird ein Ökonom ganz sicher sagen, das Rezept habe in der Streuung der Investitionen und Firmengründungen gelegen. Das ist sicher richtig. Doch es gibt noch eine andere Überlegung, und die hat mit der Distel auf der kleinen Schnitzerei zu tun. Mit der Skulptur aus Jade. Mit der Distel, die aus Schottland stammt. Denn als William Jardine und James Matheson diese Welt verlassen mußten, hatten sie im Testament die Verantwortung für ihr Handelshaus an Männer übertragen, die von den gleichen Hügeln Schottlands stammten. Wohlgemerkt: Nicht einfach so aus Schottland allgemein. Nicht aus Edinburgh. Oder von einer Insel vor der Küste. Nein, keineswegs. Die Nachfolger mußten aus denselben Dörfern kommen. Von demselben Fluß. Aus demselben Hochland, aus dem schon Jardine und Matheson gekommen waren. Und zu denen die Chinesen niemals »Herr Direktor« sagten oder »Mr. President«. Die Chinesen nannten sie »Taipan«. So, wie sie ihre eigenen Herrscher nannten. Aus dem gleichen Grund ist sicher auch die Distel in den Stein geschnitzt. Eingebettet in den Arm des Drachen. Auf der Skulptur aus Jade haben Chinesen die Symbole zweier Welten als eine Einheit ihres Wesens dargestellt.

ES IST NICHT WEGEN DES KONTRASTS, wenn ich jetzt vom Taipan auf einen Rikschamann zu sprechen komme. Ganz ehrlich liegt es nur daran, daß ich nicht weiß, wo ich anfangen und wo ich aufhören soll, denn wenn es um eine Riesenstadt geht wie Hongkong, ist das wirklich nicht sehr leicht. Beispielsweise gibt es da diese Noon Day Gun, die so gut wie jeder kennt, der als Tourist schon einmal durch die

怡和

»Ewo«, der chinesische Name für das schottische Handelshaus Jardine.

Unten: Panorama von Hongkong aus der Blütezeit der Kronkolonie. Im Jahre 1997 übergeben die Briten den Kommunisten Pekings eine Sechsmillionenstadt, die vor 150 Jahren nur ein kahler Felsen war.

Stadt geschlendert ist. Luv sagt, daß sie ein Foto von dem Abfeuern der Kanone hat, weshalb ich mir diese Sache sparen kann. Auch von den Sampans im Taifunhafen von Aberdeen ist viel geschrieben worden, und es gibt kaum einen Journalisten, der nach einem Besuch an dieser Küste nicht den Satz hat drukken lassen: »Hongkong wird regiert vom Jockey Club, dem Handelshaus Jardine und dem britischen Gouverneur. Genau in dieser Reihenfolge.« Mit anderen Worten, ich möchte weder in diesem Brief noch für unser Buch über Dinge schreiben, die allzu bekannt und darum vielleicht langweilig sind – und da fällt mir eben dieser Rikschamann ein, ebenso wie die Tatsache, daß es den eigentlich gar nicht geben darf. Es sind schon seit Jahren keine Lizenzen für Rikschas mehr ausgehändigt worden, und die Behörde nimmt den Standpunkt ein, wenn es keine Lizenzen gibt, kann es auch keine Rikschas geben. Dabei sind sie am Hafen überall zu sehen, und einer von diesen Männern hat mich auch wie mit einem großen Lasso eingefangen. Weil ich unentschlossen war, als er dastand, mit seiner Rikscha und mit seinem Lächeln.

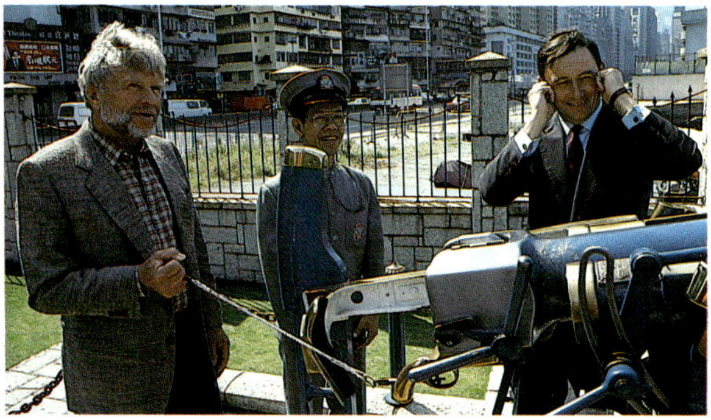

Hardy, der Taipan und Jardines ›Noon Day Gun‹. Punkt zwölf jeden Mittag wird sie abgefeuert, bis auf den heutigen Tag.

Nun, wenn die erstmal einsetzt, so eine Unentschlossenheit, dann ist es meistens schon zu spät für den Touristen. Jedenfalls bei mir ist das zu spät gewesen, und als ich draufsaß auf dem Ding, war mir das sehr unangenehm. Deutlicher ausgedrückt: Ich habe mich geniert, wenn auch – ich gebe das an dieser Stelle zu – Genieren nicht unbedingt zu meinen herausragenden Charaktereigenschaften zählt. Und dennoch: Tatsache war, daß mich ein Mitmensch durch seine Straßen zog. Mit mir durch seine Straßen *trabte*, wäre wohl das bezeichnendere Wort. Grad so, als ob der Mann mein Kuli wär! Hinzu kam noch, daß der Kuli mich durch den dicksten Verkehr der Innenstadt zog, was mich an meine Gesundheit denken ließ. Womit ich nicht die Möglichkeit eines Unfalls meine. Vielmehr machte mich die Ironie der Stunde lachen, denn da hatte ich endlich, und nach Jahren, das Rauchen aufgegeben, und nun blies mir jedes Auspuffrohr alles, was es wollte, ungefiltert ins Gesicht. Also habe ich von der Rikscha runtersteigen wollen, um dem Mann zu sagen, daß hier ein Irrtum vorliegt. Ein anachronistisches Mißverständnis, sozusagen. Weil ich ja alles andere als ein Kolonialbeamter der Königin von England bin, und die Zeit der Kulis ist auch sonst gottlob vorbei. Doch der Mann war nicht zu bremsen in seinem Trab. Erst als wir bei einer roten Ampel halten mußten, gelang mir der Sprung runter von dem Ding, und es entspann sich ein Dialog, den ich hier aus dem Gedächtnis wiedergebe.

Ich: Wie ein Ausbeuter komme ich mir vor da oben, und das ist die reine Wahrheit.

Er: Wahrheit … Es gibt Ihre Wahrheit, meine Wahrheit und die Wahrheit in der Mitte.

Ich: Aha.

Er: Suchen Sie sich eine aus.

Ich: Die in der Mitte.

Er: Wenn das jeder so machen würde …

Ich: Dann was?

Er: Dann müßten meine Kinder betteln gehn.

Ich: Mit dem Satz sammeln Sie bei mir Punkte.

Ein Rikschamann, dem Hardy in die Falle ging.

Bei der Auseinandersetzung dieser beiden habe ich die meisten Fotos verwackelt. Vor Lachen.

Er: Ergebnis?

Ich: Wir gehn zu Fuß. Ich zahle den vollen Preis, und Sie zeigen mir die Sehenswürdigkeiten Ihrer Stadt zu Fuß.

Er: Wer voll bezahlt, der muß da hinten sitzen.

Ich: Mann, Sie müssen mal Vorsitzender beim Debattieren gewesen sein.

Er: Was sollen denn die Leute denken?

Ich: Leute … Können Sie einen einzigen »Leut« sehen, der sich um uns kümmert?

Er: Es geht gegen meine Ehre, Geld zu nehmen, und hinten sitzt gar keiner drauf.

In dieser entscheidenden Phase unserer Differenzen entdeckte ich eine Chinesin mit zwei kleinen Kindern. Ich weiß nicht, ob Sie schon einmal bemerkt haben, wie bezaubernd kleine Chinesenkinder sind, jedenfalls richtete ich an die Mutter die Frage, und zwar orientalisch höflich, ob sie etwas dagegen einzuwenden habe, wenn ihre Herren Söhne an dem Vormittag mal eine Kutschfahrt machten. Noch bevor ich die Anfrage zu einem Ende bringen konnte, saßen die Knaben bereits oben auf der Bank. Wir gingen nun miteinander durch die Straßen, und die Welt hatte an dem Morgen keine Kanten mehr.

ICH DARF DIESEN BRIEF nicht beenden, ohne Ihnen von dem geheimnisvollen Atem zu erzählen, der über diese Inseln streicht. Winston sagt, daß sich zwar so gut wie alles vom Kantonesischen oder auch aus dem Mandarin auf eine wörtliche Weise in unsere Sprache übersetzen lasse, doch Übersinnliches könne man nur zu erfassen suchen, in fremde Worte kleiden lasse sich Mystisches nicht. Mein Freund Winston weiß ganz sicher, was er sagt, trotzdem versuche ich mit diesen Zeilen weiterzugeben, was ich im Lauf der Jahre habe beobachten können.

Winston weiß von klein auf, daß unsere Welt beherrscht wird von geheimnisvollen Atemzügen, die überall zu spüren sind. In den Wirbeln der Wasser ebenso wie in Staub und Regen. Es gilt, die Atemzüge friedfertig zu halten, im Gleichmaß sozusagen, und zu verhindern, daß daraus unberechenbare Winde werden. Solche Winde können Dürre bringen. Oder Überschwemmungen. Das Heim des Menschen ist davor zu schützen. Kräftige Baumgruppen oder grüne Hügel gelten als ein solcher Schutz. Fenster und Türen müssen sich nach außen öffnen. Dem Eindringen zerstörerischer Atemzüge wird somit gewehrt. Andererseits können Atemzüge, die kraftlos sind, ungehindert auch von dannen ziehen. Dieser Gedanke führt in Konsequenz dazu, daß der Mensch lernen muß, auf harmonische Weise seinem Körper Atem zuzuführen. Dazu gehören Konzentration und strikt einzuhaltende gymnastische Bewegungen, die unter dem Namen Tai-Chi überliefert sind. Der Grundgedanke ist reiner Taoismus, der bekanntlich seit zweitausend Jahren danach trachtet, der Natur ihre Gesetze abzulauschen. Winston beginnt jeden Tag mit Tai-Chi. Allein. Im Garten seines Hauss. In Schweigsamkeit. Nicht einmal Emily sieht ihm vom Fenster dabei zu. Winston weiß, daß ihm Tai-Chi hilft, ungeahnte Energie freizusetzen, lange jung zu bleiben und ein hohes Alter zu erreichen.

Abwandlung eines Sprichwortes. Wenn zwei sich streiten, freu'n sich die Kinder.

Ich bin auch noch einem anderen mystischen Gedanken begegnet, für den ich nach langer Suche nur das Wort »Essenzen« finden kann. Nach chinesischer Erkenntnis gesellen sich Essenzen dem geheimnisvollen Atem zu. Gesellen sich auch zum Staub. Wenn Staub sich mit Essenz vereint, keimt neues Leben. Ich habe einen alten Chinesen von

Essenzen sprechen hören, die in der Form von Perlen aus dem Maul des Drachen steigen. Oder wie Luftblasen aus dem Maul eines Tigers. Damit hat der Alte den Drachen Yang angesprochen, der in der Gedankenwelt der Chinesen bekanntlich das Symbol des Ostens ist: Frühling. Licht am Himmel. Lebenskraft. Mit anderen Worten, Yang ist der Erschaffende. Mit dem Ablaufen der herbstlichen Regenwasser zieht sich der Drachen unter die Erde zurück, »um seine Essenzen zu erneuern«. Zu dieser Jahreszeit betritt, wenn ich das einmal in die Sprache meines Berufslebens übersetzen darf, ein weißer Tiger namens Yin die Szene. Sein Atem ist heiß und trocken, »er macht aus allem wieder Staub«. Yin ist das Symbol des Westens: Nachthimmel. Und Mond. Mit anderen Worten, der Tiger ist der Zerstörende, und der alte Chinese fügte an: »Yin ist passiv. Wie es Frauen sind. In sich aufnehmend, verstehen Sie? Und einer Frau nicht unähnlich, beschützt er auch den Drachen während seines langen Winterschlafs, auf daß er seine Essenzen erneuern kann für den neuen Frühling, wenn Yang zurückkehrt auf die Erde und Yin seinen Abschied nehmen muß.«

Winston beginnt jeden Tag mit Tai-Chi.

Eingangs sagte ich ja bereits, daß ich die Leser zum Mitdenken gern in meiner Nähe wüßte, und da wären nun ein paar Fragen, die auf Antwort warten. Beispiel: Der Tiger ist Symbol des Westens. Warum? Nur weil dort die Sonne untergeht? Und außerdem: Ist der Tiger von weißer Farbe, weil die »rotbärtigen Teufel« mit ihren kriegerischen Waffen aus dem Westen kamen? Und schließlich: Gilt der Tiger als zerstörerische Kraft, »wie Frauen sind«, weil in unserer Welt des Westens Frauen dem Mann nicht mehr untertan sein müssen, wie es die Lehre des Konfuzius ausdrücklich will?

Da ich für mein Teil eine Antwort vermutlich erst in ein paar Jahren finden kann und auch zögere, Winston zu befragen, erzähle ich jetzt lieber weiter und schließe den Gedanken an die Essenzen mit dem Hinweis ab, daß ich überall Fontänen sehe und kleine Wasserbecken. So ein Becken nah am Haus verheißt ein langes Glück, was in meiner Überlegung darauf hinweist, daß der Begriff »Essenzen« im Ursprung wohl doch Wasser meint. Denn: Sagt unsere Wissenschaft nicht selbst, daß der Körper eines Menschen zu sechzig Prozent nur Wasser ist? Und, falls das stimmt: Gelten diese sechzig Prozent nicht auch für einen Drachen? Wenn der Drache also nun im Verlauf des Winters seine »Essenzen erneuern muß«, scheinen mir chinesische Mystik und Wissenschaft des Westens auf der Suche nach dem Ursprung gar nicht so weit voneinander entfernt.

An einem Tag, als Winston uns zu einem Friedhof führt, weil wir gemeinsam seinen Toten eine Opfergabe bringen wollen, komme ich der Antwort unverhofft ein wenig näher. Der Friedhof steigt mit Hunderten von Terrassen einen steilen Hügel an. Auf kleinstem Raum steht Grabstatt neben Grabstatt aus Beton. Von den Terrassen aus geht der Blick über Buchten hinweg weit auf das Meer hinaus, und als Luv sagt, bei uns zu Hause würde einer für ein Baugrundstück mit solchem Blick ein Vermögen zahlen, meint Winston: »Bei uns ist das auch nicht anders. Ein kleines Stückchen Hügel für ein Grab ist teurer als Grund und Boden für ein Haus. Weil es in Hongkong nur noch wenig unbebaute Hügel gibt. Doch wir geben das Vermögen gerne aus. Chinesen ehren ihre Toten. Sie sollen auch noch nach dem Sterben glücklich sein. Außerdem stellen wir in jeder Lage unseres Lebens eine praktische Erwägung an. Es ist nützlich, in die Grabstatt hoch zu investieren. Tust du's nicht, könnten die Verstorbenen dein Leben durch spirituelles Einwirken leicht zur Hölle werden lassen, falls sie beispielsweise mit der Aussicht nicht zufrieden sind, die der Friedhof ihnen bietet. Deshalb steigen unsere Friedhöfe zu Hügeln auf. Mit Meerblick und Wind. Das Bedürfnis, diese beiden Elemente um sich zu haben, geht auf die uralte, doch immer noch lebendige Überlieferung des Fung-shui zurück. Fung-shui bedeutet Wind und Wasser. Beide unterliegen dem Willen des Himmels. Ebenso wie sie der Sonne und dem Mond unterliegen, die bekanntlich magnetischen Einfluß auf die Erde haben. Aus diesem Gedanken ist eine Methode des Fung-shui geboren worden, mit der wir die Einflüsse der Natur verändern können. Wollen wir das tun, holen wir einen Fung-shui-Mann. Jedesmal, bevor wir etwas Neues in Angriff nehmen, beauftragen wir einen solchen Geomanten. Er versteht es, magnetische Felder zu schaffen. Mit der Veränderung, die er schafft, lenken wir lebensspendenden Atem in die von uns gewünschte Bahn. Wir verändern also diese unsichtbaren Kräfte und schaffen auf solche Weise unser Glück. Wenden Schaden von uns ab. Machen die Seelen unserer Toten froh. Nun, nicht jeder Sterbliche vermag auf diese Weise in die Natur einzugreifen. Nur der Fung-shui-Mann kann das erreichen. In eurer

Gedankenwelt würdet ihr ihn einen Wahrsager nennen. Oder gar einen Priester. In Wahrheit folgt der Fung-shui-Mann einer durch Tradition überlieferten Wissenschaft und benutzt dabei Gerätschaften, die sechstausend Jahre alt sind. Sein wichtigstes Arbeitsgerät ist ein astrologischer Kompaß. Acht Symbole aus der Frühzeit der Chinesen sind darauf wiedergegeben. Sie stellen die Natur und ihre Elemente dar: Himmel. Wasser. Wind. Feuer. Erde. Donner. Regen. Hügel. Ebenso finden sich geheimnisvolle Daten und eine Windrose darauf. Das Gerät ähnelt einem großen, runden Rechenschieber. Der lebensspendende Atem kann damit gemessen werden. Auch Wasseradern sind in ihren Windungen darauf abzulesen. Vor allem gibt der Kompaß die genaue Lage des Drachens an, der unter der Erde ruht, und in welche Richtung der Kopf des Drachens deutet. Der Fung-shui-Mann ist also ein Diagnostiker, wenn man ihn so nennen will. Und je nach dem Problem, das er zu

Die Seelen der Toten wünschen sich Friedhöfe mit Meerblick und einem Hauch von Wind.

掛爐大鴨

lösen hat, ist die Rechnung ziemlich deftig, die er dafür stellt. Es kostet gut tausend Hongkong-Dollar, die Richtung zu berechnen, in der ein Grabstein stehen soll. Die genaue Lagebezeichnung für ein Haus zu erstellen kostet sehr viel mehr, und wenn sich Banken oder Versicherungsgesellschaften seiner Kenntnisse bedienen, steigt sein Gehalt ins Unermeßliche. Nehmen wir einmal das Beispiel eines Kreditinstituts, das in unserer Geschäftswelt die gleiche Bedeutung einnimmt wie bei euch die Bundesbank. Ihr Name ist Hongkong Shanghai Bank. Sie stammt noch aus den Anfängen von Jardine & Matheson. Im Lauf eines Jahrhunderts ist das Haus entschieden zu klein geworden. Es wurde als unrentabel angesehen. Bevor der Demoliertrupp kam, das alte Gebäude abzureißen, mußten die beiden großen Bronzelöwen weichen, die das Eingangsportal bewachten. Die Bank versicherte sich der Dienste des besten Fung-shui-Mannes dieser Stadt. Er errechnete das einzig mögliche Datum für das Entfernen der Löwen von dem Ort. Vor diesem Tag bewegte sich auf der Baustelle nicht das Geringste. Auch das Gebäude, in dem die Löwen während der langen Bauzeit aufbewahrt wurden, ist vom Fung-shui-Mann errechnet worden, und als der Wolkenkratzer fertig war, wurde von ihm der Tag der Rückkehr der beiden Löwen festgelegt. Ebenso wie der neue Standort, denn der ist wichtig, wenn es darum geht, den Glücksstrom der Bank nicht zu unterbrechen.«

Ich weiß noch, wie wir zugehört haben, auf dem Friedhof, an dem Tag mit Wind und Sonne, und Luv hat gesagt: »Da ist er wieder mal, der Kontrast in dieser Stadt. Die Hongkong & Shanghai ist gebaut wie ein Raumschiff, das jeden Augenblick zum Mond raufwill, und steht auf einem Drachen, der geheimnisvollen Atem spendet.«

Seite 318: Abschied von einem Verstorbenen. Das Mädchen hat aus Papier gebastelt, was dem Liebsten wichtig war: Haus, Fernseher, ihre Liebe und viel Geld. Gleich wird sie alles den Flammen übergeben.

Oben: Ein Blick in die gute Stube des Papierhauses.

Winston hat nur vor sich hin gelächelt: »Wenn du Kontraste haben willst, kann ich dir sogar welche bieten, die ihren Ursprung im Zweiten Weltkrieg haben«, sagte er. »Japanische Besatzungstruppen haben damals Massenhinrichtungen vorgenommen, und zwar an einer Stelle im Central District, wo die britische Regierung dreißig Jahre später ein Verwaltungsgebäude hochgezogen hat. Kaum saßen die Beamten hinter ihren Pulten, wurden sie von Geistern heimgesucht, und zwar auf

eine Weise, die sich in der Presse wie eine Horrorstory las. Der britische Leiter dieser Behörde machte dem Spuk dadurch ein Ende, daß er eine geisteraustreibende Prozession von siebzig singenden buddhistischen Mönchen anführte, die durch alle Stockwerke des Wolkenkratzers zogen. Erst danach gaben die Geister Ruhe. Es trat wieder Frieden ein.«

MIT DEM HIER NOTIERTEN habe ich mich bemüht, Winston aus dem Gedächtnis so präzise zu zitieren, wie es aus der Erinnerung über Jahre hinweg möglich ist. Und ich bitte dabei zu bedenken, daß Winston Poon ein kühler Kopf ist. Wirtschaftsanwalt. Für die Schärfe seines Geistes von großen Unternehmen sehr geschätzt. Gleichzeitig aber sind auch die chinesischen Magnetfelder nicht aus seinem Leben fortzudenken. Ebensowenig wie der geheimnisvolle Atem. Oder sein Glaube an Fung-shui. Diese Begriffe sind aus der ganzen Stadt nicht fortzudenken. Und immer wieder kann ich sehen, wie Papierdrachen tanzen müssen, bevor ein neues Haus bezogen wird. Lärm und Licht und Farben müssen Geister aus den neu erbauten Wänden treiben, bevor Menschen sich darin zur Ruhe legen. Zu den Bauvorschriften eines Wolkenkratzers, einer Bank oder eines Theaters gesellen sich noch die ungeschriebenen Gesetze des Fung-shui, die von den Chinesen dieser Stadt ebenso eingehalten werden wie von den Schotten, dem britischen Gouverneur oder auch von überseeischen Investoren.

In all diesem liegt der Nerv der Stadt. Sein Charme. Sein Lebenswille. Seine Angst. Ich habe Ihnen den Gedanken heute einmal nahebringen wollen. Es ist ein Brief geworden, der mir leichtgefallen ist. Viel leichter, als in den nächsten Tagen mit Emily und Winston über den Verlust von Heimat zu sprechen. Ich kann jetzt schon hören, wie die beiden nach dem Monsun auf ihrer Dschunke sagen: »Zwischen diesen Inseln haben wir als Kinder schwimmen dürfen. Doch alt zu werden zwischen diesen Inseln ist uns jetzt nicht mehr erlaubt.« Ich weiß noch nicht, was ich dann sagen werde. Am Anfang dieses Briefes habe ich ja schon einmal darüber nachgedacht. Möglich, daß ich sage: Winston, bis 1997 kann noch so unendlich viel geschehen. Möglich auch, ich sage: An den Tod des Kommunismus haben bis vor ein paar Jahren nicht einmal die Staatsmänner unserer Welt geglaubt. Wahrscheinlich werde ich den beiden sagen, was in allen Geschichtsbüchern nachzulesen steht: Daß sich Tyrannei auf lange Zeit noch nirgendwo gehalten hat. Im Osten meiner Heimat hat sich Tyrannei jedenfalls nicht halten können. Und

Seite 320: Der Fung-shui-Mann und sein sechstausend Jahre alter astrologischer Kompaß sind bestimmend für das Wohlergehen der Chinesen dieser Stadt.

vielleicht stirbt ja der Kommunismus in dem berühmten Reich der Mitte auch.

Allerdings, bei solch großen Worten fühlt sich keiner von uns richtig gut. Also werden wir wohl nur so auf der Dschunke sitzen. Wir vier. Und neue Worte suchen. Für das Eine. Für diesen Funken, der so alt ist wie der Wind. Der Funke, den wir Hoffnung nennen. Andererseits bezweifle ich, daß einer von uns das Wort benutzt. Denn wir müssen ja bedenken, daß Chinesen abergläubisch sind: Was einmal ausgesprochen ist, wird nicht mehr wahr.

Emilys Abschied: »Möglicherweise haben die Engländer das Recht, ihre Häuser an Diktatoren zu verschenken, nicht aber die Menschen in diesen Häusern.«

LIEBENSWERTE LESER, im Zimmer nebenan verschnürt Luv ihre letzten Fotos zum Paket. Sie legt noch ein paar Blätter aus alten Büchern bei. Auch dieser Brief muß jetzt zur Post. Der Verleger wartet schon dar-

auf, denn unser Austausch von Gedanken soll als das letzte Kapitel in das Buch. Meine fünf anderen Geschichten habe ich schon vor Monaten an ihn geschickt. Bevor ich jetzt nach unten gehe und auf Luvs Wiener Geiger in der Halle warte, erzähle ich Ihnen noch, wie auf Stube Vier-Drei-Vier die Stimmung ist: Vor dem Fenster tobt noch immer der Monsun. Wie die Bilder sind, wenn der Wind sich schlafen legt, habe ich in den vielen Jahren oft gesehen. Erste Silberstrahlen einer blassen Sonne tasten dann über die Bucht da draußen hin. Wolken lasten schwer auf allen Dächern. Hochhäuser dampfen von der Nässe in dem ersten warmen Licht. Wie schmale Handtücher sehen diese Wolkenkratzer aus. Von den Wolken aus zum Trocknen aufgehängt.

		INDISCHE BLÄTTER
Seite 159	GITA	Heiliges Buch der Hindus, eine zweitausend Jahre alte Sammlung philosophischer Gedanken des Hinduismus
Seite 163	SARI	Nationaltracht der Inderinnen; ein Seidentuch, das um den Körper gewickelt wird
Seite 172	MAHARAJKUMAR	Indischer Kronprinz
	MAHARANA	Indischer Großfürst, Herrscher über ein Königtum
	RADSCHAHS	Indische Fürsten in Erbfolge
Seite 175	RADSCHPUTE	Ureinwohner Radschasthans; wörtlich: Sohn der Erde
Seite 176	LINGAM	Darstellung des Phallus
	YONI	Darstellung der weiblichen Scham
Seite 199	RAGA	Improvisations- und Kompositionsrahmen der klassischen indischen Musik
		MAROKKANISCHES TAGEBUCH
Seite 218	KASBAH	Aus Stampflehm und ornamental angeordneten Ziegelsteinen erbaute Burg der Berber im west-islamischen Bereich
Seite 218	KARAWANSEREI	Rasthaus an einer Karawanenstraße
Seite 233	MEDINA	Altstadt
Seite 242	KALLIGRAPHIE	Kunst des Schönschreibens
Seite 250	DSCHELLABAH	Hemdförmig geschnittenes Gewand mit Kapuze; traditionelle Kleidung des Marokkaners
Seite 254	RABAT-SALE	Hauptstadt von Marokko; Residenz des Königs
Seite 256	SOUK (SUK)	Ländlicher Wochenmarkt in Zelten; in der Stadt als ständige Einrichtung unter dem Namen BASAR bekannt
Seite 257	BAB EL MANSOUR (MANSUR)	Dreibogiges Stadttor mit reichen Relief- und Keramikverzierungen
		BRIEF AUS HONGKONG
Seite 278	KOTAU	Demütig kriechende Ehrfurchtserweisung zu Füßen des gottgleichen Kaisers von China
Seite 288	GURKHAS	Traditionsreiche nepalesische Infanteristen in der britischen Armee
Seite 292	CHUMS	Behälter für Zahlenstäbchen der Chinesen
Seite 299	TAO-TEKING	Klassisches chinesisches Buch vom Tao (chin., ›Vernunft‹) und seiner Kraft; seit dem zweiten Jahrhundert n. Chr. Titel eines Laotse (vermutlich 4. bis 3. Jahrhundert v. Chr.) zugeschriebenen Werkes der chinesischen Philosophie
Seite 308	ADAM SMITH	1723–1790, britischer Moralphilosoph und Volkswirtschaftler
Seite 313	MANDARIN	Auf dem Pekingdialekt beruhende chinesische Hochsprache (der Beamten = Mandarine); neben dem Kantonesischen, einem der südlichen Dialekte, eine der beiden Hauptsprachen Chinas.